# 5G 与 车联网技术

吴冬升 主编

化学工业出版社
·北京·

## 内 容 简 介

本书立足于5G通信技术与车联网融合创新发展这一大趋势，系统介绍了5G通信技术的背景、现状、演进、架构以及5G行业数字化转型所用到的各项关键技术，重点对车联网关键技术、标准体系、规范、行业应用、安全性以及产业边界等进行讲解，深度剖析了5G车联网技术的核心驱动力以及当前面临的挑战，同时对未来发展方向进行展望。

本书内容新颖、全面，深入浅出，不仅适合通信、车联网领域的专业技术人员阅读和参考，还适合高等院校通信工程、车辆工程等专业的师生学习使用。

图书在版编目（CIP）数据

5G与车联网技术 / 吴冬升主编．—北京：化学工业出版社，2020.11 （2022.1重印）
ISBN 978-7-122-37717-3

Ⅰ.①5… Ⅱ.①吴… Ⅲ.①互联网络-应用-汽车 ②智能技术-应用-汽车 Ⅳ.①U469-39

中国版本图书馆CIP数据核字（2020）第171151号

---

责任编辑：刘　琳　　　　　　　　　　　　装帧设计：王晓宁
责任校对：边　涛

出版发行：化学工业出版社（北京市东城区青年湖南街13号　邮政编码100011）
印　　装：三河市延风印装有限公司
710mm×1000mm　1/16　印张13¾　字数233千字　2022年1月北京第1版第3次印刷

购书咨询：010-64518888　　　　　售后服务：010-64518899
网　　址：http://www.cip.com.cn
凡购买本书，如有缺损质量问题，本社销售中心负责调换。

定　　价：68.00元　　　　　　　　　　　　　　　　　版权所有　违者必究

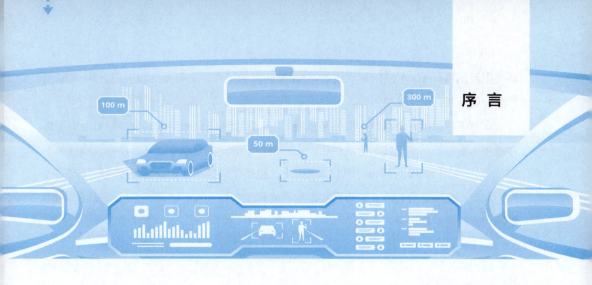

# 序 言

无人驾驶汽车是通过车载传感系统感知道路环境，自动规划行车路线并控制车辆到达预定目标的智能汽车。而由无人驾驶系统完成所有驾驶操作、可在所有环境和道路条件下安全行驶的完全自动化汽车，则是自动驾驶的最高等级和无人驾驶汽车的最高境界。但这样的愿景在技术、成本、管理、安全和法律法规等方面都面临极大的挑战，对比完全可脱离人工操控的军用无人机和玩家目视操控的民用无人机，便不难明白这一点。

因此，尽可能利用现有网络特别是移动通信网络基础设施的能力，以行驶中的车辆为信息感知对象，实现车与X（即车与车、人、路、服务平台）之间通过移动蜂窝网络的连接，提升C-V2X"网联车"整体的智能驾驶水平，有助于为用户提供安全、舒适、智能、高效的驾驶感受与交通服务，同时提高交通运行效率和社会交通服务的智能化水平。另一方面，智慧高速是中国高速公路建设的热点之一，车路协同又是未来智慧高速建设的核心内容，而高速公路运行环境相对简单、主体权责清晰、路侧机电设施齐全，具备开展车路协同创新示范的良好条件。因而依托将车内网、车际网和车载移动互联网"三网融合"成的车联网，正成为无人驾驶汽车发展的捷径，更是在目前技术水平下，提高新能源汽车安全性的一条切实可行的途径。

随着移动蜂窝网络的发展，3GPP所定义的5G三大场景所带来的5G大带宽、低时延、高可靠、低功率和海量连接等特点，已成为车联网的重要技术支撑和需求；随着我国"新基建"的逐步推进，特别是在高速公路沿线5G系统的快速部署，更为车联网所要求的泛在性提供了基础设施保证；而C-V2X作为3GPP新的标准化协议，也支持了联网车辆与其他"联网"道路用户和基础设施之间的通信。吴冬升博士主编的《5G与车联网技术》，正是顺应这一技术和产业发展的大趋势，分7章向读者适时介绍了5G的发展趋势及国内外的应用探索，5G支撑行业应用的关键技术，5G车联网产业化发展趋势、环境以及国内外 5G 车联网试点进展，5G 车联网的技术、业务及典型应用，5G 车联网产业发展挑战、建议及展望等。

本书作者团队既重视技术前沿和发展，也关注产业热点和落地；全书取材凝练了作者近年来重要的学术论文和产业报告，内容新颖前沿；主要观点建立在作者长期对于相关技术、产业和市场的调研与思考的基础上，也事关自身所在企业的发展战略和产品方向，因而不仅适合科技界、教育界和产业界的师生和技术人员研读，也可供投资界和主管部门的决策人员参考。

**吴乐南教授**

**东南大学信息科学与工程学院**

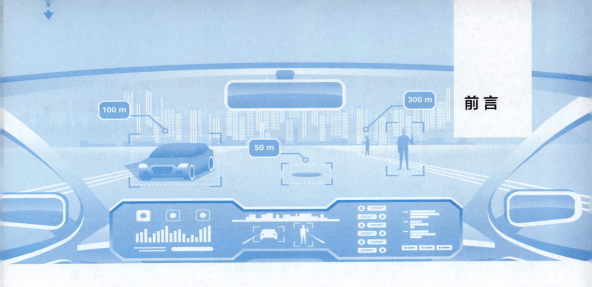

# 前言

　　当前人类社会正处于从工业经济时代向数字经济时代转型发展的关键阶段，而5G作为国家新型信息基础设施建设内容之一，被赋予了赋能社会数字化转型的愿景，受到信息科技行业和各个垂直行业的高度关注，并对5G推动数字经济发展给予厚望。自2019年商用以来，5G取得了快速的发展，5G带来的远不止于比4G更高速的移动互联网，其发展也不仅仅依赖于数据爆发式增长的流量模式。5G作为下一代核心高科技基建的支持性技术，更需要积极探索其与各典型行业的融合发展，例如5G+车联网、5G+工业互联网、5G+医疗健康等。

　　当前，汽车产业发展正面临着严峻挑战，智能网联汽车和车联网技术赋予中国汽车产业一个变道发展的机遇。未来汽车智能化、网联化、安全化不仅体现在汽车车载电子装置上，用于提高汽车的辅助功能，更将直接影响汽车的安全性、舒适性和整体性能，而这些功能的实现，必不可少地会运用到5G、人工智能等技术。5G凭借其高数据速率、低延迟、低能耗、低成本、提高系统容量和大规模设备连接等性能特点，成为智能汽车实现智能化、网联化目标的核心技术。5G与车联网技术的融合，将实现汽车的三大转变：从机械产品向电子信息智能产品的转变；从单纯交通运输工具向人类第三空间的转变；从单一汽车产业向汽车产业、电子产业、互联网产业、信息通信产业、交通产业等多产业融合的转变。

　　全书从第五代移动通信技术（5G）的基本内涵入手，通过梳理5G的基本原理、关键技术、频谱划分、应用现状等，进一步阐述其对车联网技术的支撑，系统剖析了5G车联网整体架构、体系标准、关键技术、典型业务及应用场景等，同时对5G车联网产业面临的挑战和未来发展前景进行展望。全书内容系统、全面，力求深入浅出地为读者展现5G与车联网深度融合的全貌，帮助读者更好地理解5G车联网系统的设计思想。

本书由 5G 产业技术联盟车联网专委会主任委员吴冬升博士主编,"5G 行业应用"特邀专栏作家陈朝晖、开山、田云鑫、刘斌、王传奇等联合编写,作者团队成员具有多年的 ICT 及 TMT 行业从业经验,参与车联网 V2X、智慧灯杆等领域多项标准制订,长期致力于通信、信息技术、车联网等行业研究。期待本书能对通信专业及汽车专业学生、科研机构人员,以及 5G 和车联网相关行业从业者有所裨益,并对 5G 车联网产业发展起到绵薄之力。

囿于作者团队水平和时间有限,书中难免有不足之处,恳请广大读者批评指正。

编　者

# 目录 contents

## 第 1 章
## 5G 发展概述
001

1.1 5G 内涵 002
    1.1.1 5G——通信技术的变革 002
    1.1.2 5G 最根本的变革——通信服务对象的变化 002
    1.1.3 5G 三大产业发展主线 003
1.2 5G 发展的核心驱动力 003
    1.2.1 国家战略 003
    1.2.2 运营商竞争态势 004
    1.2.3 产业链上下游设备商推动 005
    1.2.4 消费者的诉求 006
    1.2.5 行业数字化转型需求 006
1.3 5G 发展的主要挑战 007
    1.3.1 商业模式不清晰 007
    1.3.2 建设运营投资额巨大 009
    1.3.3 技术选择多路径 010
    1.3.4 供应链全球化依赖 010
1.4 5G 发展现状与行业应用 011
    1.4.1 中国 5G 发展现状 011
    1.4.2 美国 5G 发展现状 022
    1.4.3 日本 5G 发展现状 025
    1.4.4 韩国 5G 发展现状 027
    1.4.5 欧洲 5G 发展现状 029
参考文献 033

# 第 2 章
## 5G 支撑行业应用的关键技术 034

2.1 5G 无线技术 036
  2.1.1 超高带宽的实现技术 036
  2.1.2 多途径实现超低时延 040
  2.1.3 实现海量连接的设计 041

2.2 5G 小基站 043
  2.2.1 基站类型 043
  2.2.2 5G 小基站驱动因素 044
  2.2.3 5G 小基站组网及关键技术 047

2.3 5G 边缘计算 049
  2.3.1 边缘计算的基本概念 049
  2.3.2 5G 边缘计算的驱动因素 051
  2.3.3 5G 边缘计算的标准 053

2.4 5G 网络切片 056
  2.4.1 网络切片的定义和关键技术 057
  2.4.2 网络切片的驱动因素 059
  2.4.3 网络切片的设计过程 062

2.5 TSN 与 5G 确定性网络 063
  2.5.1 5G 引入 TSN 的原因 063
  2.5.2 TSN 与确定性网络 064
  2.5.3 5G 中实现 TSN 的架构和技术 067

2.6 5G 安全网络 069
  2.6.1 5G 安全挑战和需求 069
  2.6.2 5G 安全理念和框架 071
  2.6.3 5G 安全关键特性 073

参考文献 075

# 第 3 章
## 5G 车联网产业 076

3.1 汽车产业发展趋势 077
3.2 智慧道路发展趋势 078
3.3 5G 车联网内涵 082
3.4 5G 车联网核心目标 082
  3.4.1 自动驾驶分级 083
  3.4.2 车联网赋能自动驾驶 085
  3.4.3 车联网赋能智慧交通 086

3.5 5G 车联网产业链 089
3.6 5G 车联网产业化趋势 092
　　3.6.1 车联网商用蓄势待发 092
　　3.6.2 5G 和车联网相互促进增速爆发 093
　　3.6.3 车联网示范带动规模 094
　　3.6.4 车联网路侧带动车载 094
　　3.6.5 商用车先行，乘用车上量 095
　　3.6.6 车载设备后装先行，前装上量 095
　　3.6.7 车联网路侧建设重点：RSU、路侧智能设施和 MEC 096
　　3.6.8 5G 丰富车联网业务 097
参考文献 097

## 第 4 章
## 5G 车联网政策、标准与测试
098

4.1 全球 5G 车联网产业发展政策 099
　　4.1.1 中国智能网联产业发展政策 099
　　4.1.2 美国智能网联产业发展政策 101
　　4.1.3 欧洲智能网联产业发展政策 102
　　4.1.4 日本智能网联产业发展政策 102
　　4.1.5 韩国智能网联产业发展政策 104
4.2 5G 车联网标准体系 104
　　4.2.1 全球车联网标准组织及联盟 104
　　4.2.2 DSRC 与 C-V2X 标准对比 105
　　4.2.3 国际 C-V2X 标准进展 109
　　4.2.4 中国 C-V2X 标准进展 114
4.3 全球 5G 车联网频谱分配 117
4.4 5G 车联网互联互通测试 119
4.5 5G 车联网试点进展 121
　　4.5.1 中国城市级车联网试点示范 121
　　4.5.2 中国城际车联网试点示范 142
　　4.5.3 美国车联网试点示范 148
参考文献 154

# 第 5 章
## 5G 车联网技术
156

5.1 5G 车联网车载设备 157
    5.1.1 传统智能网联车载终端 157
    5.1.2 C-V2X 车载终端 159
    5.1.3 车载终端部署趋势 161

5.2 5G 车联网路侧设施 162
    5.2.1 5G 通信基础设施 162
    5.2.2 C-V2X 专用通信基础设施 162
    5.2.3 路侧智能设施 165
    5.2.4 MEC 166

5.3 5G 车联网网络 169

5.4 5G 车联网云平台 170
    5.4.1 5G 车联网云平台架构 171
    5.4.2 5G 车联网云平台功能 172
    5.4.3 5G 车联网云控平台 173

5.5 5G 车联网安全 174
    5.5.1 车联网安全需求 174
    5.5.2 直连通信场景下应用层安全机制 176

5.6 5G 车联网高精度定位 176
    5.6.1 车联网定位需求 177
    5.6.2 基于 RTK 差分系统的 GNSS 定位 178
    5.6.3 传感器与高精地图匹配定位 178

参考文献 179

# 第 6 章
## 5G 车联网典型业务及应用
180

6.1 5G 车联网典型业务场景 181
    6.1.1 基于 5G Uu 信息娱乐服务类业务和全局交通效率类业务 181
    6.1.2 基于 LTE-V2X 安全出行类业务和局部交通效率类业务 183
    6.1.3 5G NR-V2X 自动驾驶类业务 185

6.2 5G 车联网典型应用场景 186
    6.2.1 城市车联网应用场景 186
    6.2.2 高速公路车联网应用场景 189

参考文献 191

## 第 7 章 5G 车联网产业发展挑战及展望 192

7.1 突破车联网商业边界 193
    7.1.1 车联网商业模式面临的挑战 193
    7.1.2 车联网商业模式探索路径 195

7.2 突破车联网管理边界 197
    7.2.1 加强跨行业协同 197
    7.2.2 规范数据开放 198
    7.2.3 健全法律法规 199

7.3 突破车联网技术边界 199
    7.3.1 兼容多版本并存 199
    7.3.2 完善信息安全体系 200
    7.3.3 统一工程建设规范 200

7.4 5G 车联网产业发展展望 200
    7.4.1 智能网联汽车——汽车产业应对挑战的突破口之一 201
    7.4.2 汽车电子产业发展获得新契机 201
    7.4.3 5G 和智能汽车协同高速发展 202
    7.4.4 车联网产业发展的两大新引擎—智慧城市和智能交通 203
    7.4.5 智慧道路将呈现爆发式建设 203
    7.4.6 汽车产业新商业模式和数据开放模式成为重要方向 204

**附录 中英文对照表 205**

# 第1章 5G发展概述

## 1.1 5G内涵

第五代移动通信技术（简称 5G）自 2019 年开始进入商用，受到各方的高度重视，也走进了公众视野，比起前几代移动通信技术，5G 受到关注的范围有了很大扩展。从大背景上来说，整个人类社会正处于从工业经济时代向数字经济时代发展的阶段，数字经济是以数字化的知识和信息为关键生产要素，以数字技术创新为核心驱动力，以现代信息网络为重要载体，通过数字技术与实体经济深度融合，不断提高传统产业数字化、智能化水平，加速重构经济发展与政府治理模式的新型经济形态[1]。而 5G 作为重要的网络技术，定义了赋能社会数字化转型的宏大愿景，受到各国政府、信息科技行业，以及各垂直行业的高度关注，并对其推动数字经济的发展寄予厚望，也就不难理解了。要准确理解 5G，就需要认识到它的内涵。

### 1.1.1 5G——通信技术的变革

从技术角度看，5G 是在 4G 通信技术基础上继续发展的产物，本质上只是技术的变革，而非革命。5G 涉及的核心技术，主要包括无线技术和网络技术两大类。无线技术主要包括大规模天线阵列（Massive MIMO）、超密集组网（UDN）、终端直通（D2D）、灵活双工/全双工、新型多址技术、新型编码调制和高频段通信等。网络技术主要包括网络切片（Network Slicing）、移动边缘计算（MEC）、SDN/NFV 和 C-RAN 架构等。

5G 技术的核心是提升频谱效率（每小区或单位面积内，单位频谱资源提供的吞吐量提升 5～15 倍）、能源效率（每焦耳能量所能传输的比特数提升百倍以上）和成本效率（单位成本所能传输的比特数提升百倍以上）。

### 1.1.2 5G最根本的变革——通信服务对象的变化

从 1G 到 4G，通信服务的主体都是我们人类，但是到了 5G 时代情况将发生改变。可以预测，自 5G 时代开始，通信服务的主体将从人逐步迁移到物，而且这个比重会越来越高。也就是 5G 时代开始，会从连接人到连接物，从服务人到服务物转变。未来 20% 左右的 5G 设施是用于人和人之间的通信，80% 用于人与物、物与物的通信。正是由于这样根本性的变革，5G 会催生出无数全新的领域，引发新一轮的产业变革，成为推动经济发展的新增长动力。

### 1.1.3　5G三大产业发展主线

从 1G 到 4G，通信服务基本只有面向人类消费者市场这一条发展主线，但到了 5G 时代，情况发生根本性变化。总体来看，5G 拥有消费性、管理性、生产性三大产业发展主线。一是面向需求侧的消费性主线，即 5G 加速生活娱乐、车联网、汽车电子、医疗电子、可穿戴设备、智能家居等规模化消费类应用。二是 5G 驱动智慧城市管理性应用全面升温，基于 5G 的城市立体化信息采集系统将加快构建，智慧城市、智慧安防、智能交通等成为应用集成创新的综合平台。三是面向供给侧的生产性主线，即 5G 与工业、农业、能源等传统行业深度融合，成为行业转型升级所需的基础设施和关键要素。

## 1.2　5G发展的核心驱动力

推动 5G 发展的源动力来自五大方面，国家战略、运营商竞争态势、产业链上下游设备商推动、消费者诉求和行业数字化转型需求。这五个方面因素叠加，推动 5G 产业快速发展。

### 1.2.1　国家战略

5G 的定位是一项国家基础性产业，因此，各个国家都在抢夺 5G 产业发展的制高点。占领了 5G 产业发展的制高点，不仅能推动本国 5G 直接和间接经济总产出的增长，同时还能分享其他国家 5G 产业发展的红利。

2019 年 4 月 3 日，美国国防部发布了《5G 生态系统：对美国国防部的风险与机遇》，预测中国依靠先发 Sub-6GHz 的 5G 网络会推动智能手机和电信设备商，以及半导体和系统供应商的市场大幅增长，进而带动互联网公司的服务增长，中国将可能重现美国在 4G 领域的辉煌。因此，美国对争夺 5G 领先地位的焦虑感和紧迫感日益强烈。全球各个国家对此都有相同认知，因此大家才会看到美国和韩国两国运营商争抢全球首个开通 5G 无线服务的国家名分。2019 年 4 月 3 日，韩国三大运营商 SK 电讯、KT 和 LG U+ 宣布 5G 正式商用，开通 5G 手机网络服务，抢得"全球首商用"桂冠。之后一个小时，美国运营商 Verizon 也正式宣布在部分地区推出 5G 无线网络服务。

而中国成为继韩国、美国、瑞士、英国之后，全球第 5 个开通 5G 服务的国家。毋庸置疑，中国在 5G 领域的投入是坚定的。自 2016 年启动 5G 试验以来，中国积极推进完成了 5G 关键技术验证、技术方案验证、系统组网验证三大阶段工作，如表 1-1 所示。

表1-1　各区域5G规模建设时间点

| 区域/国家 | 年份 |
| --- | --- |
| 中国 | 2020 |
| 日本 | 2020 |
| 韩国 | 2019 |
| 亚太 | 2023 |
| 美国 | 2019 |
| 拉美 | 2025 |
| 欧洲 | 2020 |
| 中东 | 2020 |
| 非洲 | 2030 |
| 澳大利亚 | 2020 |

从中国 5G 产业发展预期看，中国信息通信研究院发布的《5G 产业经济贡献》报告预计 2020～2025 年期间，中国 5G 商用直接带动的经济总产出达到 10.6 万亿元，间接拉动的经济总产出约 24.8 万亿元。

### 1.2.2　运营商竞争态势

韩国媒体报道，韩国加入 5G 服务的用户在 2019 年 6 月 10 日突破 100 万人，此时韩国 5G 商用化仅开启 69 天，截至 2019 年底用户数已增加到 500 万。韩国三大运营商 SK 电讯、KT 和 LG U+ 为争取用户大打"价格战"，对 5G 手机进行高额补贴。美国 AT&T、Verizon、T-Mobile 和 Sprint，出于市场竞争需要，均在积极进行 5G 商用部署。以 AT&T 为例，分步推进 5G 网络部署，首批覆盖 12 个城市，第二批增加约 10 个城市。同时，AT&T 努力把 4G 时代积累的企业解决方案经验延伸到 5G，积极开发零售、医疗、金融、教育、安全等垂直行业创新应用。

从运营商角度看，如果不积极部署 5G，被竞争对手抢占先机，那么用户资源就必然流失，导致业绩下滑，这是运营商不可承受之重。竞争的压力，逼迫运营商抢跑 5G。国内运营商也面临同样的情况，当然和海外运营商相比，国内运营商除了商业竞争压力之外，还承担着商业之外的国企社会责任。

如表 1-2 所示，2019 年中国移动在全国范围内建设超过 5 万个 5G 基站，在超过 50 个城市实现 5G 商用服务。截至 2020 年 2 月底，中国 5G 套餐客户已达到 1540 万户。2020 年，将进一步扩大网络覆盖范围，目标建设 30 万个 5G 基站，在全国所有地级以上城市城区提供 5G 商用服务。中国移动实施"5G+ 计划"，一是推进 5G+4G 协同发展，二是推进 5G+AICDE 融合创新（A- 人工智能 AI、I- 物联网 IoT、C- 云计算 Cloud Computing、D- 大数据 Big Data、E- 边缘计算 Edge Computing），三是推进 5G+Ecology 生态共建，四是推进 5G+X 应用延展。

中国电信将在 40 多个城市建设 NSA（非独立组网）/SA（独立组网）混合组网的精品网络，力争在 2020 年率先启动面向 SA 的网络升级，对外开放基于 SA 的边缘计算、网络切片等 5G 差异化网络能力。同时加速云网融合，为 5G 赋予更多内涵。中国电信在上海重点发布了"5G 行业云网解决方案"，为媒体、医疗、教育、金融、物联（水务、消防、车联网）、视频六大行业提供服务。

中国联通实施"7+33+N"5G 建网战略，即在北京、上海、广州、深圳、南京、杭州、雄安 7 个地区实现连片覆盖，在福州、厦门等 33 个重点城市实现热点覆盖，在 N 个城市定制 5G 网中专网，同时构建各种行业应用场景。

表1–2  中国运营商2019年建网规划

| 运营商 | 5G 频段 | 2019 年投资 | 城市规划 |
|---|---|---|---|
| 移动 | 2.6GHz+4.9GHz | 170 亿 | 50 |
| 电信 | 3.5GHz | 90 亿 | 40 |
| 联通 | 3.5GHz | 80 亿 | 7+33+N |

### 1.2.3  产业链上下游设备商推动

5G 产业链包括上游设备商、中游运营商，和下游终端设备商以及行业应用方案提供商，如图 1-1 所示。

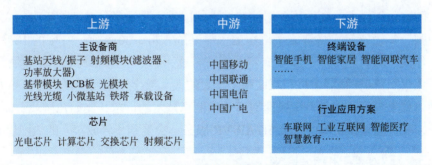

图 1–1  5G 产业链基本构成

上游设备商除了我们熟知的四大系统设备商华为、中兴、爱立信、诺基亚外，还包括芯片厂商（光电芯片、计算芯片、交换芯片、射频芯片等）、基站天线 / 振子厂商、射频模块厂商（滤波器、功率放大器、射频开关等）、基带模块厂商、印制电路板厂商、光模块厂商、无光源器件厂商、光纤光缆厂商、小微基站厂商、铁塔厂商、承载设备厂商等。

终端设备商包括智能手机、智能网联汽车、智能家居等领域。行业应用方案提供商涉及各个行业，如车联网、工业互联网、智能医疗、智慧教育等。在中国4G建设饱和的情况下，产业链上游和下游的设备商将希望寄托于5G发展，成为顺理成章的事情。以智能手机为例，智能手机增长和智能手机普及率，都已经进入了存量市场阶段。而在存量市场环境下，中国智能手机市场未来机会点在于用户升级换机的需求，尤其是5G技术带来的换机需求。

### 1.2.4 消费者的诉求

全球2G GSM用户数突破1亿大关，用了6年时间（1992～1998年）；全球3G UMTS用户数突破1亿大关，用了5年时间（2001～2006年）；全球4G LTE用户数突破1亿大关，只用了3年时间（2010～2013年），仅为2G时代用户发展时间的一半，如表1-3所示。消费者对新技术的接受度越来越高，尤其是中国消费者。一旦5G网络实现大面积覆盖，用户将迅速向5G转化。

表1-3 移动通信新技术普及时间表

| 技术更迭 | 突破1亿用户所用时间 |
| --- | --- |
| GSM | 6年时间（1992～1998年） |
| UMTS | 5年时间（2001～2006年） |
| LTE | 3年时间（2010年1月～2013年3月） |
| 5G | 预计2～3年时间（2019年4月～2022年） |

同时，年轻人、高学历、居住在城市的成年人是最早接触智能手机的人群。在中国，年轻成年人是智能手机覆盖率最高的人群，2018年，91%的18～24岁成年人、89%的25～34岁成年人拥有智能手机。而这群人中存在大量"数字原生代"，即在智能手机和互联网上长大的人。数字原生代能够同时认知处理多种信息来源，天然具备积极拥抱新一代信息技术的诉求，比如在游戏、体育、娱乐、在线漫画和表演中发展5G AR/VR服务，会受到年轻成年人的热烈追捧。

### 1.2.5 行业数字化转型需求

中国经济已由高速增长阶段转向高质量发展阶段。从传统产业来看，伴随要素成本上升、资源环境压力加大、产能过剩持续，以及后发国家工业化和发达国家再工业化的双重挤压，以往依靠要素驱动和依赖低成本竞争的增长模式越来越难以为继，迫切需要转型发展。

行业数字化转型正是中国产业转型升级的重要动力之一。数字化转型既包括处于较低发展阶段的企业提高信息化水平，也包括处于较高发展阶段的企业实现数字化、网联化、智能化。工业、农业、能源等传统行业，以及交通、安防等各个行业，均存在数字化转型的强烈意愿。以汽车产业为例，全球市场陷入低迷，盈利下滑。为了应对挑战，车企积极进行新四化"智能化、网联化、电动化、共享化"探索。工信部发布的《车联网（智能网联汽车）产业发展行动计划》明确提出到 2020 年车联网用户渗透率达到 30% 以上，新车驾驶辅助系统（L2）搭载率达到 30% 以上，联网车载信息服务终端的新车装配率达到 60% 以上，如图 1-2 所示。5G 网络发展将助力汽车产业网联化达到此目标。

预计2020年、2025年、2030年我国销售新车联网比率将分别达到60%、80%、100%，网联汽车销售规模将分别达到1900万辆、2800万辆、3800万辆

图 1-2　汽车行业网联化趋势

在汽车制造环节，工厂车间将出现更多的无线连接，未来工厂中所有智能单元均可基于 5G 无线组网，生产流程和智能装备的组合快速灵活调整，以适应市场的变化和客户需求越来越个性化、定制化的趋势。在汽车使用环节，基于 5G 网络的大带宽、广连接、高可靠低时延，可实现对汽车的全面感知、精准决策和实时控制。5G 将助力汽车产业实现数字化转型。

## 1.3　5G发展的主要挑战

5G 发展存在商业模式不清晰、建设运营投资额巨大、技术选择多路径、供应链全球化依赖四大挑战。

### 1.3.1　商业模式不清晰

目前，三大运营商面临"提速降费"和同质化竞争的巨大压力。不限量套餐虽然能帮助运营商抢夺到用户，但是也导致运营商增量不增收，流量收入剪刀差加剧。三大运营商的 ARPU（每月每用户平均收入）集体下降。其中中国移动 2018 年手机 ARPU 值 53.1 元，同比下降 8%；中国电信 2018 年手机 ARPU 值 50.05 元，同比减少 8.3%；中国联通 2018 年手机 ARPU 值 45.7 元，同比减少 4.7%。同时，推出低资费不限量套餐，也让用户习惯了低资费，消费者买单意愿不高。在 5G 时代这种趋势会愈发明显。因此运营商必须在商业模式上做出改变，从 3G 和 4G 时代基于流量的商业模式，到寻求 5G 时代新的商业模式，如图 1-3 所示。

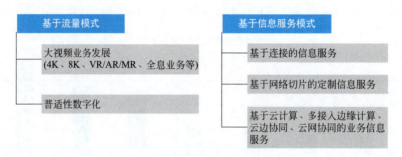

图 1-3  5G 时代新商业模式探索

目前看，5G 时代商业模式最有可能包括基于流量和基于信息服务两大类。基于流量的模式，依然是运营商 5G 时代重要的盈利模式。在 5G 时代的数据量将呈现爆发式增长。数据量井喷一方面来源于大视频会在 5G 时代迅猛发展，4K、8K、VR/AR/MR、全息等各种技术应用会加快普及。用户的消费习惯如同从文本方式转换到视频方式一样，会迅速普及 4K、8K、VR/AR/MR、全息业务。另一方面是由于产生数据的将不再仅仅是人类，更多物体会被 5G 网络连接，普适性数字化将诞生。比如汽车上所有零部件信息都将数字化，并通过 5G 网络进行传输，未来每辆汽车每秒将产生 Gbit 级以上的数据量。但仅依赖数据量爆发式增长带来的流量模式，已经不足以支撑 5G 时代运营商巨大的建网投资成本。因此，运营商要积极探索基于信息服务的商业模式。未来信息服务可能存在三种不同模式。

第一种模式，提供基于连接的信息服务。运营商可以通过 5G 网络广连接特性，提供人与物、物与物的广泛连接。以汽车行业为例，未来所有汽车都可以通过 5G 网络进行 V2V（车与车）、V2I（车与基础设施）、V2P（车与人）、V2N（车与网络）通信。而路侧和路面上各种基础设施，包括红绿灯信号机、智慧灯杆、数字化标志标牌等，也将数字化和 5G 网联化。

第二种模式，提供基于网络切片的定制信息服务。运营商不再只提供刚性管道，而是给不同消费者用户和行业用户提供弹性管道。弹性管道的"弹性"体现在管道可以按需定制，即管道类型（大带宽、广连接、高可靠低时延）和管道服务等级等均是动态可分配的，同时 5G 时代的弹性管道将覆盖端到端（从手机终端到无线基站，再到传输网络、核心网、业务层均可实现弹性）。网络切片技术的使用让这一切变为可能。比如针对车联网用户可以提供大带宽网络切片用于 VR 通信业务，高可靠低时延网络切片用于远程控制业务、编队行驶业务等。

第三种模式，提供基于云计算、多接入边缘计算（MEC）、云边协同、云网协同的业务信息服务。针对不同消费者用户和行业用户，利用云、边缘云、云边协同和云网协同，提供不同类型的业务应用服务，将涉及普通消费者、政务、制造、交通、物流、教育、医疗、媒体、警务、旅游、环保等各个方面。

总体来看，运营商依然处于积极探索 5G 除了流量模式之外的新商业模式阶段。

### 1.3.2 建设运营投资额巨大

5G 建设大概率会采取先城区再郊区、先热点再连片、先低频再高频、先室外再室内、先宏站再小微基站的模式，积极稳妥分布推进。但即便如此，5G 建设的投资金额仍然巨大。除了宏站投资，5G 发展还涉及大量小微基站、光传输、核心网、多接入边缘计算等投入。预计中国 5G 投资周期十年，总投资金额 1.6 万亿，如表 1-4 所示。

表1-4　5G投资规模及预测

| 年份 | 2019 | 2020 | 2021 | 2022 | 2023 | 2024 | 2025 | 2026 | 2027 | 2028 |
|---|---|---|---|---|---|---|---|---|---|---|
| 宏基站数/万 | 10 | 60 | 100 | 100 | 100 | 90 | 60 | 40 | 40 | 20 |
| 投资额/亿元 | 340 | 1800 | 2700 | 2600 | 2500 | 2200 | 1400 | 900 | 900 | 450 |

同时 5G 运营投资额（OPEX）也将是巨大的。5G 基站的功耗是 4G 基站的 2.5～4 倍，电费等能源成本也将提高。另外，5G 基站数量增加，尤其是小微基站数量将激增，站址费用和光纤量也将激增。

总体来看，2021 年将是运营商挑战最大的一年。运营商有紧迫压力，在 2021 年之前寻找到 5G 新的商业模式，才有可能支撑起 5G 时代巨大的建设投资和运营投资。当然，政策支持推动中国 5G 产业发展也是必不可少的，比如给运营商减压，引导通信行业由"提速降费"向"提速提质"转变，出台政策鼓励运营商、铁塔公司共享共建等。

### 1.3.3 技术选择多路径

一直以来，运营商 5G 建网存在 NSA 和 SA 两种不同技术路径选择，两类技术路径对比如表 1-5 所示。所谓 NSA，是在 4G 核心网基础上，增加 5G 基站，用户使用 5G 终端就可以享受 5G 的宽带业务。采用 NSA，具有部署简单、起步快、投资少的优点，而且终端也只需要支持宽带业务的能力，相对来说更容易生产和制造。但是 NSA 因为没有改变核心网，因而无法支持 5G 广连接和高可靠低时延两大特性。比如车联网应用的远程驾驶，尽管现在已经有大量的业务展示，但要真正做到开放道路的商用程度，仅仅依靠目前 NSA 方式 5G 网络是无法有效保障安全性的。而 SA，使用真正的 5G 核心网、基站以及回程链路，才可以真正满足行业客户大量的相关诉求。

表1-5　NSA和SA对比分析

| 对比项目 | SA 与 NSA |
| --- | --- |
| 标准进展 | NSA 早于 SA 半年时间 |
| 建设速度 | NSA 优 |
| 投资金额 | SA 需要独立组网形成连续覆盖，早期投资金额较高 |
| 性能体验 | SA 可以支持完整的 5G 能力（mMTC 和 URLLC），能提供更好的用户体验 |
| 终端支持 | eMBB（增强移动宽带）NSA 终端早于 SA 终端 5～6 个月时间 |
| 设备商选择 | NSA 只支持同厂家的 LTE 和 5G 互操作，运营商选择设备商灵活性较小 |

三家运营商早期 5G 建网思路比较清晰，电信和移动偏向 SA 独立组网方式，联通偏向 NSA，但目前三家运营商均转向 SA 组网方式。

总体来看，NSA 组网和 SA 组网未来将长时间共存，运营商面临着多频多制式共存复杂网络挑战。

### 1.3.4 供应链全球化依赖

5G 供应链全球化态势明确，主要涉及到芯片供应链、智能手机供应链和基站供应链。芯片供应链主要涉及"设计—设备—材料—制造—封测"等环节。中国企业主要发力在两头，即设计和封测。

我国部分专用芯片快速追赶，正迈向全球第一阵营。其中包括成本驱动型消费类电子，如机顶盒芯片、监控器芯片等；以及通信设备芯片，如核心路由器自主芯片。但是高端智能手机、汽车、工业以及其他嵌入式芯片市场，中国差距依然很大。而高端通用芯片与国外先进水平差距更是巨大，包括处理器和存储器等。

智能手机供应链方面，芯片、内存、操作系统等行业制高点以及射频前端、滤波器等，仍然摆脱不了对欧美和日韩厂商的依赖。基站供应链方面，涉及器件众多，对进口器件依赖程度较高，尤其是 FPGA（现场可编程门阵列）、ADC（模拟/数字转换器）/DAC（数模转换器）等难以找到较好替代，如表1-6所示。

表1–6　5G基站关键器件进口依赖度评估

| 器件类别 | 进口依赖程度 |
| --- | --- |
| 结构件、散热等 | 低 |
| 天线阵子、滤波器、印制电路板 | 低 |
| 连接器 | 中 |
| 现场可编程门阵列 | 高 |
| 数字信号处理 | 高 |
| 模拟/数字转换器、数模转换器 | 高 |
| 功率放大器、低噪声放大器 | 高 |

## 1.4　5G发展现状与行业应用

据 GSMA（全球移动通信系统协会）统计，截至 2020 年 5 月，全球已有 125 个国家和地区的 386 家运营商在投资 5G 网络。其中，中国同美国、日本、韩国和欧洲被认为是 5G 领先的国家和地区，本节将分别介绍这些国家和地区 5G 发展和行业应用现状。

### 1.4.1　中国5G发展现状

在多重推力下，中国 5G 加速成长。截至 2020 年 6 月，国内已开通 25 万 5G 基站，5G 终端连接数超过 3600 万。5G 作为"新基建"的代表被频频点名，赋予更为重大的历史使命。同时，5G 面临早期巨额投资和商业模式不成熟的现实情况，运营商如何权衡并选择适合自己的 5G 发展路径考验决策智慧。5G 给电信业带来商业模式重构机遇，中国运营商能否走出 4G 时代管道价值被低估的尴尬，值得探讨。本节介绍中国 5G 发展规模、建网情况、营销策略及应用探索。

（1）网络现状

2019 年是中国 5G 商用元年，中国三大运营商纷纷启动规模商用网络建设。

截至 2020 年 3 月，中国移动 5G 套餐用户数已超过 1000 万，中国电信与中国联通 2019 年开通 6.4 万个 5G 共享站点，在全国 31 个省份的 50 多个城市实现 5G 商用，中国电信 5G 用户数突破 800 万。2020 年，5G 网络建设步伐进一步加快。截至 2020 年 6 月，中国建设开通的 5G 基站数已超过 25 万个，预计年底全国 5G 基站数将超过 60 万个，实现地级市室外连续覆盖、县城及乡镇重点覆盖、重点场景室内覆盖。连接数方面，据 GSMA 预测，2020 年中国在全球 5G 连接中的占比将达到 70%，预计 2025 年将和东北亚市场与美国一起，在 5G 使用率上引领全球。

5G 不只是一种技术，更重要的是其可对经济产生巨大的拉动作用，尤其是在当前中国经济从高速度向高质量发展转变的换挡期。据中国信通院测算，2030 年 5G 带动我国经济直接产出和间接产出将分别达到 6.3 万亿和 10.6 万亿元[2]。

### （2）产业链情况

2018 年 6 月 13 日，5G 独立组网功能冻结，使 5G NR 具备了独立部署的能力，也带来全新的端到端新架构，意味着 5G 正式进入到商用阶段。R16 标准已于 2020 年 7 月冻结，R16 内容涉及的技术包括增强型 MIMO（eMIMO）、增强型双连接和自组织网络（SON），还将推出新的 API 框架、对未授权频谱的接入，并包括针对车用无线通信技术（V2X）和工业物联网应用协议的增强等。

标准制定上，中国已成为主力军和重要贡献者。以中国移动为例，中国移动研究院的众多专家已成为 5G 标准工作组的主席、报告人及重要贡献者。截至 2020 年 3 月，中国移动已牵头 5G 国际标准关键项目 61 个，5G 系统架构国际标准 6 项以及 5G NR 终端、基站射频等 38 项国际标准。

在专利方面，中国企业也名列前茅。2020 年 3 月，据 IPlytics 统计，全球已经申请的 95526 项 5G 专利，21571 个专利族。中国企业在专利数量上位列第一，占比超过 1/3，领先韩、欧、美、日。其中华为名列第一，拥有最多的 5G 专利；中兴排名第三。

5G 产业链目前也已基本就绪，包括网络设备、终端芯片功能和价格等，均已具备大规模商用能力。基站方面，华为、中兴目前都已能提供支持 NSA、SA 及 NSA&SA 组网的端到端设备，包括无线基站和核心网等。芯片方面，高通、联发科、华为已相继发布支持 NSA&SA 的 5G 芯片，高通在 2020 年 2 月还发布了第三代 5nm 制程的 5G 芯片 X60，下行速度可达 7.5 Gbps，上行速度可达 3Gbps，支持 5G SA、NSA 双组网，支持毫米波、Sub-6GHz（FDD/TDD）、5G TDD 和 FDD 载波聚合和动态频谱共享。终端方面，据 GSMA 统计，截至 2020

年 2 月，全球已发布 208 款各类型的 5G 终端，包括手机、CPE、模组等，手机价格也已下探到两千元以下。

**（3）2020 建网趋势**

① 频谱分配平衡市场格局。频谱分配对网络建设至关重要。中国早在 2018 年 12 月就确定了 5G 频谱分配方案，中国电信获得 3.4～3.5GHz 的 100MHz 带宽，中国联通获得 3.5～3.6GHz 的 100MHz 带宽，中国移动获得 2515～2675MHz 的 160MHz 带宽及 4.8～4.9GHz 的 100MHz 带宽。

5G 频谱分配兼顾了各方利益，一定程度上平衡了市场格局。中国联通和中国电信获得 3.5GHz 附近国际主流的 5G 频段，该频段的产业链相对成熟和完善，全球可通用性最强，发展进程较快。同时频率较低，覆盖性能更好，可有效减少建站成本。中国移动获得 2.6GHz 和 4.9GHz 组合。一方面，拥有比竞争对手更多的 5G 频谱，频段间互为补充，特别是借助中国移动现有的 2.6GHz 4G 网络，有助于实现灵活的覆盖策略。另一方面，虽然 4.9GHz 的 100MHz 带宽可以支持的用户数和流量更多，但是所需基站的密度更大，投资较大，2.6GHz 频谱产业链成熟度低，需要加强产业链培育和布局，不过因其覆盖范围广、资本开支小，也可为 5G 商用带来双频段保险。

② 2020 目标独立组网。5G 的真正价值在于行业应用，而不只是比 4G 更快的速度，行业应用的需求只有 5G 独立组网（SA）模式可以支持，因此中国三大运营商都将 SA 视为 5G 目标网络架构。2019 年中国运营商和全球大部分运营商一样，选择 NSA 进行 5G 网络部署，2020 年均表示将采用 SA 架构。

中国电信从最初就将 SA 视为其目标 5G 网络架构，2019 年 6 月 5G 牌照的提前发放影响了中国电信的计划。若 2019 年建设 SA 网络，进度将明显落后于对手。因此，2019 年 6 月，中国电信称在 2019 年使用 SA/NSA 混合网络将其 5G 覆盖范围扩大到 40 个城市。中国移动 2019 年公布了 SA 网络进展情况，其在北京、上海、武汉、苏州、杭州等城市已实现部分 5G SA 网络覆盖。

③ 中国电信和中国联通加大共享共建力度。面对高昂的 5G 投资压力，网络共享可在保障覆盖需求的前提下，帮助运营商大幅降低成本，目前全球越来越多的运营商已在网络共享方面展开合作。

2019 年 9 月 9 日，中国电信与中国联通签署《5G 网络共建共享框架合作协议书》。根据合作协议，中国电信将与中国联通在全国范围内合作共建一张 5G 接入网络，共享 5G 频率资源，各自建设 5G 核心网。双方划定区域，分区建设，谁建设谁投资，谁维护谁承担网络运营成本。中国联通与中国电信频率资源共享，全球目前中低频段最快速率可达 2.7Gbps。其中 3.3～3.6GHz 共 300MHz 连续频率可共享，主要用于城区覆盖，室外最大 200MHz 带宽、室内最大 300MHz 带宽。2.1GHz 频段共 90MHz 连续频率共享，主要用于广覆盖。中国联通部分省已成功在 2.1GHz 频段软件升级 4G 基站为 5G 基站，并通过 SDR 兼备 3G/4G/5G 功能。

2020 年将分区域推动 2G/3G 减频退网，降低网运成本，重耕频谱资源。中国联通将完善 LTE 900M 底层网，原则上停止其他 4G 及非生产急需的建设。下一步除 5G 网络外，计划将在 4G 室内、机房、光纤、管线等全方位加强共建共享。

④ 大力推进网络转型。5G 时代，运营商面临巨额投资压力，拓展行业市场成为必选项。中国三大运营商也一直试图通过网络转型来提升行业服务能力，拓宽营收渠道。

中国移动方面，一直大力推进"5G+"计划，其中包括"5G+AICDE 融合创新"，即将人工智能、物联网、大数据、云和边缘计算等技术融入 5G，提升定制服务能力，为构建 5G 生态奠定网络基础。中国电信则一直秉持云网一体化战略，包括新一代云网一体化操作系统、全云化 5G 核心网和多接入边缘计算。中国联通围绕"贴近用户、全云化、全连接能力、系统能力、计算能力、能力开放"的"6C"理念，推出智能边缘业务平台。

边缘计算可帮助运营商在行业市场推进数字化转型，增加传统连接之外的收入。比如可在超低时延、实时处理、大容量数据传输、确定性组网等核心能力的支持下，推动自动驾驶、智能制造和电子竞技等行业应用实现爆发增长。因此，三大运营商联合主要网络设备商及相关企业一直大力推进边缘计算的方案和业务试点，同时相关生态合作也在众多产业组织包括边缘计算产业联盟（ECC）、中国信息通信研究院（CCSA）等的推动下不断扩大。

中国运营商边缘计算部署大致可分为三个阶段：第一阶段为 2018～2020 年的试验期，在特定场景进行试验和小规模部署，比如智慧港口、智慧园区等；第二阶段为 2021～2023 年的快速发展期，随着国内 5G 网络大规模部署，体育赛事和游戏等边缘计算应用增多，开始逐步在更多区域内进行部署；第三阶段为 2024 年以后，进入大规模部署，边缘计算部署成本和效率大幅提升，实现大规模部署。

**（4）三大运营商部署进展**

2019 年，中国 5G 牌照发放，规模建设拉开序幕。中国移动、中国电信和中国联通2019年合计资本开支超3000亿元，5G部分约330亿元左右。未来，三大运营商继续加大5G投资，开启5G建网快进模式。

① 中国移动部署进展。一直以来，中国移动的目标是成为全球5G领导者。在4G方面，其网络规模已成为全球第一。在5G建网上，拥有的2.6GHz频段在覆盖性能上有一定优势，同时，可借助在该频段上庞大规模的4G基站，通过升级的方式快速构建5G网络。对于2.6GHz频段早期产业链相对发展滞后的问题，2019年7月，中国移动宣称已经基本弥补了2.6GHz和3.5GHz技术之间的发展差距，速度惊人。

2020年中国移动计划总资本开支为1798亿元，结束五年下滑，同比增长8.4%。其中，5G相关投资计划约1000亿元，目标建设30万个5G基站，并在中国所有地级市推出5G服务，净增7000万5G套餐用户，实现地级及以上城市规模商用[3]。

② 中国联通部署进展。2020年2月，中国联通集团明确要求在已开通6.4万5G基站基础上，各省公司加快5G建设，2020年三季度力争完成全国25万基站建设，较原定计划提前一个季度完成全年建设目标。2019年中国联通资本开支为564亿元，其中5G投资金额为79亿元，计划2020年资本开支700亿元，其中5G资本开资为350亿元。

③ 中国电信部署进展。2018年，中国电信在北京、上海、重庆、广州、雄安新区、深圳、杭州、苏州、武汉、成都、福州、兰州、琼海、南京、海口、鹰潭、宁波等17个地区进行了5G规模化试点和应用示范。2019年底，5G覆盖范围扩大至40个城市。2020年，中国联通与中国电信合作，三季度力争完成全国25万基站建设。

可以预见，未来五年中国5G将步入快速发展期，据GSMA数据，中国运营商对5G网络资本投入将超过1600亿美元，占总体资本支出90%以上，占全球5G资本支出19%。

**（5）5G品牌及资费**

中国移动于2019年6月发布了5G品牌。标志由一个"∞"和两个"+"符号组成，"∞"是指5G为改变社会带来的无限可能性，而"+"符号则表达了中国移动5G将为行业和个人带来附加价值的信念。中国电信早在2018年率先发布5G品牌，实施"Hello 5G"计划。2019年4月，中国联通发布了5G品牌"5G$^n$"，即5G向N次方进军，口号为"让未来生长"。

定价是获取5G新用户的关键因素之一，从三大运营商发布的套餐资费来看，5G 基础套餐定价趋同，中国电信和中国联通 5G 套餐的价格与中国移动的价格十分接近，只是多了两档选择，在语音和流量设置上也基本在同一水平。可见，经过了 4G 时代激烈的价格竞争，三大运营商在 5G 初期选择回归理性，这与 5G 高昂的建设成本和早期投资收益的不确定性有关。

5G 时代，运营商一方面面临庞大的网络建设支出，一方面传统业务增长乏力，业绩压力骤增，必须进行商业模式转型。运营商在深耕传统普通消费者的连接业务之外，必须整合现有资源，拓宽收入渠道，发力行业市场，否则将继续面临管道价值被低估的现状。具体来看，运营商有以下几种新商业模式可以尝试。

① 作为赋能平台提供服务，包括为行业提供定制化的切片、云服务或其他电信级能力和开发引擎等。比如对于车联网的场景，运营商除了提供网络服务之外，还可提供地图、定位、SIM 卡和云服务等。

② 提供集成化服务，对于某些个人或企业场景，运营商通过整合相关合作伙伴的产品和服务，为客户提供整体一站式服务，比如 AR/VR、云游戏、智慧工厂和工业港口等。

③ 向内容提供商拓展，运营商基于现有的视频业务，或者采用收购等方式来进行内容运营，通过套餐绑定来提升套餐吸引力。

### （6）5G 个人应用

5G 应用早期，中国运营商和其他世界领先运营商一样，聚焦成熟度较高的增强型移动宽带（eMBB）类服务，如 UHD（超高清）视频和娱乐服务，同时不断尝试，培育杀手级应用。

① 聚焦 eMBB 类应用。2019 年 1 月，中国移动在北京举行的 CBA（中国篮协）比赛中成功进行了全球首个 5G+4K 直播。远程球迷们可以戴上 VR 眼镜，获得身临其境的观赛体验。现场演示单用户下行峰值速度高达 2.8Gbps，上行峰值速度高达 200Mbps，充分显示了 5G 网络支持 4K 直播的性能。此外，中国移动于 2019 年 6 月宣布投资 30 亿元人民币，实施"5G+UHD"创新发展计划，推出 5G 超高清视频服务、超高清 5G 快速游戏服务和超高清视频铃声服务，为消费者细分市场提供服务。

同时，运营商也在不断探索培育杀手应用。例如，中国联通与创业平台 Comb+ 联合打造的 5G 直播孵化基地，旨在加大对 5G 直播这一早期 5G 确定应用场景的培育。同时推出"5G 新直播"，作为其首款 5G "杀手"应用，5G 新直播使用 5G 提供"超高清+多视图+互动"等内容；中国电信与 LG U+ 签订合作协议,独家提供 LG U+ 的超高清虚拟现实内容,让用户体验高品质的云虚拟现实内容。

② 5G 消息构建三个"全新"。2020 年 4 月 8 日,中国移动、中国电信和中国联通,携手华为、小米、vivo、OPPO、中兴、三星、联想、魅族、海信等 11 家合作伙伴共同发布《5G 消息白皮书》,提出 5G 消息生态建设构想,号召携手早日为用户全面推出 5G 消息服务。5G 消息是对传统短信业务的升级和革新,简单地说,就是大家熟悉的短信业务的全面升级[4],可满足更丰富的信息通信需求以及更多样的 5G 应用服务。相对目前的 APP 来讲,5G 消息可以保持用户原有通信习惯,充分利用电信的号码体系、实名制、安全性、互联互通和电信级服务质量的优势,融合多种媒体和消息格式,无缝与传统短信融合。并利用人工智能、云计算和大数据的能力,提供高效智能服务。总的来说,5G 消息试图构建"三个全新",借此向 OTT 厂家展开反攻。

a. 全新社交入口。对个人用户来讲,5G 消息将是全新的社交入口。使用 5G 消息,用户无需下载客户端,无需添加好友,在终端原生消息入口即可接收到其他手机号用户的 5G 消息,消息内容除文本外,还可以支持图片、音频、视频、位置、联系人等多种形式。

b. 全新公共和商业服务入口。对政府和行业用户而言,使用 5G 消息,无需关注企业号码,政府和企业可将公共和商业服务直接送达用户,实现"消息即服务"。用户也可通过 5G 消息目录服务功能进行搜索和选择。通过 5G 消息,用户在消息窗口内方便与各行业的服务商交互,实现比如缴费充值、票务订购、酒店预订、物流查询、餐饮订座、外卖下单等各类 5G 应用服务。

c. 全新的人机交互模式。5G 消息还引入了新的消息交互模式——Chatbot 聊天机器人。企业可与其用户建立便捷的智能服务通道,获得更多的用户反馈,建立更紧密的联系。不仅能收到 Chatbot 聊天机器人发来的消息,还可向其主动发送和回复消息。

(7)5G 终端战略

终端是网络发展的关键因素之一,我国 5G 终端产业正在快速成熟。标准上,5G 终端全网通标准已经发布,可做到一机双卡三网通用;5G 芯片和模组厂商已推出多款芯片以及模组,覆盖多个价位;5G 终端形态也在不断拓展,手机、机器人、无人机应有尽有。

面对巨大的市场空间,运营商们普遍大力发展全网通全场景终端,重塑自身终端品牌。更重要的是,将行业终端提升到和个人消费终端同样地位,面向许多特定场景大力发展各类 5G 创新终端。这些举措既能让 5G 产业链加速成熟，也能为运营商拓宽新的收入来源。

① 巨大的市场空间。据相关预测，2020 年国内整体手机市场销售规模在 3.3 亿台左右，其中 5G 手机市场约 1 亿～ 1.8 亿台。2020 年上半年整体处于市场导入期，随着芯片和终端厂商推出更多中低价位的产品，市场规模将持续扩大。下半年进入规模发展期，5G 手机产品价位将下探至 1000 ～ 1500 元，5G 手机市场销量有望超过 4G 手机。

中国移动提出 5G 手机"亿"行动，目标 2020 年网内新增 5G 终端 1 亿部，同时开放产品合作，优化产品库，定制 5G 业务。中国电信 2020 年计划实现销售 5G 手机 6000 万部、VR 终端 300 万、智慧家庭终端 3600 万和 NB 模组 2000 万的目标。中国联通 2020 年 5G 手机的目标为 3300 万～ 6000 万台，是 2019 年目标的 2 倍，泛智能终端目标是 2019 的 4 倍，同时将减少智能手机补贴，保证有充足的投资来提升网络质量和体验。

② 全网通全场景成为趋势。鉴于国内三大运营商 5G 网络频段差异和 NSA/SA 网络部署现状，加上国内携号转网的大范围普及，全网通和全场景终端成为趋势。5G 全网通手机的核心标准有三点：一是要支持 SA+NSA 双模；二是支持 3 家运营商 2G/3G/4G/5G 网络；三是支持双卡自由切换。

中国移动 2020 年坚持三"多"一"新"的 5G 终端策略，即多模式频段，多终端形态，多用户选择，新产业生态。大力发展 NSA 和 SA 双模、三频终端。中国电信把全网通终端与全场景终端作为终端业务的两大目标，在全网通终端方面，通过发展 Wi-Fi6、超级上行以及动态频谱共享，支持全网通终端的体验。

③ 强化渠道能力。渠道一直以来被视为运营商终端销售的优势，为实现终端销售目标，运营商们纷纷强化渠道销售能力。2019 年，中国移动在渠道领域推出"5G+ 渠道蓝海计划"，试图打造"最广泛覆盖、最容易合作、最优服务体验"的线上线下融合渠道体系。同时，开展泛智能终端"百·万"合作行动，联合 100 家泛智能终端厂商，扩展 20 万家联合销售渠道，采取集中采购、信用购、套餐大包销售的合作模式，共建最大的泛终端销售体系。截至 2019 年第三季度，中国移动已经在实体渠道布点达 60 万，成为全球通信业规模最大的渠道体系，实现全渠道月均触达近 5 亿客户。此外，中国移动还在 2019 年 8 月发布了自有品牌的 5G 智能手机。

④ 个人与行业市场并重，发力创新终端。5G 时代，终端形态呈现多样化发展趋势。截至 2020 年 2 月，据 GSMA 统计，全球已发布 5G 终端 208 款，覆盖 14 类终端形态，包括 5G 手机、头显、热点、室内/外 CPE、笔记本电脑、模块、

无人机、机器人终端等。因此终端销售上除了 5G 手机之外，智能硬件、物联网增长空间巨大。三家运营商均采取个人市场和行业市场并重的原则，加强同相关行业企业合作，开发创新个人终端和面向各行业的定制化终端。

2019 年，中国移动的"5G 终端先行者产业联盟"就曾发布了手机、AR/VR、芯片、模组、CPE 五大品类 47 款 5G 商用终端。2020 年，中国移动将推出更加丰富的 5G 终端产品、孵化 5G 应用，从基础能力、特色应用、产业市场、产业生态四大维度，加强产业链协同合作。而中国电信则认为，创新终端在 2020 年的未来市场可以达到千万级，计划通过加强终端发展、云网安全合作、资本合作以及物联网合作，来拓展创新终端业务发展。

（8）5G 行业应用探索

5G 的真正潜力在于垂直行业应用，中国三大运营商深知这一点。一方面，运营商已开始通过各种方式构建 5G 的"生态创新"模式，探索 5G 技术与垂直产业应用的融合，包括在智慧工厂、能源、车联网和医疗等方面，特别是在 2020 年抗击疫情的过程中，一系列 5G 应用崭露头角，令人鼓舞；另一方面，必须看到 5G 行业应用的探索将是分阶段、分重点和长期的过程，需要产业内相关角色共同明确场景、制定标准并展开深入长期的合作，过程需要坚持和耐心。

① 加强生态创新。中国移动在 2016 年与 11 家合作伙伴共同成立了 5G 联合创新中心，截至 2019 年，5G 联合创新中心已经在北京建立了 22 个区域实验室，已有 439 家合作伙伴加入，其中包括 366 家来自垂直产业的合作伙伴。2018 年 12 月，中国移动与华为、阿里巴巴、百度、高通等合作伙伴共同成立了中国移动 5G 产业数字联盟。2019 年 4 月，中国电信发布 5G 创新伙伴计划，以电信运营商和平台提供商为主，与终端/设备供应商、技术/服务提供商、垂直产业、应用开发者共同构建生态系统。2019 年 4 月，中国联通与 32 家合作伙伴共同成立中国联通 5G 应用创新联盟，启动 5G 应用创新试点，目标为建设 200+5G 示范工程，建立 50+5G 实验室，孵化 100+5G 创新应用产品，制定 20+5G 应用标准，总计 1000 多家合作公司。同时利用混改深化与战略投资者的合作，组建多家合资企业（JV），加强布局。2018 年 8 月与阿里巴巴成立了云立智汇科技合资公司，为云计算、大数据、物联网、人工智能、区块链等关键数字转型技术提供指导。

同时，运营商也在通过组织变革、引入战略投资者、股权并购等方式获取更多行业资源，提升行业合作竞争力。2019 年 7 月，中国移动宣布将以公司业务子公司为基础，在总部组建公司业务部，负责中国移动集团企业服务的总体指挥、资源调度和协调。中国联通在 2019 年 9 月宣布设立 5G 创新基金，投资 5G 应用，规模 100 亿元人民币。中国移动于 2019 年 11 月宣布，设立 300 亿元人民币的 5G 产业基金，进一步专注于 B2B 市场、主要行业和新兴企业的投资。

② 积极探索 5G 行业应用。中国移动面向工业、能源、交通、医疗、教育、智慧城市等 14 个重点行业着力打造 100 个业务场景，已取得显著进展，与重点行业龙头企业合作形成 51 份创新应用方案，打造出众多行业首发 5G 应用案例。工业能源领域，联手东方电气、海尔集团等行业龙头企业打造了 5G 智能制造工厂，实现了基于 5G 的设备数据采集、设备远程监控、AR 运维指导、机器视觉质检等应用场景。在江西光伏电站完成全国首个 5G 多场景智慧电厂端到端业务验证，打造无线、无人、互联、互动的智慧场站。交通领域，建成国内首个 5G 自动驾驶示范区及 5G 自动驾驶车辆测试道路。医疗领域，助力中国人民解放军总医院跨越近 3000km，成功实现全国首例 5G 远程人体手术。教育领域，在北京和深圳两地的清华大学、北京师范大学昌平校区、深圳龙岗区科技城外国语学校全面启动真 5G 网络下智慧校园典型场景应用的试点项目[5]。

中国电信实现合作的领域涵盖警务、交通、生态、党建、医疗、车联网、媒体直播、教育、旅游、制造等十大垂直行业。其中 5G+ 智能交通方面，运用 5G、直升机、高空无人机、超高清视频融合、云网融合等领先技术，提供有效的融合交通解决方案；5G+ 智慧医疗，通过 5G+ 高清视频实时互动与 5G+ 云 AR 3D 医疗建模等技术，大幅度提升医联体远程诊疗、精准扶贫能力和急救能力；5G+ 智慧教育通过"5G+ 天翼云"和人工智能技术，支持远程课堂、辅助教学分析、VR 互动教学等业务场景。

中国联通从 2018 年开始，聚焦新媒体、工业、交通、医疗等十余个行业，开展了 5G 行业应用领域的探索与实践。工业方面，在北京、天津、杭州三地完成了多地协同的 5G 网联无人机 4K 巡检业务示范，联合华为等企业实现基于 5G SA 组网的远程操控业务。能源方面，在世界电压等级最高的电力铁塔上部署 5G 基站。医疗方面，完成多点协同 5G 远程多学科机器人手术试验。媒体方面，2019 年 10 月 1 日顺利保障国庆阅兵 5G+4K 超高清视频直播。交通方面，2019 年 10 月 1 日，中国联通联合公安部道路交通安全研究中心、兰州市公安局共同研制的"无人值守 5G 网联无人机高速巡逻执法系统"在兰州市交警支队正式启用。

③ 有力支撑疫情防控。2020 年初，新冠病毒疫情全球蔓延，对人们的健康和经济生活造成极大冲击。中国作为首轮受到疫情冲击的国家，果断采取有效措施，短时间内阻断了疫情。在抗疫过程中，以 5G 为代表的移动技术发挥了重要作用。

疫情暴发之初，在火神山和雷神山医院建设中，中国电信、中国移动、中国联通与中国铁塔合作，联合华为、中兴等设备商积极开展无线通信设施建设，迅速完成4G/5G通信网络全覆盖，火神山医院的通信网络从规划到建成仅用了三天时间[6]。

5G网络为远程诊疗提供了强大支撑，有效缓解疫情地区医生资源紧张的情况。2020年2月18日，远在700km之外的浙江省人民医院远程超声波医学中心的专家，通过手柄远程控制武汉黄陂体育馆方舱医院的超声机器人为患者进行超声检查，首次运用5G远程诊疗技术为新冠肺炎患者实施救治。

中国联通推出全国首个5G电缆隧道智能巡检机器人，发挥实时监测、智能可控、无人作业的优势。5G电缆隧道巡检机器人搭载4K超高清摄像头、红外摄像头、温湿度探测仪、危险气体检测器等多种设备，巡检人员在几十千米外的控制中心部署的巡检平台即可全面实时查勘现场情况。

抗击疫情过程的一系列5G应用案例尝试，让各地政府、机构、企业、普通民众感受到5G技术与各行各业深入融合产生的价值。工信部在2020年2月22日召开会议指出，基础电信企业要及时梳理总结5G在疫情防控中发挥的作用，加快推广新业务、新模式、新应用。工信部还将研究出台5G跨行业应用指导政策和融合标准，进一步深化5G与工业、医疗、教育、车联网等垂直行业的融合发展。

### （9）未来展望

据GSMA预测，2025年中国5G的用户数将达到8.07亿，占移动用户的47%。2020年对中国5G发展是至关重要的一年，运营商们启动大规模5G商用网络建设，5G发展步入加速期。

中国广电的加入让中国5G发展有了新的看点。中国广电自2019年6月6日获得5G牌照后，曾宣布2020年将首先在北京、上海、广州、深圳等16个城市开展5G试点，总投资24.9亿元人民币。此外，还计划在2020年上半年完成40个大中城市的5G网络部署，2020年下半年再完成334个地级市和主要旅游城市的5G网络部署。到2021年，广电计划将5G覆盖范围扩大到全国所有市、县、乡和重点行政村，逐步实现覆盖全国95%以上人口的目标。中国广电拥有700MHz频谱，这被视为一个"黄金"频段，提供了更广的覆盖、强大的建筑穿透力，有助于降低5G建网成本。

未来，相信随着政策的持续推动、新参与者的加入和5G行业应用不断深入，中国5G将保持良好势头得到快速发展。

### 1.4.2 美国5G发展现状

放眼全球，美国一直以来希望成为 5G 的领导者，本节将从商用进展、网络建设、行业应用等方面介绍美国 5G 发展情况。

**（1）商用进展**

一直以来，美国运营商比其他国家更急于推进 5G 商用，2019 年美国所有运营商都已推出 5G 服务。AT&T 和 Verizon 率先进军 5G 市场并推出了 5G 产品和服务，但是，由于受到网络覆盖范围、手机等因素限制，实际上并没有取得市场上的领先优势。

AT&T 是美国在 5G 上宣传最为激进的运营商之一，2018 年 12 月采用毫米波推出 5G，主要面向企业用户提供 5G 服务。受限于 Verizon 与三星在 Galaxy S10 5G 上的独家合作协议，直到 2019 年第三季度才推出 5G 手机。2020 年 5 月之前唯一可用的设备是面向企业用户的 5G 移动热点，个人用户无法直接购买。截至 2019 年底，AT&T 完成约 21 个州部分地区的 5G 覆盖。

Verizon 于 2019 年 4 月在芝加哥的部分市中心地区使用毫米波推出 5G，采用 Moto Z3 搭配 Moto Mod 的 5G 终端。当时宣称平均速率可达 450Mbps，峰值速度高达 1Gbps。率先推出 5G 手机使得 Verizon 在 5G 上领先一步。2019 年底完成 30 个城市的 5G 覆盖，但由于 2019 年 5G 网络覆盖范围仍非常有限，并没有为其带来明显的市场收益。

和 AT&T 和 Verizon 不同的是，在 T-Mobile 和 Sprint 合并之前，两家运营商在 2019 年上半年并没有急于推出 5G 服务，而是一边进行 5G 网络部署，一边将精力花在争取合并被批准上。T-Mobile 原计划在 2020 年前采用 600M 频谱实现 5G 网络全国覆盖，在城市热点区域采用毫米波，2019 年下半年在 30 个城市推出 5G 服务。与 AT&T 和 Verizon 相比，Sprint 将以 2.5GHz 频谱作为其早期竞争优势，采用 NSA 组网升级现有 LTE 网络，不断扩大 5G 覆盖范围。

**（2）建网思路**

频谱在 5G 的网络建设、运营和推广中发挥着关键作用。全球目前采用两种频谱路线进行 5G 部署：第一种为 6GHz 以下频谱（也称为"Sub-6G"），主要在 3GHz 和 4GHz 频段；第二种侧重于 24～300GHz 之间的频段（即"高频频谱"或"毫米波"）。由于 3GHz 和 4GHz 频谱大部分是美国独有的联邦频段，不可民用和商用，美国运营商和控制美国民用频谱的联邦通信委员会（FCC）将毫米波频谱作为 5G 的核心，主要专注于 5G 的毫米波部署。

目前，3GHz 和 4GHz 之间的 Sub-6G 频谱在全球逐渐成为 5G 建网的主流，相比于毫米波，3GHz 和 4GHz 的传播范围得到了改善，能用更少的基站数量提供相同的覆盖范围和性能。虽然大规模 MIMO 等技术可以改善毫米波的传播效率，但是在更大范围内保持连接稳定仍然存在挑战，因此在将毫米波作为一种更通用的无线网络解决方案部署之前，还需要投入大量的时间和研发成本来解决毫米波的传播特性问题。而对于建设毫米波网络所需的大量成本，美国主要运营商在资本支出上不容乐观。

在美国，想要使用 Sub-6G 频段建设 5G 网络，需要重新规划或共享政府频段，这两种方式的时间都相对过长。从历史经验来看，完成清频（将现有的用户和系统迁移到频谱的其他部分），并通过拍卖、直接分配或其他方法所花费的平均时间在 10 年以上。共享频谱稍微快一点，但在美国一般也要花费 5 年以上的时间。因此，美国短期内不太可能大范围采用 Sub-6G，但不排除会通过资源整合，充分利用运营商现有低频频谱进行 5G 部署。

### （3）行业应用现状

截至 2020 年上半年，美国运营商已经推出的 5G 服务并没有为其带来收入的增加。这主要基于两方面的原因，一方面，美国运营商在发布 5G 时并没有提供相应的应用服务，不像韩国 SKT 推出 5G 时，利用 5G 在速度和时延上的优势，同时推出了包括 VR/AR、4K+ 内容等多样化服务，没有附加价值就无法带来价格溢价；另一方面，美国 5G 网络初期覆盖范围有限，网络性能上也有待改进。

FWA（固定无线接入）是用无线来替代光纤接入最后一千米，而 5G 凭借其速率和带宽的优势非常适合此类业务。Verizon 一直以来希望通过 5G 做 FWA 来发展其家庭宽带业务。2018 年 10 月，Verizon 在休斯敦、印第安纳波利斯、洛杉矶和萨克拉门托的部分地区推出了其固定 5G 服务"Verizon 5G Home"。合并之后的 T-Mobile 和 Sprint 作为联合公司，同样将目光投向使用 5G 进入固定宽带市场。通过充分利用现网资产，可快速低成本提供固定无线家庭宽带服务，预计到 2024 年，可以向全美 52% 以上地区提供服务，用户数预计达到 950 万，成为美国第四大家庭互联网服务提供商。

美国 5G 从移动宽带和固定无线宽带开始，同时运营商也在不断探索更多的行业应用场景，包括物联网、智慧城市、云游戏、VR、AR、公共安全等多个行业。目前，美国运营商开始以零售业、餐馆、医疗行业入手。其中，AT&T 已与芝加哥某医院建立了合作关系，双方将利用 5G 边缘计算（MEC）来进行远程医疗的尝试，此外，双方还将在改进医院运营、增强患者体验上不断积累经验。2019 年美国 5G 在应用上主要以移动宽带和固定无线宽带为主，至于车联网、工业互联网等应用将在 2020 年以后逐步发展，mMTC（大规模物联网）类应用预计 2022 之后才会逐渐爆发。

### （4）进程加速

2019 年美国 5G 进程有所加速，具体表现在运营商、频谱、终端和网络架构四方面。

运营商方面，2019 年 7 月 27 日，美国第三大运营商 T-Mobile 和第四大运营商 Sprint 被美国司法部批准合并，双方将在合并后三年内投入最多 400 亿美元进行网络建设。T-Mobile 拥有 600M 低频段和毫米波高频段，Sprint 则拥有 2.5GHz 中频段，合并使得后续在 5G 建网上可采取低、中、高频段进行三层建网，形成一张全国性连续覆盖的高容量 5G 网络。这对美国 5G 格局乃至整个美国在全球的 5G 地位都有巨大影响。

同时，作为合并协议的一部分，双方要培养一家新的无线通信业务竞争对手——卫星电视服务提供商 Dish Network Corp。Sprint 将剥离 Boost Mobile、Virgin Mobile 和 Sprint 预付费电话业务及 930 万客户给 Dish。Sprint 和 T-Mobile 将以 36 亿美元剥离 800MHz 频谱给 Dish，并为其提供至少 2 万个蜂窝站点和数百个零售商店。Dish 还可以在未来七年内访问 T-Mobile 的网络。在获得预付费业务、客户及网络的同时，Dish 获得了极具价值的 800M 低频频谱资源，使其可以从一开始便选择 SA 独立组网模式建网，有望成为美国第四大移动运营商。

频谱方面，据悉美国将释放更多无线频谱并简化通信设施建设许可，以保证在 5G 领域获得领导地位。2019 年完成了首个 28GHz 频段拍卖，24GHz 频段拍卖也在 2020 年 6 月结束，接下来计划将进行 37GHz、39GHz 和 47GHz 等更高的频段频谱拍卖。届时美国将增加近 5GHz 带宽的 5G 频谱。除高频之外，FCC 同时努力从 2.5GHz、3.5GHz 和 3.7～4.2GHz 的中频释放多达 844MHz 带宽的频谱，虽然这个进程可能会花费较长的时间。据悉，联邦通信委员下一步将进一步改善美国 5G 缺乏低频频谱的现状，针对性释放出 600MHz、800MHz 和 900MHz 的频段用于 5G 建设，使其可在低、中、高三个频段上进行灵活的 5G 组网，提升网络建设速率和性能，为美国 5G 商用铺平道路。

终端方面，2019 年上半年美国运营商中只有 Verizon 推出了 5G 手机（Moto Z3 搭配 Moto Mod），2019 年下半年情况有了较大改观，AT&T 在三星 Galaxy S10 5G 和 Verizon 排他期满后，推出一款三星 5G 手机，同时支持 mmWave 和 Sub-6GHz。高通 Snapdragon X55、X60 5G 芯片相继推出，其中 X60 芯片基于 5nm 工艺打造，支持 Sub-6 和 mmWave 之间的载波聚合，具有最高 7.5Gbps 的下载速度和 3Gbps 的上传速度。

网络架构方面，2019 年 8 月多个美国运营商已经在进行 SA 架构的端到端 5G 系统测试，预计美国最早在 2020 年商用 5G SA。Verizon 计划 2020 年进行 5G SA 部署，利用频谱动态共享保证大范围的 5G 连续覆盖。AT&T 也计划 2020 年在 700MHz 频谱部署 5G SA。5G SA 支持网络虚拟化/软件定义网络、网络切片、边缘计算等技术，相比 NSA 仅支持 5G 增强型移动宽带（eMBB）业务场景，5G SA 还能支持低时延、高可靠等多种业务，比如可提供更佳质量的 AR/VR、云游戏、智能工厂、智能网联汽车等服务，对于电信运营商而言具有非常大的吸引力。

截至 2020 年初，美国 5G 整体上在网络覆盖、性能和行业应用上都尚处于起步阶段。2019 受限于覆盖、业务等因素，5G 用户增长放缓，到 2020 年，随着运营商实现 5G 全美覆盖，加上手机的增加，预计 5G 用户数将有所上升，到 2021 年 5G 用户数会开始显著的增长，并在年底有望达到 3000 万。

### 1.4.3　日本5G发展现状

截至 2020 年上半年，相对于美国、中国和韩国，日本 5G 发展明显落后。经济增速放缓、移动市场增长乏力以及资本支出巨大都让日本 5G 发展重重困难，而 2020 奥运会因疫情推迟，对日本 5G 的发展带来新的挑战。

**（1）移动市场概况**

日本经济较为发达，但近年来经济增速明显放缓，老龄化问题严重。日本移动市场较为成熟，移动渗透率达 123.8%，月移动业务 ARPU（每用户平均收入）为 30.1 美元。日本移动市场传统三大运营商为 NTT DoCoMo、KDDI、SoftBank（软银）。2018 年 4 月，日本电子商务巨头 Rakuten 子公司 Rakuten Mobile（乐天）被批准开展移动业务，可以提供低价语音和数据服务，日本主要移动运营商由 3 家变为 4 家，NTT DoCoMo 在移动服务用户数上处于领先地位。三大运营商提供的移动服务日趋同质化，不过移动虚拟网络运营商（MVNO）的加入对未来日本移动市场格局将带来一定冲击。作为最大的一家 MVNO，乐天自 2014 年上半年以来增长迅速，2019 第一季度已拥有 200 万用户，并于 2019 年 10 月推出 4G 服务。

**（2）商用进展**

日本 5G 进展已明显落后其两个近邻——韩国和中国，尤其是韩国。日本虽然很早开始 5G 布局，但 2018 年前以民间组织和企业为主，直到 2018 年后政府才加大推进力度。但面对增长乏力、市场高度饱和的移动市场，在 5G 巨额投资面前，缺乏政府强有力支持的日本 5G 商用进展相对缓慢。

面对在 5G 上被逐渐拉大的差距，日本政府自 2019 年起逐渐开始加大推进力度。2019 年 1 月 16 日，日本总务省发布 5G 基站实施计划，并公布运营商 5G 频段申请考核标准。2019 年 1 月 24 日到 2 月 25 日，日本总务省开始接受企业 5G 频段申请，4 月 10 日，日本总务省公布 5G 频谱的分配结果。出于降低运营商成本，加快 5G 网络部署进度的考虑，日本 5G 频谱的分配没有选用美国的拍卖方式，而是以申请—考核的方式进行。申请门槛包括 5G 部署范围、设备、财务等要求，其中最重要的两条为。

第一，在获得频谱后的两年内，申请公司的 5G 主基站必须覆盖全日本 47 个都道府县，并提供 5G 通信服务。

第二，2024 年年底前，申请公司的 5G 基础覆盖率必须超过 50%。日本 5G 基础覆盖率以网格为单位进行计算，日本总务省将全日本划分为 4464 个网格，每个网格面积约 10km²，包括 5G 主基站和多个子基站。

NTT DoCoMo、KDDI、软银和乐天分别获得了 28GHz 频段的 400MHz 频谱。另外，在 3.7GHz 和 4.5GHz 频段，NTT DoCoMo 和 KDDI 获得 200MHz，软银和乐天获得 100MHz 频谱。

日本 5G 规模商用曾以 2020 年东京奥运会为目标，建设期 5 年，计划在 2023 年初实现 60% 的人口覆盖率，到 2024 年底完成全国覆盖。但疫情的暴发使得 2020 东京奥运会被迫推迟，打乱了之前的计划。具体来看，NTT DoCoMo 和 KDDI 承诺五年内 5G 覆盖率分别达到 97% 和 93.2%，软银计划覆盖 64%，乐天计划覆盖 56.1%。

日本在 5G 应用上还处于试验阶段，围绕 8K 视频直播、远程控制、车联网等场景积极开展应用试验。2017 年 5 月，DoCoMo 和 Tobu 铁路通过一个实验性的 5G 信号传输了 8K 视频。此外，DoCoMo 与一些厂家合作，演示了使用 5G 开发施工和采矿机械远程控制系统。在 V2X 方面，NTT DoCoMo 和大陆集团建立了合作关系，开发 V2X 系统。在工业 4.0 领域，NTT DoCoMo、诺基亚和欧姆龙加入工业 4.0 测试，试验使用 5G 连接，使用人工智能和物联网进行实时控制，目标是测试建立一个具有自主移动机器人生产线的可行性。

（3）未来展望

日本政府未来将新设税收优惠政策，并从税制层面敦促 5G 移动通信系统的基础设施投资。日本自民党、公明党推行的 2020 年度税制修改大纲中，明确把

5G 定位为"构成经济社会与国民生活根基的信息通信基础设施",并将作为国家战略推进。

### 1.4.4 韩国5G发展现状

2019年4月3日,韩国三大运营商同时推出5G服务,使韩国成为全球首个启动5G商用服务的国家。作为韩国三大运营商之一的SKT宣布,其5G用户在推出后的140天内就超过了100万。截至2019年底,韩国在85个城市已部署约19万个5G基站,覆盖93%的韩国人口,5G用户数达到500万。

5G套餐设计上,韩国5G起步套餐门槛低于4G,中高端套餐利用流量设计和差异化会员服务吸引高价值用户。营销策略上,韩国运营商能很好把握营销和网络覆盖提升的节奏,并利用5G+文娱类大流量应用培养用户使用习惯,加上较大力度的终端和资费补贴,使得韩国5G发展超出业界普遍预期。

**(1)移动市场概况**

韩国国民经济较为发达,2018年韩国人均GDP约为31370美元,人均GNI为31349美元,双双突破3万美元,跻身发达国家行列。在移动通信领域,韩国市场较为成熟和稳定。2018年统计数据显示,5000多万人口中移动渗透率达119.9%,绝大多数都是LTE用户,韩国市场在亚洲的数据消费中处于高位,月移动业务ARPU 27.4美元。2019年7月,每个移动用户每月平均数据使用量超过7.8GB。韩国现有三大运营商,分别为SKT、KT和LG U+。其中SKT是韩国最大的移动运营商,在移动用户数和收入方面名列前茅,5G用户数上也处于领先地位,目前该运营商80%的客户使用LTE。

**(2)套餐设计**

5G被认为是运营商重新思考其整个定价策略的机会,可重新平衡预付费和后付费、4G和5G服务等。对消费者来说,韩国5G套餐很具吸引力,一方面门槛低,意在前期先培养用户大流量的使用习惯,另一方面通过丰富的差异化服务来吸引用户选择更高价格的套餐,而非直接将5G的建网成本直接转嫁给用户。

韩国三家移动运营商的资费中,5G套餐最低起步价均为55000韩元(约合人民币325元),SKT与KT两家运营商的最低档55000韩元5G套餐包含8GB数据流量,LG U+包含9GB流量。KT的5G起步套餐比起4G不限量资费套餐还要便宜一点,吸引了大批消费者转向5G资费套餐。

在5G中高端套餐的设计上,运营商在流量上拉开了较大的差距。当套餐资费升级至75000韩元(约合人民币444元)时,SKT和LG U+提供的数据流量就大幅提升到 150GB，这两家运营商 95000 韩元（约合人民币 562 元）套餐分别提供 200GB 和 250GB 的数据流量，以此来培养用户的大流量使用习惯。KT 的中高端套餐提供不限速不限量套餐，其 4G 套餐会在一定流量后限制速度，当流量和速度相同时 5G 套餐价格相比 4G 也会降低 5%～10%，从而引导客户进行大流量消费。运营商还通过漫游服务来提高 5G 套餐的吸引力，例如 KT 推出的 5G 三级套餐，品牌分别为 KT 5G Super Plans Basic、Special 和 Premium，每种套餐可在多达 185 个国家享受不受速度限制的 5G 无限数据和不同级别的数据漫游，这也成为 5G 套餐相比 4G 的另一优势。韩国运营商还通过多平台服务捆绑、会员权益等方式提供丰富增值服务，通过差异化竞争提高 5G 套餐竞争力。

事实证明，5G 显著提升了数据消费，据韩国科技部统计，2019 年 7 月，5G 用户平均数据消费量达到 24GB，是同期 LTE 用户月数据消费量的 2.5 倍。从韩国三大运营商 2019 年财报来看，受益于 5G 的发展，2019 年三家运营商收入均实现同比增长，LGU+ 收入增长 5.6%，SKT 收入增长 5.2%，KT 收入增长 3.8%。

### （3）营销策略及应用现状

有人说过，如果说 5G 是一场"比赛"的话，那就是场马拉松，而不是短跑。运营商在进行 5G 营销推广的同时，需要不断扩大网络覆盖范围，才能取得真正的先发优势，避免因为实际体验较差使得 5G 品牌受损。韩国在这方面做得比较好，2019 年 10 月，韩国 5G 基站数已达 9 万个，比 4 月份推出 5G 服务时增加了一倍左右，各大运营商提供的 5G 网络下载速率均已超 1Gbps。截至 2019 年底，韩国在 85 个城市已部署约 19 万个 5G 基站，覆盖 93% 的韩国人口。

在 5G 推广上，韩国三大运营商利用本国在文化、娱乐和体育上的特点，以 5G+ 文娱为应用突破口强势推广，结合 VR、AR 等大流量使用的场景推出丰富的 5G 内容和应用服务。SKT 的 5G 应用包括职业棒球、VR 内容、超高清、游戏等服务。KT 5G 应用服务有 AR 视频通话的"Narle"、电子竞技直播、流媒体游戏、职业棒球、"KT Super VR""Sing Stealer""音乐家直播"。LG U+ 创建了多种具有 VR 和 AR 内容的应用程序，包括"U + Game LIVE""U + 高尔夫""U + 职业棒球""U + 偶像直播""U + AR""U + VR""GeForce NOW""U+ AR 购物""家庭锻炼"等。

5G 商用以来，韩国运营商对新用户进行了套餐及终端上的巨额补贴，尤其在初期。同时，韩国政府为运营商提供了为期两年的 1%～3% 税收抵免。在频谱拍卖中也对运营商进行支持，2018 年 6 月 SKT 在频谱拍卖中付出的总成本为

4258亿韩元，与2016年LTE拍卖相比，每兆赫价格降低了43%。

优惠的5G套餐和购机补贴极大地激发了用户体验5G的热情。但随着5G用户数大规模增长，出于商业考虑，韩国政府也开始为运营商激进的过度补贴所担忧，各运营商也开始下调购机优惠。

在商业模式上，SKT一直在积极尝试，构建自己的ICT生态系统，包括媒体和家庭平台、物联网和人工智能。KT也积极与制造商合作，在工厂推进5G应用，包括机器视觉和机器人管理系统等，以检测和修复制造产品中的故障。韩国政府也发挥积极作用，采取多种举措使电信公司和工业界进行结合，为各个垂直行业推出更多新的5G服务。

### 1.4.5 欧洲5G发展现状

截至2019年底，欧洲主要国家和运营商均已推出5G商用服务。业界普遍认为，虽然面临重重困难，但随着一系列举措的实施，2020年欧洲5G部署进度有望进一步提速。据GSMA当时预计，到2025年，全球5G连接数将达到18亿，其中欧洲将占13.1%，约2.3亿，5G将占欧洲所有连接数的34%。

#### （1）主要国家5G进展

2019年，欧洲正式开启5G商用。截至2019年12月，包括奥地利、芬兰、德国、意大利、爱尔兰、拉脱维亚、罗马尼亚、西班牙、瑞士和英国在内的主要欧洲国家已推出22张5G商用网络。截至2020年一季度，欧洲的5G商用网络数量占全球40%。

瑞士是欧洲5G发展最快的国家。Sunrise于2019年4月在欧洲率先推出5G固定无线服务，5月初提供5G移动服务。截至2019年9月，Sunrise在瑞士的5G网络覆盖范围已经扩展到262个城镇，实现全国超过90%的人口覆盖。

英国也是欧洲积极推进5G部署的国家之一。EE于2019年5月30日在英国率先推出5G服务，前期只覆盖伦敦、卡迪夫、爱丁堡、贝尔法斯特、伯明翰和曼彻斯特六个主要城市的部分密集街区，2019年下半年实现了10个城市的覆盖。2019年底Vodafone在英国12个城市开通5G服务。2019年10月O2在6个城镇启动5G服务，2019年底达到20个城镇，预计到2020年覆盖50个城镇。Three于2019年8月宣布在伦敦三个地区推出基于固定无线接入的5G服务，其5G移动服务则推迟至2020年。

意大利在2019年6月推出5G服务，当时Vodafone在米兰、罗马、都灵、博洛尼亚和那不勒斯推出了5G服务，2020年预计将增加覆盖45～50个城市。TIM于2019年6月27日在都灵和罗马商用了5G网络。德国于2019年7月推出 5G 服务，DT 当时在柏林和波恩推出 5G 服务，2019 年底又新增了 4 个城市，预计到 2020 年底将另有 20 个城市实现覆盖；Vodafone 也在当月推出 5G 商用服务。在西班牙，Vodafone 于 2019 年 6 月 15 日在 15 个城市启动 5G 服务，这些地区的人口覆盖率达到 50%。

此外，还有一些欧洲国家，2019 年获得频谱之后只进行了 5G 试验，计划在 2020 年推出 5G 商用网络。

### （2）发展制约原因分析

欧洲 5G 发展总体不及预期。早在 2016 年，欧盟便开始筹划推进 5G 发展并发布《5G 行动计划》。2018 年北欧五国签订 5G 合作协议，试图推动北欧五国成为 5G 技术研究应用和社会部门信息化的世界领先者。但这美好的蓝图实际进展并不顺利，截至 2020 年一季度，虽然欧洲 5G 商用网络数量较多，但大部分仅限于局部地区，无论从商用进度、规模还是用户数来看，欧洲的 5G 部署都已明显落后于美国、中国、韩国和日本等国家。

5G 网络建设需要高昂成本支出，目前欧洲运营商普遍利润率低于其他地区，资金压力巨大。据彭博数据显示，2012～2018 年间，欧洲电信行业市值几乎减半，从 2340 亿美元降至 1330 亿美元，同期美国电信行业市值增长 71%，亚洲电信行业市值增长 13%。欧洲电信行业的市值下降间接反映出欧洲运营商的艰难处境。

同时，早期 5G 资费定价也面临压力，5G 在早期并没有为运营商带来额外的溢价。除英国之外，意大利、瑞士、西班牙等国家推出的 5G 套餐和 4G 的资费基本相同，基本没有或很少为 5G 收取额外费用。有些运营商还采取先免费试用的策略。例如，Three 在 2019 年底在英国的 25 个城市推出 5G，全部 1000 万客户将不需要额外花费即可使用 5G。运营商之所以如此，是因为当前 5G 定价主要面临如下两方面的压力。

第一，5G 目前能为消费者带来的价值有限，和 4G 相比仅仅是速度更快数据更多，因此 5G 资费策略基本与 4G 类似。第二，升级意愿低。据 GSMA 数据显示，相比于中国、韩国的消费者，欧洲的消费者升级到 5G 的意图明显更低。而在一项愿意为 5G 服务支付多少额外费用的调查中，欧洲用户也更加保守和谨慎，其中 43% 的用户不愿意支出额外费用，远远大于中国、韩国和美国[7]。

在 5G 部署上，欧洲政府的态度也一直备受质疑，包括频谱拍卖进展缓慢、拍卖价格过高、缺乏产业支持政策等。2018 年，英国举行了第一次 5G 频谱拍卖会，运营商们共付出了 14 亿英镑。同年，意大利从 5G 频谱拍卖中获得 65 亿欧元收入。2019年6月，德国完成了5G频谱最终拍卖，总价为65亿欧元，尽管成交金额远低于3G时代，但面对当前欧洲运营商的经营现状，过高的频谱价格无疑会很大程度上制约欧洲5G发展步伐。

2019年3月份，欧盟委员会提出了应对5G安全风险的共同计划，要求各成员国用3个月时间来实施国家风险评估，并且在之后的15个月里协商制定一套泛欧盟标准。这个时间表与欧盟想成为5G的领导者是矛盾的，换句话说，欧洲政府机构讨论"安全"这一措施与现在电信公司纷纷推进5G发展的步伐并不一致，前者还会在一定程度上阻碍后者的推进。

（3）多措并举加速发展

面对高昂的5G投资压力，欧洲运营商也像其他地区一样，在部署层面寻求更适合的技术方案。网络共享可在保障覆盖需求的前提下，帮助运营商大幅降低成本，目前越来越多的欧洲运营商已在网络共享方面展开合作。

Telefonica正与西班牙运营商Vodafone、Orange商讨加入网络共享协议，共同为偏远地区提供网络覆盖。Vodafone和Orange续签了网络共享协议，将采用网络共享方式建设5G网络。此外，2019年，包括O2和Vodafone、TIM和Vodafone（意大利）在内的多家运营商签署网络共享协议。可以说，越来越多的欧洲运营商在5G建设中采取或考虑采用网络共享的方式，这有助于欧洲在未来几年更快地部署5G网络。

此外，迫于5G网络体验和成本等各方面的因素，欧洲运营商逐步加大同中国厂商的合作。2019年发布5G商用的欧洲运营商当中，大部分都采用了中国厂商的产品。Swisscom（瑞士电信）5G网络商用，第一个5G终端为OPPO Reno；Vodafone在15个城市启动5G服务，提供了小米的终端；Monaco Telecom采用的则是华为Mate 20X 5G和小米Mi Mix3 5G。

对于定价压力，欧洲运营商一方面加大5G网络覆盖，提升网络体验，另一方面也关注利用视频业务和优质内容绑定来吸引用户，从而获取价格溢价，留住高端用户。与此同时，运营商正在积极建立合作伙伴关系，探索5G企业和工业用例。

为加速5G，欧洲很多国家开始简化频谱拍卖流程，并在频谱拍卖时对网络部署进度和规模提出附加条件。例如，奥地利政府要求运营商在2021年之前在首都维也纳完成5G部署，并且最迟不晚于2025年实现全国覆盖。为此，奥地利不仅简化了5G频段拍卖时的政策，还通过建立基金来降低运营商的资金压力，将牌照拍卖的收益以"带框基金"补贴的形式返还给运营商。

按计划 2020 年欧洲的频谱拍卖将进一步加速。2019 年 11 月，国际电联 WRC-19 的全球监管机构已经确定了在 26GHz、40GHz、47GHz 和 66GHz 范围内使用 5G 的 10GHz 以上的频谱，包括 24.25～27.5GHz、37～43.5GHz、45.5～47GHz、47.2～48.2GHz 和 66～71GHz。还同意研究 5G 在 3.3GHz 至 10.5GHz 之间的中频和低于 1GHz 频段的附加频谱，这必然将对欧洲 5G 发展带来新的动力。

**（4）行业市场发展情况**

虽然当前 5G 的新功能还有待进一步挖掘，但对于消费者而言，更快的速度、更大即时性和更多的数据和内容仍然具有很强的吸引力。很多欧洲运营商也推出了诸如高清视频、AR/VR、云游戏等消费者服务，这在初期是合理的策略。但是要想着眼长远，运营商需要同时加大对企业市场的拓展。

虽然初期面向消费者的 5G 服务会快速带动用户量的增长，但是欧洲运营商已普遍认识到行业市场的需求和收入才是未来 5G 真正重要的方向。Sunrise 是率先在欧洲部署 5G 的运营商，其在行业应用方面也加速探索，2019 年创建 5G 联合创新中心，除了进行 5G 云游戏、5G 直播在内的个人和家庭场景应用之外，也深耕包括 5G 智慧农业、5G 智能制造在内的多种行业应用，全面覆盖企业场景。Sunrise 目前强调了四个不同的消费和工业领域，智能农业、智能制造、智能物流和智能家居。

在 5G 智慧农业方面，农业研究能力中心 Agroscope 利用新的 5G 网络来测试最新技术，以帮助牧民改善奶牛的产奶量并对其摄食行为进行跟踪，从而确保牲畜保持在最佳健康状态以实现最高产量。此外，有公司开发出了非常完善的原型机，通过 5G 和无人机高清视频摄录和传输，田间图像能够即刻传送到云端，农民可以收集并分析处理这些图像，以指导土地施肥。

在 5G 智能制造方面，跨国工业公司 GF 机械加工工厂通过部署 Sunrise 的 5G 网络，车间内下载速度和传输速率超过 1.1Gbps，可实现工厂机器与其云服务和基础设施之间的安全连接，同时还能享受超低时延带来的便利，实现无间断生产，为未来工厂的发展奠定了基础。

Vodafone 一直以来积极利用同各行业伙伴来推动 5G 服务，推出 5G 服务之前就已与 38 家工业和企业合作伙伴合作，涉及智能城市、校园网、健康、农业和娱乐等领域的 41 个项目。Vodafone 在英国创建的数字创新中心拥有 100 多家初创公司，主要覆盖 5G 和物联网等领域。此外，Vodafone 与云计算游戏提供商 Hatch 达成了英国独家协议。同时，还同包括 Spotify、Sky 和 Amazon 在内的许多优质内容提供商合作发展 5G。Orange 利用早期接入设备进行了面向企业和行业的垂直应用，与竞争对手聚焦于普通用户相比，其采取了更为审慎的立场。

许多运营商正在寻求使用 5G 为工厂、港口和医院等提供专用网络。例如，2018 年 12 月，Telia 在斯德哥尔摩皇家理工学院推出了瑞典第一个 5G 网络，预计 2020 年全面投入商业运营。2019 年 TIM 和 Fastweb 在意大利探索使用 5G 技术，提高港口城市的安全性、访问控制和物流。

总的来说，欧洲 5G 不管是从规模还是商业模式上，都还处于艰难的起步阶段，已和领先国家有一定差距，后续能否有效克服疫情的不利影响，将对欧洲 5G 发展至关重要。

## 参 考 文 献

[1] 中国信通院. 2019 全球数字经济新图景 [R]. 2019.
[2] 中国信通院. 2020 中国 5G 经济报告 [R]. 2019.
[3] 中国移动. 中国移动 2019 年度业绩报告 [R]. 2020.
[4] 中国移动，中国电信，中国联通. 5G 消息白皮书 [R]. 2020.
[5] 中国信通院，GSMA. 中国 5G 垂直行业应用案例 2020 [R]. 2020.
[6] 中国信通院，GSMA. 中国疫情防控移动应用案例集 [R]. 2020.
[7] GSMA. 中国移动经济发展 2020 [R]. 2020.

# 第2章

# 5G支撑行业应用的关键技术

正如第 1 章中关于 5G 内涵所阐述的，5G 最根本的变革是其服务对象发生变化。回顾从 1G 到 4G 无线通信的发展史，其服务对象主要是公众，承载的业务从语音、短消息到数据；而到了 5G 时代，连接对象从人－人之间扩展到人－物、物－物之间，新的连接类型对通信服务的带宽、时延、连接密度等均提出了新的要求。

具体体现在愿景设定上，5G 定义了高带宽 eMBB、低时延高可靠 URLLC、海量机器类型连接 mMTC 三大类应用，并以此为基础进行通信和组网技术的设计和选型。每类应用实际对应了不同的通信要求，以时延为例，通信系统的时延大致可以分为以下几个级别。

秒级：在 300ms 到 5s 之间，可支持对时延不敏感的文件传输、即时消息、邮件等业务，跨国互联网基本就是在这个时延范围内。

亚秒级：在 50ms 到 300ms 之间，语音、视频、游戏等业务在此时延下可以正常使用，国内互联网、有线 IP 网络、4G 网络基本在这个时延范围内。

毫秒级：在 1ms 到 50ms 之间，本地以太网、工业 CAN 总线、工业自动控制等应用均要求在这个时延范围内，传统以有线的通信方式来实现。这也是 5G 定义的时延目标，可以将 5G 的应用扩展到更多领域。

微秒级：在 1μs 到 1ms 之间，典型应用就是计算机内部系统之间的通信时延，如 USB、SCSI 等，无线通信技术无能为力，只能通过总线技术实现。

纳秒级：在 1ns 到 1μs 之间，如芯片不同模块之间、CPU 和 RAM 之间，传统总线技术也无法实现，一般通过直接电路通信、高速寄存器中转等方式实现。

除了时延以外，5G 还规定了带宽、连接数、移动速度等关键技术指标。对于带宽，比如室内办公室场景，需要在 1000m² 的范围内提供 17Gbps 的总流量；密集住宅区场景则需要 2Tbps/km² 的流量密度；更具挑战的大型露天集会场景，需要网络在 0.44km² 范围内提供 924Gbps 的流量，即 2.1Tbps/km²。从业务应用的角度来看，3D/高清视频、云游戏等应用需要单用户带宽在 100Mbps 级别，VR/AR 应用则根据帧率等不同，可能高达 2.34Gbps。对于连接数，需要达到每平方千米 100 万个，时延定义极端达到 1ms，移动性达到 500km/h 等。

这些只是最终体现出来的指标，具体实现并根据其应用愿景提供服务需要组合技术的支持，如无线技术、深度覆盖的小基站技术、云网融合的边缘计算技术、快速灵活定制通信服务的网络切片技术、实现通信服务 SLA（服务等级协议）可预期的确定性网络技术，以及网络安全技术等，本章将对这些能够支撑行业数字化转型应用的技术进行重点介绍。

## 2.1 5G无线技术

5G基本网络架构按照子网络可以分为终端、无线接入网（RAN）、承载网（BN）、核心网（CN）。其中在终端和无线接入网之间的通信是利用电磁波辐射和传播，这种经过空间传送信息的通信方式被称为无线通信。无线通信的技术多种多样，最为公众所熟知的就是从1G开始，在30年的时间里经过2G、3G、4G逐渐演进到当前的5G，每一代都有典型的技术体制和对应的标准体系，如4G时代的LTE，这个技术体制在5G的时候被命名为"NR"，即新空口（new radio，NR），有别于之前的多种技术标准，在5G时代目前只有这一套标准。无线技术是实现超高带宽、超低时延、海量连接的主力，以下从如何实现应用场景所需技术指标的角度对采用的无线技术进行介绍。

### 2.1.1 超高带宽的实现技术

5G提出了超过4G 10~100倍的吞吐率，整体来说主要通过以下三种途径实现：更多频谱、更高频谱效率、更密集的组网，如图2-1所示。

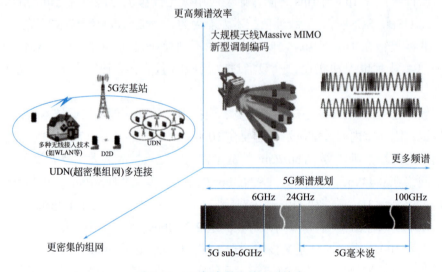

图2-1　5G超高带宽的实现技术

**（1）更多频谱**

设计一个移动通信系统所用的频谱是一个系统性的工程，以5G为例，首先需要考虑5G生命周期中对流量的需求。一般来说，一代移动通信技术的主生命周期是 10 年，通过从 2010 年开始的 10 年移动数据流量增长趋势分析，面向 2020 年到 2030 年的未来十年，考虑 5G 的三大应用场景，预计全球移动数据流量增长将超过 2 万倍，而中国的移动数据流量增长超过全球平均水平，据 IMT-2020（5G）推进组的预测，增长将超过 4 万倍，如图 2-2 所示。

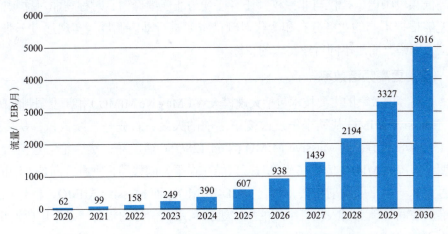

图 2-2 2020～2030 年全球移动流量预测（含 M2M 流量）[1]

根据流量的需求预测，结合市场数据、系统容量，计算、调整后得出移动通信的频谱需求，ITU 计算出到 2020 年时全球的频谱总需求在 1340~1960 MHz 之间。根据频谱需求及现有频谱分配的现状，给出 5G 的频谱分配建议（表 2-1）。

表2-1 移动通信2020年频谱总需求[2]

| 预测设定 | RATG 1 频谱总需求 | RATG 2 频谱总需求 | RATGs 1 & 2 频谱总需求 |
| --- | --- | --- | --- |
| 低用户密度设定 | 440 MHz | 900 MHz | 1 340 MHz |
| 高用户密度设定 | 540 MHz | 1 420 MHz | 1 960 MHz |

大幅增长的移动数据总流量和 10～100 倍的单用户峰值速率需求，使得 5G 的频谱分配和使用呈现几个特点。

大信道带宽：单载波最大信道带宽从 4G 的 20MHz 增长到 100MHz（FR1：sub-6GHz）和 400MHz（FR2：毫米波）。

高低频协同：以 sub-6GHz 为主建设基础承载网络，包括新增分配频谱和原有 2G、3G 频谱的重耕和动态分配，全面提供各种业务支持能力。同时在热点区域新增高频（毫米波）资源建设补充承载网络，提供更强的数据能力，形成高低频协同的网络。

多样化频谱授权：传统的排他性授权方式面临挑战，授权共享接入（LSA）

和非授权模式，如非授权频谱 LTE 接入（LTE - U）、LTE 与 Wi-Fi 链路聚合（LWA），以及非授权频段，如 MulteFire 等技术将成为补充[3]。

全频谱接入：需求场景的多样性、频谱资源分配的现状、不同频段的传播特性等因素，要求 5G 能够有效利用各类移动通信频谱，实现全频谱接入，包括高低频段频谱、授权与非授权频谱、连续与非连续频谱、对称与非对称频谱，并能够根据不同的业务分布和变化对频谱资源进行动态调度。实现通过一张无线接入网络，满足不同行业需求的目标。

### （2）更高频谱效率

提高频谱效率的主要技术包括大规模天线（Massive MIMO）和新型调制编码。

Massive MIMO 从两个维度改变了之前的天线，首先是天线数量，从传统 4G 的 2/4/8 通道，到 Massive MIMO 的 64/128/256 通道数；然后是信号覆盖的维度，传统的 MIMO 信号在覆盖时，只能在水平方向移动，垂直方向是不动的，信号类似一个平面发射出去，称之为 2D-MIMO。而 Massive MIMO，信号在水平维度空间基础上引入垂直维度的空域进行利用，信号的辐射状是个电磁波束，称为 3D-MIMO。

Massive MIMO 最早由美国贝尔实验室研究人员提出。研究发现，当小区的基站天线数目趋于无穷大时，加性高斯白噪声和瑞利衰落等负面影响全都可以忽略不计，数据传输速率能得到极大提高。换个说法，在单天线对单天线的传输系统中，由于环境的复杂性，电磁波在空气中经过多条路径传播后在接收点可能相位相反，互相削弱，此时信道很有可能陷于很强的衰落，影响用户接收到的信号质量。而当基站天线数量增多时，相对于用户的几百根天线就拥有了几百个信道，它们相互独立，同时陷入衰落的概率便大大减小，这对于通信系统而言变得简单而易于处理。Massive MIMO 具有以下优点。

① 高复用增益和分集增益。Massive MIMO 系统的空间分辨率与现有 MIMO 系统相比显著提高，它能深度挖掘空间维度资源，使得基站覆盖范围内的多个用户在同一时频资源上利用大规模 MIMO 提供的空间自由度与基站同时进行通信，提升频谱资源在多个用户之间的复用能力，从而在不需要增加基站密度和带宽的条件下大幅度提高频谱效率。

② 高能量效率。大规模 MIMO 系统可形成更窄的波束，集中辐射于更小的空间区域内，从而使基站与 UE 之间的射频传输链路上的能量效率更高，减少基站发射功率损耗，同时也减少了用户间的系统干扰，大幅提升边缘频谱效率。

③ 覆盖增强。波束精准赋形，跟随用户移动，提升覆盖能力，同时垂直维

度的增加，有利于改善垂直维度的覆盖能力。

当然，Massive MIMO 也面临天线拓扑、信道建模、FDD 操作、用户跟踪、天线校准、调度和预编码复杂性等挑战。但可喜的是，经过大量的仿真与测试，Massive MIMO 表现出了良好的性能，可以支撑起 5G 的频谱效率增长需求。

香农公式给出了通过信道编码技术来提升频谱效率、实现可靠通信的途径。然而设计一种具备良好性能和低计算复杂度的编码技术并不简单，可以说移动通信的每一次进步背后都有一种编码技术的默默贡献。Turbo 码通过引入迭代译码，解决了计算复杂性的问题，并能接近香农极限，在 3G/4G 中得到了成功应用。但正是由于 Turbo 码采用迭代解码，必然会产生时延，无法满足 5G 提出超高带宽、超低时延的需求。从需求上来看，5G 的峰值速率是 LTE 的 20 倍，时延是 LTE 的 1/10，这就要求 5G 编码技术需在有限的时延内支持更快的处理速度，即译码器数据吞吐率比 4G 高得多。越高的译码器数据吞吐率就意味着硬件实现复杂度越高，处理功耗越大。同时，由于 5G 面向更多应用场景，对编码的灵活性要求更高，需支持更广泛的码块长度和更多的编码率。因此，5G 需要选择更高性能、更低复杂度、更低时延和灵活码率的编码技术。

1962 年提出的 LDPC 码以及在 2007 年提出的 Polar 码进入了专家们的视野，两者均是能接近香农极限的编码技术。LDPC 码具有与 Turbo 码相似的译码性能，在长码时更接近香农极限，它基于高效的并行译码构架实现，译码器在硬件实现复杂度和功耗方面均优于 Turbo 码。而 Polar 码兼具较低的编码和译码复杂度，不存在错误平层 (error floor) 现象，误帧率 (FER) 比 Turbo 低得多，还支持灵活的编码长度和编码速率，各方面证明比 Turbo 码具备更优的性能。因此，最后 3GPP 在 5G 时代抛弃了 Turbo 码，选择了 LDPC 为数据信道编码方案，Polar 码为广播和控制信道编码方案。

（3）更密集的组网

超密集组网（ultra-dense network，UDN）就是通过更加"密集化"的无线网络部署，将站间距离缩短为几十米甚至十几米，使得站点密度大大增加，从而提高频谱复用率、单位面积的网络容量和用户体验速率。从极端场景需求的制定，到网络架构设计的选择，UDN 的理念已经融入了 5G 的设计过程中。

超密集组网在提升容量的同时，也面临同频干扰、移动性管理、多层网络协同、网络回程等一系列影响用户体验或网络部署的技术问题。目前提出的一些典型解决方案包括干扰管理、小区虚拟化、接入和回程设计。多连接也是解决 5G 高低频协同组网和传统超密集组网问题的一种思路，5G 引入超密集、灵活的小基站部署，采用传统方案的话，面临频繁切换，信令压力巨大，包转发时延大，TCP/IP 性能下降，用户体验恶化的问题。通过将终端同时连接到高低频乃至不同制式的网络，将信令与数据承载分离，以实现快速切换/无缝移动性；将覆盖与容量分离，可结合高低频各自优势，提升覆盖范围和性能，从组网上实现网络容量的提升。

### 2.1.2 多途径实现超低时延

移动通信在解决带宽瓶颈的过程中，发现时延也是影响业务提供和体验的重要因素，因此在 4G 时代中后期即开始了时延优化之路，到了 5G 更针对 URLLC 应用场景定义了极端的 1ms 双向时延指标。为了实现这个目标，通信专家们在很多方面进行了优化。

在分析如何实现超低时延之前，首先需要明确这个时延指的是用户面时延，也就是手机发送数据的时间延迟，同时是双向时延，也就是手机发送数据到基站的时延 + 基站发送到手机的时延，不包括到核心网、互联网的时延。

然后我们来看看 4G 的典型时延是多少。按照 3GPP 的分析，典型上行时延（手机到基站）是 12.5ms，下行时延是 7.5ms，双向时延就是 20ms，当然这是理论上的值，如果因为无线环境差导致的数据重发，实际的时延将会更长。实际上，对时延的缩短在 4G 已经开始，LTE 网络空中接口的用户面网络延迟主要由以下几部分组成：资源调度请求和指派（grant acquisition）、传输时间间隔（transmission time interval）、终端和基站的数据包以及信令处理时间（processing）、混合重传来回时间（HARQ RTT）。经过研究，主要的提升方向放在了前两部分：资源调度请求和指派、传输时间间隔。通过 1ms 的半静态周期调度方式可以将双向时延降低到 8ms。通过将子帧（1ms）级别的传输间隔降低到符号（1/14ms）级别，加上降低处理时间，可进一步将双向时延降低到 2.7ms。

5G 将从以下几方面对时延降低做到极致。

① 特殊包结构减少处理时间：URLLC 的包结构采用导频信息、控制信息、以及数据依次在时域上排列，使得信道估计、控制信道解码、数据的获取可以串行进行，减少了处理时间。

② 可变 Numerology（参数集）降低传输时间间隔：相对于 LTE 固定 15kHz 子载波间隔（时域 1ms），5G 定义了 15kHz、30kHz、60kHz、120kHz 等多种子载波间隔，时域上相应缩短。

③ Mini-Slot（迷你时隙）将传输间隔从子帧降低到符号：以更少的符号数为调度单元，减少时延。下行可以选择 2 个符号、4 个符号、7 个符号，上行可

以在 1～13 个符号中任意配置。

④ 异步 HARQ（混合自动重传请求）快速重传：相对于 4G 的固定值，5G 的 HARQ 时间间隔动态指派，更灵活，符合低时延设计。

⑤ 上行免调度传输：周期性地给用户分配上行资源来减少上行的传输时延。

⑥ 打孔抢占：也叫预清空调度，为某个高优先级的用户清空原来已经分配给其他用户的资源，实现数据的快速发送。

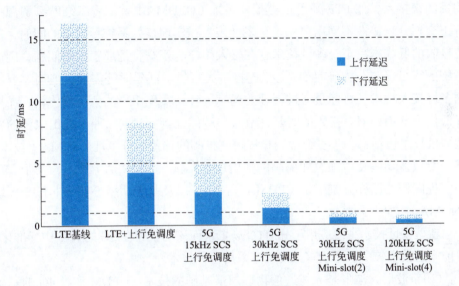

图 2-3 空口双向时延

如图 2-3 所示，通过多途径的时延优化技术可实现 5G 空口的超低时延，但从整个网络的角度则以网络切片技术为支撑，通过以下几个方向对网络进行定制化，以提供满足行业需求的网络服务。从网络架构角度降低时延最有效的方式是将 UPF 下沉部署，节省了传输网络中距离和转发节点带来的大量时延，按照 UPF 部署位置在中心、区域、边缘，大致可将时延控制在 30～50ms、10～20ms、5～10ms 的级别；核心网服务定制和加速技术，通过简化内部交互流程、采用简单控制策略等服务定制，以及软硬件加速技术、智能网卡等缩短处理和转发时间；通过路径优化、减少节点数量、FlexE 降低节点转发时延等，整体降低传输网络时延；无线接入网可以采用 URLLC 专用频段、帧结构、参数集等，实现空口低时延。

### 2.1.3 实现海量连接的设计

5G 定义了连接数 100 万个 /km² 的 mMTC 关键指标需求，连接数的量变给

5G 设计带来极大的挑战，包括控制信令挑战、接入容量限制、功率消耗、多业务集成等，需要有针对性的技术和设计来解决。

① 新多址。移动通信的多址技术是指实现小区内多用户之间、小区内外多用户之间通信地址识别的技术，分为频分多址、时分多址、码分多址等，基站通过多址技术来区分并同时服务多个终端用户。当前移动通信普遍采用正交的多址接入，即用户之间通过在不同的维度上（频分、时分、码分等）正交划分的资源来接入，如 LTE 采用正交频分多址（OFDMA）技术将二维时频资源进行正交划分来接入不同用户。正交多址接入在实现良好系统吞吐量的同时，保持接收的低成本。正交多址技术存在接入用户与正交资源成正比的问题，因此系统的容量受限。为满足 5G 海量连接、大容量、低延时等需求，迫切需要新的多址接入技术。目标是通过合理的码字设计，实现用户的免调度传输，显著降低信令开销，缩短接入的时延，节省终端能耗等。目前，业界提出主要的新型多址技术包括：基于多维调制和稀疏码扩频的稀疏码分多址（SCMA）技术，基于复数多元码及增强叠加编码的多用户共享接入（MUSA）技术，基于非正交特征图样的图样分割多址（PDMA）技术，以及基于功率叠加的非正交多址（NOMA）技术。

新型多址技术主要应用于 mMTC 场景，而该场景将在 5G 的 R16 中标准化，目前候选技术较多，还没有最终确定采用何种技术。

② 新波形。波形是无线通信物理层最基础的技术。OFDM 作为 4G 的基础波形，各个子载波在时域相互正交，他们的频谱相互重叠，因而具有较高的频谱利用率，得到了广泛的应用，特别是在对抗多径衰落、低实现复杂度等方面有较大优点，但也存在一些不足：由于信道的时间色散会破坏子载波的正交性，从而造成符号间干扰和载波间干扰，OFDM 需要插入循环前缀（CP）以对抗多径衰落（减少符号间干扰和载波间干扰），可是这样却降低了频谱效率和能量效率。OFDM 对载波频偏的敏感性高，具有较高的峰均比（PAPR），需要通过类似离散傅里叶变换（DFT）预编码之类的方法来改善 PAPR。OFDM 采用方波作为基带波形，载波旁瓣较大，在各载波不严格同步时，相邻载波之间的干扰比较严重；另外由于各子载波具有相同带宽、各子载波之间必须正交等限制，造成频谱使用不够灵活。

由于 5G 需要满足多种场景与业务的需求，当前没有一种波形可以适用所有场景，不同的业务和场景需要设计合理的波形。未来 5G 需要灵活、弹性的空口，将根据场景和业务自适应地选择合适的波形。目前研究的主要是滤波器组多载波技术 FBMC、可变子载波带宽的非正交接入技术 F-OFDM、基于通用滤波的正交频分复用新波形技术、降低 PAPR 的 DFT-S-OFDM 等。低于 40GHz 频段上 eMBB 和 URLLC 场景的波形已经确定，下行采用和 4G 一致的 CP-OFDM，上行使用基于 CP-OFDM 和 DFT-S-OFDM 的波形，针对 5G NR 的灵活子载波间隔进行了改进。mMTC 场景的波形将在第二阶段确定。

③ Relay UE。mMTC 应用场景下，可以通过用户中继的方式，弥补网络覆盖的不足，并解决在某些环境下基站部署面临的环境和回传等问题，构建以 UE 为中心的本地网络。其典型技术特征为 D2D 直传。

④ 窄带传输。目标是对 5G NR 进行针对设计，降低设备的复杂度、功耗，提高覆盖，以满足 mMTC 低成本的要求。技术上考虑采用类似 NB-IoT 的系统方案，上行采用更小的子载波间隔（如 15kHz）。

## 2.2 5G小基站

### 2.2.1 基站类型

无线通信是在基站和终端之间通过电磁波传输信息，因此通信的基本条件就是满足电磁波信号覆盖，电磁波在不同空间中有不同的传播特性，这也使得提供信号覆盖的基站有不同的形态，如图 2-4 所示，其主要区别因素包括容量、功率、覆盖半径等。

3GPP 定义了几种基站类型，如表 2-2 所示。

表2-2 移动通信基站分类

| 基站类型 | 单载波发射功率 | 覆盖半径 /m |
|---|---|---|
| 宏基站 | >10W | >200 |
| 微基站 | >500mW～10W | >50～200 |
| 皮基站 | 100mW～500mW | >20～50 |
| 飞基站 | <100mW | 10～20 |

① 宏基站：通常发射功率较大，提供大容量的数据传输，大区域覆盖能力较强，但同时需要安装专用的信息塔、配套机房等。

② 微基站：微基站就是微型化的基站，通常指在楼宇中或密集区安装的小型基站，这种基站的体积小、覆盖面积小，承载的用户量比较低。由于室外条件恶劣，这种基站的可靠性不如宏基站，维护起来比较困难。

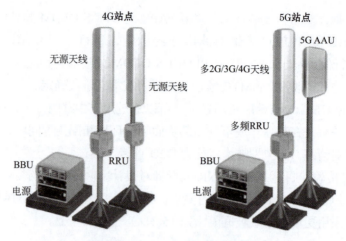

图 2-4　5G 时代基站形态演进

③ 皮基站：相较于宏基站和微基站，皮基站的单载波发射功率和覆盖能力进一步减小，是比微基站更小型的基站。

④ 飞基站：飞基站是四种基站中最为小型的基站，通常为家庭基站使用，由家庭宽带接入。

整体来说，宏基站提供室外的基础覆盖，但由于对站点条件要求较高，建设成本也高，发展出紧凑型的微基站，可降低站点要求和建设成本。皮基站、飞基站实现小区域的覆盖，进一步降低站址、功耗、回传等要求和建设成本。相对于宏基站来说，微基站、皮基站、飞基站都可以称作小基站（Small cell）。

## 2.2.2　5G小基站驱动因素

不同类型的基站为不同场景提供了平衡性能、价格、业务需求的覆盖解决方案。从移动通信的发展趋势来看，5G 时代，对小基站的需求将变得更加迫切，这主要由以下因素驱动。

### （1）业务因素

2G，通信主要以提供语音和短消息类业务为主，人均使用手机的时间并不长，且其主要使用场景在室外，即使是在室内，语音业务只要能够满足基本的信号覆盖就能够提供服务，这种情况下采用宏基站覆盖基本可以满足覆盖和容量要求。从 3G 到 4G，通信主要提供数据类业务，随着带宽的提升和移动生态的丰富，移动互联应用扩展到了广泛的领域，这使得手机成为每个人必不可少的工具，因此也使得主要的业务发生在室内。据统计，3G 时代室内室外业务量的比例大致是 7∶3，到了 4G 时代，这个比例扩展到了 9∶1。同时，数据业务的特点是接近到小区的边沿，用户体验到的速率将会显著降低。以 4G 为例，理论峰值速率可以达到 1Gbps，但实际网络测试的平均速率是 20～40Mbps，网络设计的小区边沿速率是 2Mbps。为了保证绝大多数业务量发生的室内用户的业务体验，需要良好的室内覆盖，这是宏基站不可能完成的任务。实际上从小基站部署的情况可以看出这种趋势。从国外来看，3G 时代欧美运营商小基站建设量即全面超越宏基站。自 2007 年起，小基站率先在美国规模商用，英国、西班牙、卡塔尔、意大利等多个国家随即相继推出和小基站相关业务。截至 2011 年 6 月，全球 3G 小基站数量（230 万）就已经超过 3G 宏基站数量（160 万）。国内的情况略有不同，小基站规模建设主要从 4G 开始，这主要是由于国内 3G 建设周期压缩导致 [4]。

到了 5G，这个趋势将会更加明显。从业务上来看，5G 定义了更丰富多样的业务场景，eMBB、URLLC、mMTC 三类场景将助推沉浸式视频、工业控制、远程医疗、智慧城市等应用大量部署。一方面进一步让业务量集中到室内和室外热点区域，另一方面使得覆盖场景更多样化，工业园区、商业中心、体育场馆、交通枢纽将成为重要的业务发生区域。这都给小基站带来大量的部署机会。

（2）技术因素

从以上对小基站业务需求的分析来看，其主要需要完成两类功能，一是"补盲"，实现深度覆盖，二是"吸热"，解决业务热点地区的容量吸纳问题。我们从技术角度上来看看解决这两类问题的方法。

针对深度覆盖问题，我们知道，对于开放的室外环境，通过大功率、大容量、大覆盖半径的宏基站可以在满足覆盖条件下减少基站的数量，但宏基站对站点的铁塔、供电等要求较高，宏基站的价格也更贵。同时，宏基站对于两类情况下的覆盖难以解决：一类是室内环境，通过室外站发射信号穿透建筑墙体，难以解决室内的深度覆盖，尤其是随着 5G 使用的频率升高，穿透损耗大幅增加，问题会更突出；另一类是即使在室外环境，由于地理环境、建筑、植被等分布情况，加上站址选择限制，无法按照理想的蜂窝组网实现全面覆盖，同样存在覆盖盲区。

目前实现深度覆盖的主要解决方案有室内分布系统（DAS）和小基站两种方式。DAS 是一套分布式的天线系统，通过将 RRU（远程无线单元）的信号馈入，可以实现室内的深度覆盖，且其在 2G、3G 时代提供了性价比较高的解决方案。但到了 5G 时代，DAS 受到几方面的挑战。首先是从业务需求来看，室内业务量大幅增加，而 DAS 本质是天线系统，不提供额外的容量。第二，5G 提供高带宽的关键技术是 Massive MIMO，室外宏站往往通过 64T64R 或者 32T32R 的 AAU（有源天线单元）来提高频谱效率提升峰值速率和基站容量，室内则普遍采用 4T4R。而 DAS 改造成 4T4R 的技术难度和成本都较高。第三，5G 频率的变化使其无法直接通过 DAS 来实现室内覆盖。中国规定了 3.3GHz 的频段用于中国电信、中国联通和中国广电的室内覆盖共建共享，而传统 DAS 是按照 2.6GHz 来参考设计的，考虑无源器件能力和馈线损耗差异，需要对 DAS 进行改造才能支持，施工难度和成本都较高。第四，DAS 是无源系统，其故障诊断和维护都较难，而根据 4G 的情况，40% 的投诉与网络覆盖相关，其中 70% 的投诉来自于室内。这使得 DAS 不管是可靠性还是业务恢复时间都可能无法满足要求。

综合来看，采用 DAS 来进行 5G 室内覆盖并不再是一个高性价比的选择，小基站成为首要选择。

而针对业务热点区域的容量吸纳问题，一种方式是通过小区的进一步分裂来实现，如采用极化角度更小的天线实现 6 扇区部署，或者减小基站覆盖范围增加基站数量，都可以提高局部区域的流量提供能力。但宏基站部署往往需要面对站址选择困难和部署成本高昂的问题，通过小基站多频段协作是解决问题的有效途径。比如在热点地区部署毫米波小基站可以吸收大量流量，而且部署站点可以选择灯杆、抱杆、挂墙等多种方式，更灵活。即使采用小基站同频组网，由于可和宏基站接入同一个室内基带处理单元（BBU），实现宏微协同，在解决部署问题的同时也能解决同频干扰问题，实现"吸热"功能。

### （3）商业因素

本书前面就 5G 的内涵有个判断，即 5G 相对于通信技术的变革来说，更为根本的是服务对象的变革，这使得其商业模式相对于 4G 会有比较大的变化，具体到小基站来说，可能有以下两个方面会产生比较重大的影响。

一是室内应用的模式。从 4G 开始的大量业务发生在室内，到了 5G 后连接对象从人-人扩展到了包括机器、设备等在内的物-物和人-物，丰富的应用方式出现的同时也给网络提出了新的要求。比如计算需求、定位需求，从 4G 开始逐渐涌现出来的边缘计算 MEC+ 数字化小基站，结合网络切片，可以为大型商场 MALL、厂区、园区等多种场景提供丰富多彩的应用模式。

二是家庭内小基站的部署模式。随着广大人民群众对电磁辐射的关注度日益提高，尤其再加上一些误解，住宅小区基站建设矛盾问题出现得越来越多，使得传统采用宏站实现小区覆盖面临挑战。一种值得讨论的方式是采用低功率、低价格的小基站，同时提供 5G 室内覆盖和 Wi-Fi 信号，小基站的购买方式可以是由家庭购买，通过有线宽带接入系统，也可以是运营商套餐免费提供设备。当然这需要依托于基站系统接口的开放。

### 2.2.3　5G小基站组网及关键技术

小基站主要在不适合部署宏基站的地方部署，比如室外场景中城市街道没有通信塔、景区不适合部署塔站、举办活动需要快速建站等情况，对于覆盖起到补盲、吸热的作用，一般采用微基站（一体化或者分布式）或者小型化集成度高的RRU，这类产品的组网和部署方式和宏基站相比没有大的差异，可能额外需要支持S1口（BBU传输接口）和CPRI口（BBU和RRU间的接口）级联功能以满足灵活部署和组网的需求。

除了以上室外场景，小基站还主要应用于室内覆盖场景，在5G时代其重要性日益凸显，我们以此场景介绍小基站的组网特点和关键技术特性。

从图2-5我们可以看到，室内数字小基站的主要组成部分包括pRRU、pBridge和BBU（Baseband Unit，基带处理单元）。

pRRU是射频单元，采用级联组网，通过Cat 6a类网线或者光电复合缆与pBridge连接，pRRU通过PoE方式供电。pBridge起到CPRI接口HUB的作用，通过光纤可以级联，也可以和BBU间以星型连接组网。BBU和宏站一致，室内的pRRU可以和室外覆盖的RRU连接到同一个BBU上，以实现宏微协同，解决室内、室外边界区的干扰问题。

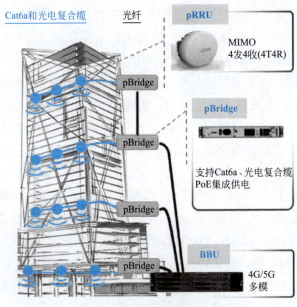

图2-5　5G室内网络分布图

这样的三级架构可以很好地满足室内多层覆盖的需求，支持小区分裂与合并，能快速地响应室内覆盖频段和制式交叉的复杂组网、容量覆盖快速调整和灵活扩容的需求。

5G小基站由于其应用和覆盖场景的特点，需要具备以下技术特性[5]。

① 多频多模。随着移动通信的发展，运营商一般都拥有多个制式、多个无线频段，而室内组网往往存在多种约束条件，因此在室内覆盖建设时，如果小基站具有支持多频多模的能力，就可以大大的节省建设和运维成本。

② 多天线。多收发天线MIMO技术能够利用空间自由度，最大限度地提高无线链路传输的可靠性和频谱效率，获得更广、更稳定的覆盖，更高的传输速率，以及更优质的用户体验。对于5G来说，应该至少按照4×4 MIMO的标准进行室内建网，并可以扩展支持8×8 MIMO演进的能力。

③ 智慧节能。5G时代尽管技术的进步提高了能源效率，但是随着传输速率的提高、基站设备数的增加，整体功耗会变得更高，给运营商的运营成本带来压力，也不利于建设节能型社会。移动通信的业务量存在明显的潮汐效应，而室内数字化网络相比传统的模拟器件，可以将节能管理精细化到各个射频头端。在室内话务分布不平衡的特征下，将节能关断等调度指令细化到业务空闲的头端，可以达到最大化节电效果的目的。通过一些智能的节能技术，比如根据对业务量的检测和预判，智能的开关5G小基站的载波、符号、射频通道等，能够大大提高5G小基站的能源效率。

④ 小区虚拟化。宏基站可能覆盖一个范围比较大的小区，提供服务的可能是小基站，而小基站的边缘不固定，这样可以避免在运动过程中互相干扰，如何利用小区虚拟化技术也是小基站应用中很重要的一环。

⑤ 灵活回传。由于组网的特点，以及部署密集数量多，小基站需要支持多种回传方式，接口上支持光口、电口，组网上支持级联，减少回传设备的部署（注意需要在满足业务时延要求的前提下），有效降低部署难度和成本。

⑥ 灵活扩容。运营商经常会面临在同一场景下不同时段不同的容量需求，如果进行密集部署，反而会带来投资浪费、干扰加重等问题。如果采用基于数字化的小区分裂技术，可以根据用户活动习惯自适应调整小区数量，以满足不同大小的容量需求，做到精准覆盖，有效覆盖。典型的例子就是食堂，我们可以在工作时间减少小区数量，节约CAPEX（资本性支出），减少干扰，在吃饭时间进行小区分裂，增大系统容量，满足大数据流量的需求。

⑦ MEC。5G业务室内化带来了大量室内数字系统部署的需求，而室内业务和MEC有强烈的结合需求，需求最主要来自于业务的本地化和室内高精度定

位。传统的 DAS 小区级定位范围是 50 ～ 100m，而数字化室分系统的定位精度为 5 ～ 7m，未来的 5G 数字化网络定位精度能够提升到亚米级水平。新型数字化室内支持场强三角定位、TDOA（到达时差）定位以及指纹定位。MEC 则能够实现业务的本地部署和移动流量的本地卸载。MEC 结合室内定位是实现商场、工厂、写字楼等场景业务创新的重要领域。

⑧ 智慧运维。相比传统的 DAS 系统，5G 小基站为代表的室内数字化网络具有可视可管的特点，结合网管系统对业务模型的识别、分析，可以智能地完成网络优化操作，再通过引入机器学习，构建运维模型，能够实现如智慧节能、预测性参数优化等功能，提升 5G 网络运维管理效率。

## 2.3 5G边缘计算

### 2.3.1 边缘计算的基本概念

如果说工业时代是机器延伸了人类的肢体，使得社会生产力大幅提升，那么信息时代则是由信息处理技术发展推动的，以计算机为代表的各种计算设备使得人类的大脑得到延伸，再一次使社会生产力阶跃式提升。我们都知道，工业时代经过了几次革命，以电力为能源的机器催生了工业文明的巅峰发展。同样，信息革命也正在经历第二阶段智能化地变革，那么作为信息存储和处理的基本能力——算力，就将成为类似于电力的基础设施。

人类寻求计算工具的努力由来已久，从远古即开始采用的结绳记事、算盘算筹、计算尺，到机械计算机，直到 1946 年第一台真正意义上的电子计算机 ENIAC 在美国诞生，计算工具一直在不断演进。跟随电子技术的发展，电子计算机先后经历了晶体管、集成电路，直到大规模集成电路的发展，大幅提高了计算机的计算能力和集成度，至此才逐渐走向每个人的工作和生活。

在云计算技术发展起来之前，算力的提供基本有两种形态，一种是需要高性能计算的场合，如天气、军事、科技领域，发展出了超级计算机，超算能力一度成为衡量国家科技实力的指标之一；另外一种则通过采购通用和专用服务器构建成企业数据中心，满足企业数字化、信息化的需求。随着计算机可以使用的领域越来越广阔，对算力的要求也更灵活。在此背景下发展出了云计算技术，通过将存储、计算、通信等基础能力虚拟化的方式，为需求方提供弹性的计算能力，这实际上就将算力像电力一样提供了，大量的计算机构成云数据中心，用户通过通信网络可以便捷地使用算力，并可以根据需求灵活地变更所需算力的数量。

　　云计算降低了企业使用算力的门槛，可以不用庞大的投资去建设数据中心以及准备专门的维护团队，使得大量的初创企业能够更快地将产品进行部署，将采购设备改为采购计算服务。好处还不止如此，基于服务的模式，这种提供计算、存储、网络的服务被称为 IaaS（基础设施及服务），还发展出了 PaaS（平台及服务）、SaaS（软件及服务），将平台能力、软件能力都以服务一样的方式提供，极大地降低了创新的门槛，只要专注于某一领域的需求，将能更便捷和低成本地构建应用并完成在线发布，所有用户即可以通过个人电脑和智能终端使用这些应用。显然，移动互联网的大发展从云计算受益良多。

　　云计算最早是以集中的方式提供，但是用户可能分布在全球的各个角落，而且作为重要的基础设施，很多国家也都对数据的保存制定了法律法规，因此必须给用户提供可选的服务区域，以尽量靠近用户并满足不同国家法律的要求。云服务商的解决方案是设置区域和可用区，以全球领先的亚马逊云服务 AWS 为例，全球提供了 22 个区域（另外还发布了 5 个区域），以及 69 个可用区。然而这仅是从满足法律法规的角度来设置的，对提供公众用户的服务而言可能是足够的，但要扩展到更深度的产业领域则出现了明显的问题。实际上，即使是在公众服务上，也出现了一些问题，如随着视频内容消费的发展，高带宽的视频中心式的部署，当大量用户从不同区域接入时，给通信网络造成了很大的负担，从而也影响了用户的体验。解决方案是存储下沉，这也就是内容分布式网络（CDN），将热门的内容下沉，缓存到更靠近用户的地方，提升业务体验。

　　除了 CDN 提供的存储下沉，计算下沉对于一些实时性要求较高的业务更加重要，也正因如此，产业领域提出了雾计算、边缘计算的概念，又针对使用场景的不同提出了移动云计算、移动边缘计算，尽管其定义并不完全一样，但其本质都是将计算能力下沉。5G 和边缘计算结合紧密，因此我们重点探讨边缘计算。

　　实际上，ETSI（欧洲电信标准协会）和 5G 主要的标准组织 3GPP 都进行了边缘计算的规范化，并进一步将原本移动边缘计算 MEC 的概念扩展为 Multi-access Edge Computing（多接入边缘计算），并不局限于移动场景。ETSI 对 MEC 的定义为：在包含一种或者多种接入技术的接入网络中，靠近用户的网络边缘，提供 IT 业务环境和云计算能力的系统。由此定义可以看出，MEC 具备两大特点：一是支持多种连接方式，强调 MEC 的连接性；二是靠近用户，强调 MEC 的实时性。边缘计算联盟 ECC 和工业互联网产业联盟 AII 在发布的边缘计算参考架构白皮书中归纳了 MEC 的 CROSS 功能，即连接的海量与异构（Connection）、业务的实时性（Real-time）、数据的优化（Optimization）、应用的智能性（Smart）和安全与隐私保护（Security）。

### 2.3.2　5G边缘计算的驱动因素

边缘计算的概念出现较早，并在传媒领域开创了 CDN 的成功应用，但真正得到产业界广泛关注还是在物联网、智能化兴起之后，而以实现万物智能互联为目标的 5G 更是将 MEC 作为其基本能力，和网络切片一起被认为是 5G 两大关键能力，实际上这也是几方面因素驱动的结果。

**（1）业务因素**

首先，5G 时代面向的主要连接类型发生变化，使得数据处理更多的在边缘。5G 以前的移动通信实现了人与人之间的普遍连接，据 GSMA（全球移动通信系统协会）在《2020 年移动经济报告》中的数据，截止到 2019 年底，全球移动用户数量达到 52 亿人（约占全球总人口的 67%），而这一增势正在放缓，预计到 2025 年将增长至 58 亿（约占全球总人口的 70%）。与之形成鲜明对比的则是物联网连接数，GSMA 预计，2019～2025 年，全球物联网连接数量将翻一番以上，达到近 250 亿个，全球物联网收入将增加两倍以上，达到 1.1 万亿美元[6]。而物联网连接由于其数据处理的本地特性，即边缘数据的半衰期可能非常低（例如，在内部事件发生的几毫秒内最有价值），或者可能价值很低（例如，静态场景的视频监控），需要边缘计算来对大量的本地数据进行处理，只将有意义的数据或元数据转发到数据中心。此外，物联网连接应用主要面对企业，目前大部分企业数据是在企业数据中心或云上进行集中处理，边缘计算能够有效降低远离应用设备带来的延迟（网络处理和传输速度），满足应用的需求。

其次，5G 时代的主要业务类型也在发生变化，4G 时代主要以低速的移动互联网业务为主，而 5G 提供了最高 100 倍于 4G 通信的带宽，使得在公众业务上，以 4K、8K 的高清视频直播、AR/VR、云游戏等媒体娱乐类应用成为最吸引用户的业务，这在先行发展 5G 的国家，如韩国的运营数据中得到验证。垂直行业业务上，以高清视频监控、机器视觉、远程 AR 辅助、远程医疗等高带宽、低时延业务成为最具想象力的发展方向。随着网络带宽的需求提升，以及灵活的分流和计算需求（如云游戏渲染、高清视频的本地预处理），传统 CDN 技术也在向边缘计算方向发展。

最后，连接范围扩展，连接和业务类型从个人消费走向生产领域，对隐私/安全的要求变得更高。这个因素对某些行业来说可能是至关重要的，比如一些传统高安全的行业（如电网，对安全有严格的行业和国家规范要求），以及一些新兴的应用，如本书的主题——车联网（由于其操作的关键性和其连接的用户将更多的个数数据上传到网络中），还有对于以高清视频监控的本地智能处理、机器视觉的工业生产数据等，数据变得更加私密（个人健康、面部或语音识别数据、私人场所的互动）或机密（关键的工厂内部数据）。从物理上将这些数据保存在本地，或者通过边缘计算的预先处理、存储和/或丢弃适当的数据来满足保护隐私的监管需求，减少数据泄露风险，成为能够进入这些领域至关重要的因素。

### （2）技术因素

低时延的实现需要将计算从中心向边缘下沉。随着主要连接类型从人与人的连接向物与物连接扩展，业务类型向更高带宽、更低处理时延发展。5G 提供了面向这类业务的 URLLC 应用场景，通过在核心网、传输网、无线接入网各个子域采用不同的技术实现。比如在核心网可以通过简化内部网元处理，传输网采用高速转发的 FlexE 技术，在无线网则通过灵活的子载波间隔、mini slot、免调度等技术减少数据在 5G 网络中传输的端到端时延。从各个子网来说，核心网转发时延约在 0.5ms 级别；无线接入网的处理时延视采用的技术集而定，基本在双向极端的 1ms 到普遍的 15ms 之间；传输网时延以光传输为例（5G 主要采用的承载技术），主要由固定的 5μs/km 光纤固有传输时延和光网络设备的处理时延等组成，以进入 L1 处理的光传送网（OTN）设备为例，基本单节点在 10μs 级（复杂封装结构下可能达到 100μs 级），基于对光网络时延构成的量化分析，光纤传输时延占据光网络电路时延的 90% 以上，因此光网络时延的首要优化举措是路由优化，尽可能降低路由长度[7]。而 5G 网络中通过 MEC 将网络中的数据在无线接入网卸载，进行本地处理，或者通过 MEC 将负责数据转发的用户面功能（UPF）下沉到边缘，接入行业用户的数据中心，是实现低时延的关键技术。

5G 网络 SDN/NFV 化、云网融合、算力网络等趋势推动边缘计算和 5G 深度结合。为实现更灵活的网络，5G 引入 SDN/NFV 技术，对核心网、传输网和无线网进行了重新定义，SDN 的架构能够让网络可以灵活互换使用云计算和边缘计算的资源，满足敏捷和动态系统需求，为用户提供最佳的服务。实际上 5G 标准也在网络架构中明确定义了 MEC。网络运营商面对主要用户从个人向行业的转变，纷纷推出云网融合战略，力图构建通信和算力一体化的算力网络，这使得 5G 不再是传统的通信网络，而是以多层次灵活部署的算力为中心，通过各种接入手段和传输手段实现算力的按需投送，就像电网为用户输送电力一样地提供算力，边缘计算得到了运营商前所未有的重视。

### （3）商业因素

边缘计算除了是一种技术以外，也体现为一种商业模式。应用的需求让边缘计算得到了很多行业的关注。对于垂直行业，关注现场计算，ECC（边缘计算产业联盟）将边缘计算定义为：靠近物或数据源头的网络边缘侧，融合网络、计算、存储、应用核心能力的开放平台，就近提供边缘智能服务，满足行业数字化在敏捷连接、实时业务、数据优化、应用智能、安全与隐私保护等方面的关键需求。IT 云商则关注边缘网关，阿里云主导的信标委在其白皮书中将边缘云定义为：基于云计算技术的核心和边缘计算的能力，构筑在边缘基础设施之上的云计算平台。边缘云的基础设施包括但不限于分布式互联网数据中心（IDC）、运营商通信网络边缘基础设施、边缘侧客户节点（边缘网关、家庭网关）等边缘设备机器对应的网络环境。而通信运营商则关注 MEC，ETSI 将其定义为：在包含一种或者多种接入技术的接入网络中，靠近用户的边缘，提供 IT 业务环境和云计算能力的系统。

垂直行业解决方案提供商、IT 云商、通信运营商基于各自理解均提供了不同的产品、服务和应用。而随着 5G 的发展，给了通信运营商摆脱移动互联网时代"哑管道"的机会。GSMA 在其《5G 时代的边缘计算：中国的技术和市场发展》报告中提出，部分算力从云端迁移到边缘，很大程度上可以视为以运营商为中心的技术转移，这种技术转移基于以往网络软件化和虚拟化等的发展成果，并在 5G 部署中发挥作用[8]。而看起来，通信运营商确实具备一些独特的竞争优势，一方面是其强大的网络，另一方面是其遍布全国的各级通信机房，还有其本地维护队伍。这给那些尽管认识到云计算重要性，但却因在公有云上丧失先机而普遍折戟沉沙的通信运营商带来了逆袭的机会，各大运营商尤其是中国运营商将边缘计算提高到很高的地位，并大力推动边缘计算应用生态成熟就不难理解了。

### 2.3.3　5G边缘计算的标准

一项技术要成熟商用，尤其是涉及需要多方协同推进的技术，标准化是必不可少的过程。致力于实现 MEC 标准化的组织主要有两类，一类是基金组织的开源项目，如 Linux 基金会的 Edge X、开放网络基金会（ONF）的 CORD 项目；另一类是通信行业的标准组织，主要是 ETSI（欧洲电信标准协会）和 5G 的主要标准组织——3GPP，以及中国通信标准化协会（CCSA）。

ETSI 在 2014 年启动了 MEC 标准项目，旨在移动网络边缘为应用开发商与内容提供商搭建一个云化计算与 IT 环境的服务平台，并通过该平台开放无线侧网络信息，实现高带宽、低时延业务支撑与本地管理。2017 年底，ETSI MEC 完成了 Phase I 阶段基于传统 4G 网络架构部署，定义边缘计算系统应用场景、参考架构、边缘计算平台应用支撑 API、应用生命周期管理与运维框架以及无线侧能力服务 API（RNIS/ 定位 / 带宽管理）。2019 年完成了 Phase II 阶段，将 MEC 由原来的移动边缘计算（Mobile Edge Computing）改为了多接入边缘计算（Multi-access Edge Computing），聚焦 5G、Wi-Fi、固网等新业务及需求，工作重点覆盖 MEC in NFV 参考架构、端到端边缘应用移动性、网络切片支撑、合法监听、基于容器的应用部署、V2X 支撑、Wi-Fi 与固网能力开放等研究项目，定义网络能力 API，采用 Open API 进一步开源，并与 3GPP Wi-Fi、GSMA 等组协作，推进 MEC 产业化。

ETSI MEC 标准化主要包括以下内容：研究 MEC 需求、平台架构、编排管理、接口规范、应用场景研究等，定义的系统架构如图 2-6 所示。

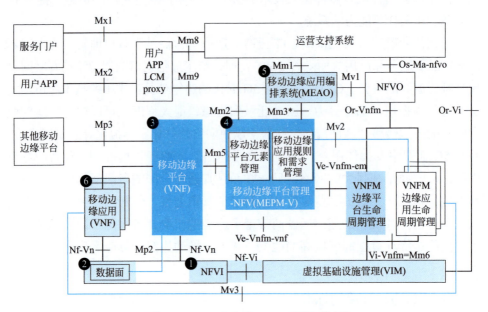

图 2-6　ETSI 定义的 MEC 系统架构[9]

① NFVI/VIM。基于 ETSI NFV 框架，虚拟化平台，提供应用、服务、MEP 等的部署环境。

② 数据平面（data plane）。EPC/5GC/Bras 的转发面 (GW-U/UPF/BNG-U)，提供分流、计费、监听等网络功能。

③ MEP。MEC 应用的集成部署、网络开放等中间件能力，可托管 5G 网络

能力、业务能力等 MEC 服务。

④ MEPM。MEC 平台网管实施 MEP 的监控、配置、性能等管理以及对边缘计算应用的规则和需求进行管理；虚拟化基础设施管理器负责虚拟化资源的分配、管理和释放。

⑤ MEAO+NFVO+VNFM。提供应用编排。

⑥ ME APP。部署在 ME Host 上的 Service 或 3rd APP。

3GPP 主要从 QoS 框架、会话管理、高效用户面选择、网络能力开放、计费等方向对 MEC 开展研究。R14 阶段，3GPP 主要做了 CU 分离状态的一些规定，将控制面和用户面进行分开，实现通过 MEC 进行分流。已冻结的 R15 中提出了 MEC 对核心网的能力要求，包括：用户面选择（根据 DNAI 选择 UPF）、分流（ULCL/Multi-homing）、业务连续性（SSC mode）、AF 通过 NEF 请求分流过程、通过 NEF 能力开放、本地数据网络（LADN）等。

ETSI 和 3GPP 共同定义了 5G MEC 的系统架构，如图 2-7 所示。

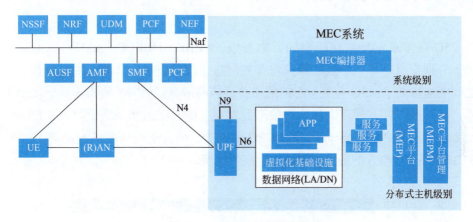

图 2-7　5G MEC 系统架构

MEC 与 5G 的结合，涉及 NEF、PCF、SMF、UPF 等网元或功能。控制面上，MEC 平台作为 AF 与核心网控制面（PCF/NEF 等网元）对接，调用 5G 网络提供的能力，同时可以通过边缘 MEP 平台，为边缘应用提供 5G 网络能力。用户面上，5G 网络 UPF 通过 N6 接口对接 MEC 边缘主机，本地分流功能由 UPF 实现。具体来说，有以下要点。

① MEC 应用编排（MEAO）与 AF，可通过 NEF 或 PCF 进行交互，完成分流规则的配置。

② 通过 LDAN、UL CL 或者 IPv6 多归属等方案实现边缘 UPF 的选择及特定数据业务分流。

③ 会话管理、QoS 管理、连续性管理、计费、监听等遵照 5GC 流程。

④ 5G MEC 的部署编排应与 5G 网络 NFVO-MANO 统一考虑。

⑤ MEC 能力开放应与 NEF 能力开放采用统一接口，仅需支持边缘侧网络能力开放。

3GPP 在后续标准版本中将继续对 5G MEC 进行研究，R16 主要在 5GC/5G NR 的增强，对核心网和 NR 的核心要求，包括 RAN 的能力开放、5G 增强的移动宽带媒体分发机制、5GC 网管增强支持 MEC，比如 N6 口配置能力、CAPIF 增强支持多 API provider 等。R17 主要是 5GS 增强，主要包括：AS 地址发现、AS 切换、I-SMF 插入、策略和计费增强、CAPIF 针对 MEC 进行增强、UE 和 AS 的应用层接口增强、为典型的 MEC 应用场景（如 V2X、AR/VR、CDN）提供部署指南等。

## 2.4 5G网络切片

5G 在需求定义之初即面向万物互联，eMBB、URLLC、mMTC 三大应用场景分别应对高带宽、低时延高可靠和海量连接的需求，后两者主要是物－物之间的连接需求，5G 有别于之前的移动通信网络主要面向消费市场这一发展主线，具有消费性、管理性和生产性三大发展主线，而主要的增量收入来自于后两者。按照 GSMA 对全球运营商 CEO 的调查，69% 的受访者认为企业（B2B、B2B2C）是 5G 收入的最重要来源，远高于消费者（B2C）的 23%，如图 2-8 所示。

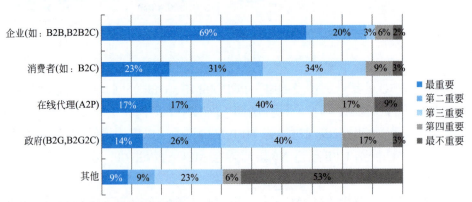

图 2-8　5G 业务收入来源调查

不管是 5G 本身定义的满足不同应用场景能力的提供，还是垂直行业千差万别需求的满足,都很难想象能够用一张网络来应对,因此网络切片技术被普遍认为是 5G 满足垂直行业需求,能使千行百业数字化转型的理想技术架构。

### 2.4.1 网络切片的定义和关键技术

为了便于理解网络切片,首先我们看一下移动通信网络提供服务的演变。最先的 1G/2G 时代,移动通信主要提供语音业务和消息业务(短信),语音业务是信道化的,所有用户共享一个物理网络,通话用户独占信道,运营商按通话时间收取费用。从 2G 末期到 3G/4G 时期,随着互联网的发展和智能手机的普及,数据业务成为移动通信网络增长最快的业务,人们通过手机享受各种互联网服务,运营商则按照数据流量收取费用。数据业务是 IP 化的,各种不同的业务(语音、视频、图片、游戏、电子邮件、浏览网页等)都跑在这个管道里,但显然不可能让每种业务都按照最快的方式发送,网络能力无法满足,完全平等的发送所有业务数据则可能会导致用户体验不好。兼顾网络能力和用户体验的简单方法就是根据不同业务的实际需求,比如时延、误码率/丢包率区分,分出优先级,按照优先级进行调度,3G 时期就采用这种方法,分为了会话类、交互类、流媒体类、背景类四种业务,4G 时代增加了速率保障维度,划分出了 9 种 QoS 等级。

5G 面向万物互联,定义了三大类场景,对网络的速率、容量、时延、可靠性、安全性、频谱效率、移动性、网络能效、服务成本等有不同的需求,而且物联网应用还需要和第三方平台、应用融合,同时能满足不同行业对安全隔离的要求。再沿用 3G/4G 的方式按照不同需求维度进行调度优先级的划分在具体实现和网络管理上就变得不再可行。

为了解决这个问题,3GPP 从 R14 开始进行网络切片的研究,引入网络切片的概念:网络切片是提供特定网络能力的、端到端的逻辑专用网络。结合网络切片的几个特性,可以将网络切片扩展理解为:在同一个物理网络上构建端到端、按需定制和隔离的逻辑网络,提供不同的功能、性能、成本、连接关系的组合,支持独立运维,为不同的业务和用户群提供差异化的网络服务。这样一来,就将原本 QoS 的"业务类别/业务特性"二维扩充成了"网络切片/业务类别/业务特性"三维。同时解决了行业用户对网络的安全隔离和独立运维的要求,借助网络切片端到端的设计、监控和保障,实现对网络 SLA 的可保障服务,不会因为公共网络资源竞争方式影响业务质量,满足行业用户对通信可靠性的要求。

网络切片能够实现按需定制、端到端保障和安全隔离,由 5G 在系统架构上的以下关键技术支撑。

① 服务化架构（SBA）。基于 SDN/NFV 的核心网 SBA 实现了软硬件解耦、网元功能解耦，为核心网提供了极大的灵活性和弹性，缩短了新业务上线的时间和成本。

② 控制面用户面分离（CPUS）。目的是让网络用户面功能摆脱"中心化"的方式，使其既可灵活部署于核心网（中心数据中心），也可部署于接入网（边缘数据中心），最终实现可分布式部署。网络切片结合 CUPS，可以灵活地对业务流量进行分流，实现不同的组网性能，满足不同的安全隔离要求。

③ CU/DU 分离。NG - RAN 在架构上的功能，将 BBU 重构为 CU（中心单元）和 DU（分布式单元），以处理内容的实时性进行区分。CU/DU 分离对网络切片来说，提供了一种满足不同组网性能灵活性的方式，其收益包括：有效降低前传的带宽需求；RAN CU 内部的移动性不可见，从而降低了 CN 的信令开销和复杂度；采用 CU 控制协议和安全协议集中化后，更加适应 NFV 架构实现 Cloud RAN，增加了 RAN 侧的功能扩展。

④ NG -RAN 资源保障。接入网提供灵活的资源保障机制，包括基于 5QI（5G QoS 识别码）的调度、基于 DRB 的接纳控制和 PRB 的物理资源比例保障、频谱隔离、AAU 隔离等多种方式，提供了不同的业务资源隔离和硬件隔离的组合，满足不同安全和业务质量保障的需求。

⑤ 传输网切片支持。VPN（虚拟专用网络）技术实现软隔离，业务流量在虚拟网络中传输；QoS 技术通过流量监管 / 整形，拥塞管理 / 避免等基于共享缓存队列调度的机制实现不同业务的差分服务，通过 VPN+QoS 可以实现传输网的软切片。FlexE 技术在承载设备的 MAC 层和物理层（PHY）之间定义一个 FlexE shim 子层，对物理端口带宽进行基于时间片的切分，划分出若干个子通道端口，把这些子通道端口切片划分到网络切片的不同切片中，通过硬件的时隙复用实现各个切片之间的业务在转发层面上完全隔离，可以实现传输网硬切片。

⑥ 网络切片端到端编排与管理。引入 CSMF（通信服务管理功能）、NSMF（网络切片管理功能）、NSSMF（网络切片子网络管理功能）等几个管理功能，CSMF 接收用户的通信服务需求，并将之转化为对网络切片的需求，向 NSMF 下发；NSMF 将对切片的需求转化为核心网、接入网、承载网的切片需求，并下发各子网的 NSSMF；各 NSSMF 将需求转化为对网络服务的要求，下发给各子网的 NFVO/SDNO/EMS，并由其进行资源检查和切片创建的过程，实现网络切片的端到端编排和生命周期管理。

## 2.4.2 网络切片的驱动因素

数字化转型是利用最新的数字化技术和能力来驱动组织商业模式的创新，目的是为了实现业务的转型、创新和增长。通信技术作为基础的数字化技术，在推动数字化转型上起到重要的作用。

通信技术在垂直行业的应用非常广泛，光通信、工业以太网、WLAN、LAN、PLC 等有线通信技术，电台、2G、3G、4G 等无线通信技术，在垂直行业中都得到了不同程度的应用，满足不同场景下的通信需求。以电网为例，普遍采用的通信技术和应用如表 2-3 所示。

表2-3 电网典型应用采用的通信技术

| 应用场景 | 无线电台 | NB-IoT | Wi-Fi | 3G/4G | 卫星 | PLC | 光纤 |
|---|---|---|---|---|---|---|---|
| 配电自动化 |  |  |  | √ |  |  | √ |
| 高级计量 |  | √ |  | √ |  | √ |  |
| 无人机巡检 | √ |  | √ |  |  |  |  |
| 机器人巡检 |  |  | √ |  |  |  | √ |

但这些通信技术在应用于智能电网时都面临一些关键挑战，包括可扩展性差、带宽有限（PLC）；部署成本高、周期长、移动性差（光纤）；公网无法保障质量、私网建设成本和运维成本高（3G/4G）；带宽有限、安全风险（无线电台/Wi-Fi）；部署成本高、延迟大（卫星通信）等。同时，多种通信技术的使用给电网通信网络的建设和运维带来更多的成本。

而 5G 网络提供高可靠性、高扩展性、高带宽、低时延、大用户容量等能力，具备了满足电网复杂业务需求的基本能力。电网的业务一方面有严格的安全分区，另一方面不同类别的业务对网络的能力要求也不相同，网络切片提供定制化、可保障、安全隔离服务的特点就很适合为电网提供服务。

正是因为网络切片具备将 5G 丰富的能力集按照行业的需求，提供定制化、可保障、安全隔离的通信服务，并提供能力开放，与其他业务平台和应用结合，形成垂直行业的数字化服务的能力，因此多个行业都对网络切片有比较明确的需求。

### （1）消费性领域

在消费性领域，以高清视频类（4K、8K、VR/AR）、实时交互类（VR/AR）、互动娱乐类（云游戏/VR 游戏）等体现 5G 高带宽、低时延特性的业务为代表，被电信运营商认为是 5G 早期最具价值的业务。

高清视频类消费者应用包括点播、直播。点播主要对下行速率有要求，4K

视频目前的在线商用服务要求所需带宽为 15 ～ 25Mbps（与压缩算法有关），广播级服务以韩国为例，无线广播是 25Mbps，卫星/有线广播 40Mbps，均为逐行 60fps 高帧率内容。8K 视频提供更高的信息密度承载能力、更多的细节呈现力，不仅提高了视频的观看体验，而且在医疗、安防监控、工业、考古等领域也将有更多的应用，60fps 的 8K 视频需要带宽为 80 ～ 100Mbps。直播包括以电视台、网络直播的广播服务提供商和以个人为主的网络直播平台等，内容生产端需要上行速率，消费端则需要下行速率。

VR/AR 具有高传输带宽、实时交互特性，传统有线和无线的通信方式使得用户体验较差，延缓和限制了 VR/AR 的成熟和发展，以 VR 为例，需求如表 2-4 所示。

表2-4　VR对通信的要求

| 类别 | 入门级 VR | 高级 VR | 极致 VR |
| --- | --- | --- | --- |
| | FOV（视场角），8K，2D/3D | FOV，12K，3D | FOV，24K，3D |
| 速率 | 40Mbps（2D），63Mbps（3D） | 340Mbps | 2.34Gbps |
| 时延 | 30ms（2D），20ms（3D） | 20ms | 10ms |
| 丢包率 | $2.4 \times 10^{-5}$ | $1.00 \times 10^{-6}$ | $1.00 \times 10^{-6}$ |

大型游戏以其良好的可玩性和极致体验受到游戏爱好者的喜爱，但是对终端的需求很高，玩家入门门槛高。"云游戏"将渲染放在边缘云端，处理的结果压缩后通过网络传给用户，使得用户终端无需高端显卡等设备，只要能够以"视频"的方式播放这些游戏画面就可以获得流畅的游戏体验，因此成为游戏发展的热点。但游戏"云化"的结果需要网络提供 100Mbps 的带宽和 10ms 级别的时延，并能够提供稳定的通信服务。

高清视频作为典型的 eMBB 类应用，通过网络切片提供对带宽的保障，高清视频服务商可向其高端用户提供高质量的服务，如表 2-5 所示。

表2-5　高清视频类切片应用和商业模式

| 场景描述 | 切片应用 | 商业模式 |
| --- | --- | --- |
| 高清视频服务 | 带宽保障、组网定制（分流）、数据隔离 | B2B、B2B2C |
| 高清直播 | 带宽保障、数据隔离 | B2B、B2B2C |
| VR/AR | 带宽保障、时延保障 | B2B |
| 云游戏 | 带宽保障、组网定制（MEC）、能力开放 | B2B2C |

整体来说，视频/游戏服务端通过采购切片一方面提高自身业务的质量，另

一方面将高质量服务以体验的形式卖给用户；而运营商则以高效率的方式提供差异化服务，以网络切片发展更多用户，实现5G网络价值变现。

**（2）管理性领域**

在管理性领域，公共安全、智慧城市是GSMA网络切片需求定义的两大类行业应用。公共安全通信应用包括关键任务Push-to-Talk（即按即说）、视频监控、关键任务IoT（无人机、安全应急网、医疗应急网等）等，智慧城市则包含城市管理的各个方面，包括智慧社区、智慧政务、智慧交通等。公共安全和智慧城市目前主要是通过2G应急通信，如TETRA数字集群，蜂窝应急网络如LTE专网，有线网络如公共安全视频监控的光通信等。公共安全和智慧城市两个行业场景比较复杂，高带宽、低时延、大连接的需求都存在，传统采用的通信方式多样，同时对网络和数据安全的需求比较强烈，通过网络切片的方式可以按需定制，并实现安全隔离，但具体的应用场景和实际需求还需要进一步探讨。

**（3）生产性领域**

生产性领域是5G最具想象力的部分，包括GSMA定义的C-V2X、智能电网、医疗、智能制造等场景都属于这个范围。中国移动探索电力、游戏、娱乐、银行、医疗、自动驾驶等6大领域的网络切片应用，重点均集中在生产性领域，其中智能电网、智能制造、车联网C-V2X是重要的三个行业。

智能电网如前一节中描述的，面临不同的应用场景，对带宽、时延、连接数和可靠性要求各不相同。同时电网有严格的行业安全标准，对安全隔离提出了很高的要求。此外，智能电网的一些应用还需要一些定制化的功能，如相量测量（PMU）业务需要有$1\mu s$精度的授时。网络切片设计上，可根据安全分区、业务特性、部署范围等因素，选择eMBB、URLLC、mMTC等切片，并设计出几种切片模板，基于模板创建网络切片，承载不同安全和SLA要求的电网应用。

智能制造领域广泛采用机器人、无人机、数字装配、VR等技术实现数字化生产、柔性制造。通过有线的方式，或者工业Wi-Fi、4G蜂窝网络等，无法完全满足智能制造生产场景中移动性、时延和可靠性、带宽和连接数量的需求，同时，智能制造对计算的本地部署（MEC）有强烈的需求，解决时延和数据安全的问题。网络切片设计上，选择基础切片类型，并根据具体业务要求设计网络参数，以承载高清监控、VR数字制造、数控车间、生产控制等业务。

车联网是综合性的业务，包括V2V、V2I、V2P、V2N等，需要网络切片和MEC构建更灵活的网，以提供高可靠的通信服务。具体SLA要求上，车－车通信V2V要求时延＜5ms，可靠性99.999%；车－路协同V2I和人－车协同告警

V2I 要求时延 < 10ms；V2N 提供高精度地图下载、高清视频、游戏、AR 导航等服务，需要带宽 > 100Mbps。具体到业务应用上，信息服务类应用，可以设计 eMBB 和 mMTC 类型切片；交通安全类应用，设计 URLLC 类型切片；交通效率类应用，设计 URLLC 和 eMBB 类型切片；协同类应用，设计 URLLC 类型切片。

垂直行业的应用需求多样，和切片的相关性也各有不同，考虑 eMBB、URLLC、mMTC 三种场景 5G 标准的成熟期，垂直行业应用的成熟期也将会不同，如图 2-9 所示。

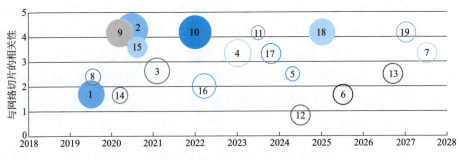

图 2-9　5G 应用场景的网络切片相关性

1—超高清视频点播；2—VR直播；3—无线教育；4—车联网服务；5—无人机-安防；6—云机器人；7—车队编排；8—视频监控；9—超高清直播；10—云和VR游戏；11—远程驾驶；12—智能制造-物流；13—工业AR；14—桌面云；15—车载信息娱乐系统；16—智能电网；17—无线医疗-远程监护；18—VR社交；19—无线医疗-远程手术

### 2.4.3　网络切片的设计过程

行业数字化催生了对 5G 网络切片服务的大量需求，但是垂直行业的网络需求多种多样，如何去设计网络切片呢？可以从以下几个步骤展开。

① 应用场景分析。对行业各种需要承载在网络上的业务进行详细的分析，包括能力需求、现有通信方式及问题、5G 网络切片对业务需求的相关性等。垂直行业对网络能力主要需求的类别如表 2-6 所示。

表2-6　垂直行业网络能力需求分类

| 能力类别 | 能力集 |
| --- | --- |
| 连接性能 | 下行速率、上行速率、时延、移动性、覆盖率、连接密度 |
| 网络功能 | 用户 ID 管理、鉴权认证、位置管理、话单、计费、会话管理、业务感知 |
| 安全可靠性 | 可用性、可恢复性、安全、可隔离 |
| 经济性 | 连接成本、维护成本、功耗 |

② 切片分类。一般从安全隔离和管理分区要求、业务特性区分、切片服务区域等几个维度对切片进行设计。首先是严格要求网络隔离的业务需要承载在不同的切片中，如电网中的生产区和管理区的业务；然后业务特性上有较大差异的，在网络设计上有差异，因此需要承载在不同的切片中，如标准规定的不同类型切片（eMBB、URLLC、mMTC、C-V2X 等），同时可用性、速率保障、时延等指标的差异较大，以至于影响网元设计和网络架构的特性；切片服务区域有较大的差异性，比如广域覆盖和小区域覆盖（如矿山、工厂等），也建议分为不同的切片。

③ 切片业务映射。设计出需要几个网络切片承载某个行业的业务后，需要将业务和切片进行映射，以进行下一步设计。

④ 切片参数设计。根据网络切片承载的业务需求，可得出该切片需要支持的能力，进一步转化为网络切片的参数，以及形成切片网络的配置参数。

以上介绍了网络切片的设计过程，实际上网络切片服务的提供除了设计以外，还包括订购、部署、运维运营等环节，完整环节如下。

① 切片订购。行业用户通过切片商城/服务门户订购切片，并提出关键 SLA 要求。

② 切片设计。切片管理系统响应切片订单，将 SLA 的各子网分解，参考当前网络资源和运行情况转化为切片的网络拓扑、网络参数和资源配置等。

③ 切片部署。切片管理系统执行切片网元实例化、参数的配置和切片激活。

④ 切片监控保障。切片管理系统提供切片 SLA 指标的端到端监控和上报，并动态调整切片配置，保障 SLA 指标满足客户要求。

⑤ 切片运维。切片管理系统提供切片级的故障告警、性能统计等运维功能。

除了切片订购和服务平台以外，网络切片还需提供能力开放平台，方便垂直行业用户进行业务控制、策略管理、性能监控等，有效地促进垂直行业的数字化应用与运营商网络深度结合，提供极致的用户体验。

## 2.5 TSN与5G 确定性网络

### 2.5.1 5G引入TSN的原因

5G 网络通过提供更高的带宽（峰值20Gbps）、更低的时延（1ms）和海量的连接（100 万个 /km$^2$），扩展了其进入更广泛领域的基础。同时通过引入

MEC，使得连接所需的 CT 和 IT 需要的算力得到了融合，也就是"云网融合"的能力。更进一步讲，5G 网络本身开放性、灵活性的设计，如 SBA 架构的核心网、SDN 化的承载网，使得网络的弹性更大，更利于服务的敏捷创新。加上网络切片技术，可根据实际业务的需求，通过端到端编排能力，提供可定制、可保障、安全隔离的通信服务，在一张物理网络上提供传统需要多张网络才能提供的服务，大大降低了获得通信服务的整体用户成本。

但这还只是从业务需求到支撑技术完整链条的一部分，实际上，不管是基础的带宽、时延能力，还是边缘计算、网络切片技术，还都处在发展过程中，尤其对于网络切片技术来说，尽管提出了可保障的要求，但具体实现还在标准制定过程中，许多问题需要在新的标准中解决。

从垂直行业的业务需求来分析，差异化是根本特性；从安全出发需要专用；从可管理的角度则需要能够定制；而从获取到的服务性能来说，确定性则是核心。尤其对一些实时系统或者需要多个不同协议网络共同实现的应用来说，比如配电网络的同步相量测量 PMU，需要在时间同步的基础上进行周期性的数据采集，这就要求通信服务能够保持确定性的时延，而 5G 包括核心网、承载、无线网，尽管提供了基础的时延能力，但由于网络构成和流量的复杂性，尤其是无线传播环境的波动和易扰，时延存在较大的不确定性。同样地，在工业互联网、自动驾驶、音视频等领域都存在网络确定性的问题。

这个问题可以从现有的技术中找到解决方案，近几年在工业互联网领域很热门的时间敏感网络 TSN（Time Sensitive Networking）就是解决方案之一。在 5G 中引入 TSN，已经成为 3GPP R16 标准工作的一部分。

### 2.5.2　TSN 与确定性网络

工业控制所用的通信属于现场通信领域，要求精确的实时性和确定性。随着生产规模的日益扩大，工厂的设备有了互联的需求，希望通过综合掌握多点的运行参数与信息，进而实现多点信息的操作控制。针对这个需求，在 20 世纪 80 年代末到 90 年代初发展出了多种现场总线技术，基本都是基于 ISO / OSI 的七层网络模型，实现工厂信息纵向集成的透明通信，即从管理层到自动化底层的数据存取。

但随着工业互联需求的扩大，现场总线多标准难统一的问题日渐突出，以太网技术因其技术简单、开放性好、价格低廉等特点，成为工业通信的新出路，发展出了工业以太网。但是标准的工业以太网是一个尽力而为的网络，而工业自动化应用为满足实时数据传输的需求，对于延迟的要求非常严格。尽管工业控制各大厂商都研发了附加的技术机制提高确定性，升级为实时工业以太网，但这也导致各自的协议不兼容，使实时以太网解决方案市场严重分散，无法支持未来工业网络的发展。

解决这个问题的思路首先出现在视频领域。传输音频和视频信息的网络需要遵守严格的时序规则。如果音频或视频分组不能按指定的时序规则到达目的地，则接收设备（例如视频屏幕或扬声器）可能会发生视频帧被丢弃、音频伪像的情况。此外，这种网络还需要可预测的延迟，以保证视频和相关音频流之间的同步。为了最大限度地提供实时性，这些图像、音频必须实现高实时的传输与处理，可以想象其对带宽和实时性的需求。2006 年，IEEE802.1 工作组成立 AVB 音频视频桥接任务组，并在随后的几年里成功解决了音频视频网络中数据实时同步传输的问题，如图 2-10 所示。

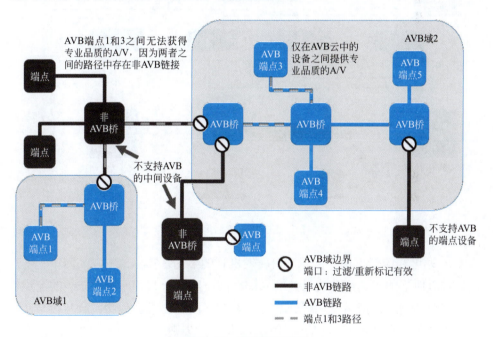

图 2-10　音频视频桥接

这立刻受到来自汽车和工业等领域人士的关注，2012 年，AVB 任务组在其章程中扩大了时间确定性以太网的应用需求和适用范围，并同时将任务组名称改为 TSN 任务组。TSN 标准扩展了 AVB 的技术，成为以以太网为基础的新一代网络标准，具有时间同步、延时保证等确保实时性的功能。

由 IEEE 802.1 制定的 TSN 标准文档可以分为三个基本关键组件。每个标准规范都可以单独使用，并且主要是自给自足的。但是，只有在三个规范协同使用的情况下，TSN 作为通信系统才能充分发挥其潜力。这三个组件分别是时间同步，调度和流量整形，通信路径的选择、预留和容错。

① 时间同步。TSN 网络中的时间同步可以通过为每个终端设备和网络交换机配备 GPS 时钟来实现；或者从一个中央时间源直接通过网络本身分配，也就是使用 IEEE 1588 精确时间协议来完成。此外可以通过 IEEE802.1AS 将大量不同的 IEEE 1588 选项缩小到可管理的几个关键选项，以更适用于汽车或工业自动化环境中的网络授时，如图 2-11 所示。

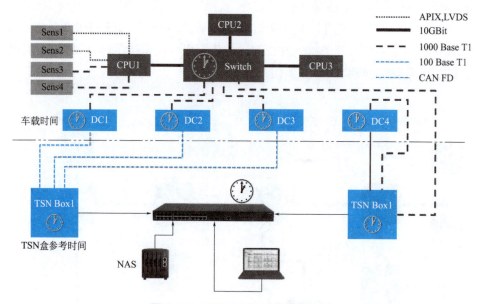

图 2-11　IEEE 1588 时间同步机制

② 调度和流量整形。由于端口转发机制的限制，在标准的以太网中，实时性是难以保证的。调度和流量整形允许在同一网络上共存不同优先级的流量类别，每个类别对可用带宽和端到端延迟都有不同的要求。因此，所有参与实时通信的设备在处理和转发通信包时需遵循相同的规则。

③ 通信路径的选择、预留和容错。所有参与实时通信的设备在选择通信路径、预留带宽和时隙方面遵循相同的规则，可以利用多条路径来实现故障排除，支持保护诸如安全相关的控制回路或车辆中的自动驾驶之类的安全应用，以防止硬件或网络中的故障。

TSN 作为一组位于数据链路层的协议簇，从底层网络架构中改变了普通以太网数据传输的不确定性，将它转变为确定性网络，同时为不同协议网络之间的互操作提供了可能性，能够快速打通工业通信协议和现场总线，成为 OT 和

IT 融合的基础。TSN 并非覆盖整个网络，而是在 IEEE 802.1 标准框架下，基于特定应用需求制定的一组"子标准"，旨在为以太网协议建立"通用"的时间敏感机制，以确保网络数据传输的时间确定性。因此，TSN 仅仅是关于以太网通信协议模型中的第二层，也就是数据链路层（更确切地说是 MAC 层）的协议标准，只支持桥接网络，不支持端到端需要路由器的数据流，如图 2-12 所示。

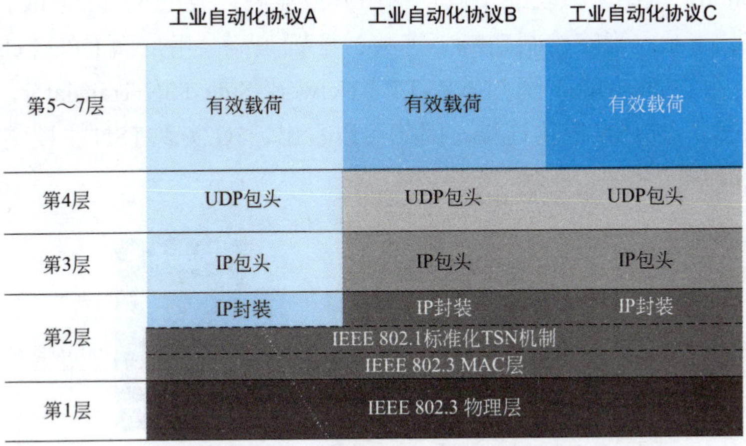

| | 工业自动化协议A | 工业自动化协议B | 工业自动化协议C |
|---|---|---|---|
| 第5~7层 | 有效载荷 | 有效载荷 | 有效载荷 |
| 第4层 | UDP包头 | UDP包头 | UDP包头 |
| 第3层 | IP包头 | IP包头 | IP包头 |
| 第2层 | IP封装 | IP封装 | IP封装 |
| | IEEE 802.1标准化TSN机制 | | |
| | IEEE 802.3 MAC层 | | |
| 第1层 | IEEE 802.3 物理层 | | |

图 2-12　TSN 在 IEEE 802.1 标准架构中的位置

2015 年，互联网工程任务组（IETF）成立了确定性网络（DetNet）工作组，专注于在第 2 层桥接和第 3 层路由段上实现确定传输路径，这样在 TSN 中开发的技术就可以扩展到路由数据流。确定性网络还有一个目标是扩大 TSN 技术的规模，使它们能够在比以太网桥支持的更大的网络中工作。确定性网络是由网络提供的一种特性，确定性网络的技术路线包括传统现场总线、刚性管道、统计复用等，前面提到的基于以太网扩展的工业总线、TSN，以及 DetNet 工作组定义的技术都属于统计复用的范畴。

确定性网络的基本特征是：时钟同步、零拥塞丢失、超可靠的数据包交付、确定性的时延和抖动、与尽力而为的服务共存。DetNet+TSN 实现了 L2/L3 的结合，可以在专业音频和视频、智能电网、智能建筑自动化、工业无线、蜂窝无线通信、工业 M2M（Machine to Machine，机器到机器）等领域得到应用。

### 2.5.3　5G中实现TSN的架构和技术

在 5G 网络上融合 TSN 服务，关键的问题就是 5G 网络与 TSN 的互通。在 3GPP Rel-15 标准中已经进一步减少了延迟，并提高了稳定性，为 5G 与 TSN 的集成奠定了基础。同时，通信设备商、运营商、芯片厂商等产业链各个环节携手增强无线接入网络和核心网络,让 5G 网络更好地支持 TSN 服务[10]。

如图 2-13 所示,3GPP 定义了 5GS(5G System,5G 系统)对 TSN 的支持架构,在具体实现上,定义了与 TSN 系统的接口:新增设备侧桥,通过 DS-TT(Device-Side TSN Translator,设备端 TSN 转换器)与 5G 终端连接;控制面 TSN AF(Application Function,应用功能)通过 N33 对接 NEF(Network Exposure Function,网络开放功能)获得网络开放能力,通过 N5 口与 PCF(Policy Control Function,策略控制功能)连接,配置策略。用户面 UPF(User Plane Function,用户面功能)通过 NW-TT(Network-Side TSN Translator,网络端 TSN 转换器)与 TSN 应用连接,因此可以看出,5G 实现 TSN 主要需要 UPF、PCF 和 NEF 的支持。

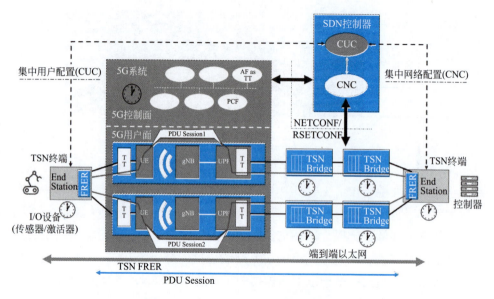

图 2-13　5GS 中对 TSN 的支持架构[11]

可以看出,架构中将整个 5G 网络当做 TSN 网络中的一个逻辑网桥。TSN 对 5G 系统的主要要求包括:LBO(Local Break-Out)的协议数据单元(PDU)会话能力、PDU 会话类型以太网支持能力,为了实现 TSN 的主要功能,5G 系统需要支持网桥/端口管理功能、TSN 时钟同步功能、5QI 增强功能、报文保持和转发功能。5G 系统和 TSN 对接则需要支持多 TSN 域的时钟同步功能、网络拓扑发现(LLDP)功能、5GS 网桥注册到 TSN/CNC,以及 CNC(Centralized Network Configuration)配置管理功能。

除了将 5GS 作为一个 TSN 桥融合进 TSN 网络中以外,为了满足 TSN 网络对确定性的要求，5G 还需要在以下几个关键点上加强。时间同步：TSN 系统需要和 gNB 保持时间同步，同时 gNB 需要给终端精准授时，这在 3GPP 的标准中进行了定义；低时延传输：3GPP 需要增强物理层和 MAC 层，以支持低时延；可靠性：3GPP 功能，包括先进的新天线技术、鲁棒的控制信道设计、冗余方案等，以确保通信的可靠性；资源管理：3GPP 功能，例如增强调度以支持周期性业务。

尽管已经有了支持架构，但 5G 与 TSN 更好的融合还需要多方持续的努力，在 3GPP Rel-16 的规划中，3GPP 已经开始对 5G NR 支持工业互联网进行新的研究规划。根据需求规范，对于时间敏感的工业应用场景，可能需要达到 0.5ms 的延迟和 99.9999% 的可靠性。时间敏感网络 TSN over 5G NR 将在分组分发、自动寻址和服务质量 QoS 等领域满足工业企业需求，以更好地集成 5G 和 TSN。

## 2.6 5G安全网络

### 2.6.1 5G安全挑战和需求

自从开始进入商用部署阶段，各种对 5G 的安全担忧甚至反对的声音多不胜数，5G 承担了远超之前通信系统面临的安全审视，其面临的挑战和需求可以从以下几个方面进行分析。

**（1）5G 新业务场景带来的挑战和需求**

5G 是一个真正意义上的融合网络，支持各种新的网络部署以满足不同业务场景的需求。增强型移动宽带（eMBB）聚焦对有极高带宽需求的业务，如高清视频、VR/AR 等，满足人们对数字化生活的需求，部分工业控制和垂直行业需求也对带宽有较高要求；超高可靠性低时延业务（URLLC）聚焦对时延极其敏感的业务，例如自动驾驶/辅助驾驶、远程控制等，满足人们对于数字化工业的需求；海量机器类通信（mMTC）则覆盖对于连接密度要求较高的场景，例如智能交通、智能电网、智能制造，满足人们对于数字化社会的需求。5G 业务具备多样性、关键性、高价值、融合性的特点，面临的挑战和需求各有不同。

eMBB 业务主要面向个人业务，涉及的敏感信息较多，需要重视用户隐私数据（如个人标志、地址信息等）的保护。URLLC 场景最大的特点是低时延高可靠，传统采用专网解决的应用可以承载在 5G 上，这使得原来不联网或相对封闭的网络连接到互联网上，无形中扩大了网络攻击面。而且低时延业务的网络需求较高，以车联网为例，当时延无法满足需求时，不仅会造成业务的中断，还有可能引发各类交通事故。因此需要关注网络上设置安全分区、终端解密和认证流程的快速高效等。mMTC 场景的特点是大连接和弱终端，未来更多的关键基础设施和重要的应用，都会架构在 5G 上，所以 5G 会成为黑客攻击的高价值目标，而低功耗终端在接入认证上又需要轻量级的，同时需要考虑去中心化的认证模式和身份管理机制，以避免信令风暴问题[12]。可以总结为：5G 业务的多样性需要差异化的安全保护机制，连接类型和终端的不同需要多元信任模型和可扩展的身份管理机制，进入垂直行业使得移动通信网和行业网融合，需要 5G 安全能力开放，以构建端到端的应用安全。

### （2）新技术带来的安全挑战和需求

为实现融合的网络架构，以灵活提供各种业务，5G 引入了大量的新技术，SDN/NFV、服务化架构（SBA）、网络切片、MEC 等。这些技术的引入将增加总体攻击面和更多的潜在攻击入口。

① SDN 技术。5G 引入 SDN 技术提高了 5G 网络中的数据传输效率，实现了更好的资源配置，但同时也面临新的攻击面，带来了新的安全需求。SDN 控制器是传输网和核心网网络调度的中心，被攻破的后果很严重，因此需要考虑虚拟 SDN 控制网元和转发节点的安全隔离和管理，包括 SDN 控制器的审计机制，控制器和底层交换设备之间的通道加密，应用软件的安全测试、隔离和权限管理等，底层交换设备也需要保证 SDN 流表的安全部署和正确执行，进行主动的攻击检测安全防护，通过流控、拥塞丢包和超时调整等方式抵御外部攻击等。

② NFV 技术。通过 NFV 技术的部署，实现了软件与硬件的解耦，网元功能以虚拟的形式部署在云化的基础设施上，网络功能由软件实现，不再依赖于专有硬件，使得部署更灵活、更具成本优势和业务更敏捷。但同时也改变了传统网络中网元保护的物理设备安全隔离方式，原先认为安全的物理环境已经变得不安全，因此需要实现虚拟化平台的可管可控，将安全认证的功能放到物理环境安全当中。NFV 的安全需求包括 VNF 安全需求、NFV 网络安全需求、MANO（管理与网络编排）安全需求等几个方面。

为了能够根据不同业务构建不同网络，5G 引入了网络切片技术，网络切片使得网络的边界变得模糊，以前依赖物理边界防护的安全机制难以得到应用，给 5G 网络安全带来了新的挑战。为此需要构建跨域的切片安全机制，根据上层 MANO 平台下发一致性安全策略，切片安全机制通过切片或子切片隔离、统一的切片认证等方式实现对切片的跨域安全防护。此外，切片网络除了可以为垂直行业提供差异化的连接服务外，还需要根据各垂直行业安全需求的不同提供差异化的安全防护能力，比如 eMBB 场景下，基于流量检测、内容识别、加解密等技术的安全防护难度变大，因此需要加强安全功能的计算与处理能力；而 URLLC 切片对安全响应时效性要求较高；mMTC 切片则需要考虑安全和加密算法必须满足资源受限的约束，同时还需要抵御超大连接易引发的全网或局部规模 DDoS 攻击。

MEC 在网络边缘侧提供就近服务，部署位置可位于基站附近的接入机房、城域网汇聚点处的边缘机房和城域网核心节点处的边缘机房等，对安全带来挑战，比如位于接入机房处的边缘云规模较小，容易遭受物理攻击。MEC 的安全需求包括应用安全需求和基础设施安全需求。对 MEC 应用的安全防护需要考虑对 MEC 应用进行安全检查，包括应用来源于可信第三方、上传镜像完整性检查、沙箱测试等，尤其要对计费行为进行重点关注。基础设施安全需求包括物理基础设施防护需求和虚拟化基础设施防护需求。

（3）5G 新商业模式带来的安全挑战和需求

5G 主要为垂直行业提供通信服务，在网络模式和服务模式上发生较大的改变，而现有的移动通信系统的简单可信模式（一个用户及其通信终端和运营商）不能满足 5G 支撑的各类新兴商业模式，需要对可信模式进行变革，以应对不同领域的扩展型需求。而与此同时，5G 网络有望成为许多关键 IT 应用的骨干，这些网络的完整性和可用性将构成安全的主要威胁，因此需要对 5G 安全架构进行全新的设计。同时新的商业模式更多地体现为 5G 应用生态，这要求 5G 是有能力开放的网络，需要运营商向第三方或者垂直行业开放网络安全能力，如认证和授权能力，首先在第三方或者垂直行业与运营商之间建立信任关系，用户允许接入 5G 网络的同时，也可以允许接入第三方业务。

## 2.6.2　5G 安全理念和框架

正是看到 5G 面临的安全挑战以及公众对 5G 远超以往通信技术的安全关注，我们需要在安全理念和安全框架上进行更全面和灵活的设计。中国信息通信研究院和 IMT-2020（5G）推进组发布了《5G 安全报告》系统性地提出了 5G 安全理念。

① 以发展理念看 5G 安全。正确处理发展和安全的关系，安全与发展同步推进。5G 设计了更灵活的安全保护机制，能够提供比 4G 更强大的通信安全能力，建立"风险—应对—新风险—新应对"的良性循环，并在标准层面继续增强以应对新出现的攻击手段和安全威胁。

② 以系统理念看 5G 安全。5G 网络和应用具有广泛、融合、开放、多元的

特性，5G技术向各领域融合渗透，安全风险与多主体紧密相关，需要用全面系统的理念看待和应对。明确网络运营商、设备供应商、行业应用服务提供商等产业链各环节不同主体的责任和义务，加强各主体之间的协同合作，充分发挥政府部门、标准化组织、企业、研究机构和用户等各方的能动性，明晰各方安全责任，打造多方参与的5G安全治理体系。

③ 以客观理念看5G安全。任何网络技术都存在安全风险和漏洞，应坚持用客观理念来分析和看待5G安全风险。5G与物联网、人工智能等新技术新应用融合，会带来更加复杂的安全问题，需要从客观、中立的技术角度对5G安全风险进行全面评估，在现有成熟机制和已有的技术应对手段基础上，通过产业创新和技术研发逐步解决。

④ 以合作理念看待5G安全。世界各国在推动数字经济发展的愿景、应对安全风险挑战的立场、加强网络安全空间治理的诉求上存在共同性，从之前的全球多个移动通信标准到5G时代的全球统一标准，都是各方创新合作的成果，而5G安全也是共同的全球性挑战，世界各国在安全方面也应携手努力，加强创新合作，共同构建和平、安全、开放、合作的网络空间。

第一阶段（R15）5G安全标准于2018年6月完成，重点研究5G系统安全架构和流程相关要求，包括安全框架、接入安全、用户数据的机密性和完整性保护、移动性和会话管理安全、用户身份的隐私保护以及与演进的分组系统（EPS）的互通等相关内容。在3GPP TS 33.501中规定了5G系统的安全架构和流程，如图2-14所示。

第二阶段5G标准（R16）重点推进URLLC安全、切片安全、5G蜂窝物联网（CIoT）安全、增强的服务化架构（eSBA）安全、位置业务安全增强等方面。

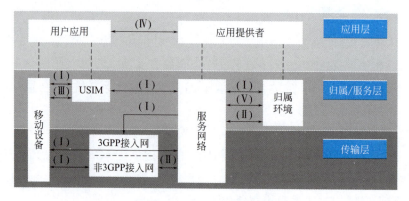

图2-14　5G系统安全架构

5G 网络进行了三个安全分层，包括传输层、归属层／服务层和应用层，在安全域上则划分为 6 个安全域。

① 网络接入安全。一组安全功能，这些功能使 UE 能够通过网络安全地认证和接入服务，包括 3GPP 接入和 non-3GPP 接入，尤其可以防止对无线网络空口的攻击。此外，它还包括从服务网络（SN）到接入网络（AN）的安全上下文传递，以实现接入安全性。

② 网络域安全。使网络节点能够安全地交换信令数据和用户面数据的一组安全功能。包括接入网与服务网络之间，服务网络与归属环境（HE）之间。如果有网络切片，在这个安全域中还需要加入网络切片，此时服务网络可能只包括公共节点部分。

③ 用户安全。确保用户对移动设备访问的安全性的一组安全功能。存在于移动设备（ME）与通用用户身份识别模块（USIM）之间。

④ 应用安全。保证用户与应用提供方之间通信安全的一组安全功能。应用域的安全没有在此标准中规定。

⑤ SBA 域安全。5G 核心网采用 SBA 架构，这给 5G 安全带来了新的挑战。SBA 域安全就是这样一组安全功能，它使 SBA 体系结构的网络功能（NF）能够在服务网络（HS）域内、其他网络域，以及归属环境（HE）之间安全地通信。这些功能包括网络功能注册、发现和授权安全性方面，以及对基于服务的接口的保护。SBA 域安全是 5G 新增的一组安全功能。

⑥ 安全可视化和可配置。一组功能，让用户可以感知安全功能是否正在运行，以及这些安全功能是否可以保障业务的安全使用和提供。

### 2.6.3　5G安全关键特性

5G 相对于之前的 3G/4G，除了在安全框架上增加了 SBA 域，强调面向业务构建可扩展、可编排的智能 5G 安全架构框架外，在一些具体的过程中也进行了增强。

**（1）增强用户 SUPI 的隐私保护**

在 4G 网络中，某些情况下网络需要手机提供真实身份 IMSI，如手机首次入网或手机移动到其他 MME 覆盖范围后，MME 无法从网络中查询到手机的全球唯一临时 UE 标志（GUTI）/TMSI，故而需要手机上报自己的真实身份。利用这个机制，攻击者可以通过被动监听（监听+数据分析）和主动攻击（伪造基站）获取到用户的 IMSI、TMSI 和 IMEI，并利用这些身份信息进一步获取到移动终端的数据信息，这种工具被称作 IMSI Catcher，这种设备非常便携，便于部署。除了获取终端信息以外，还可以测绘基站的分布情况，自行进行数据分析，追踪目标手机位置，监听通信内容，进行 DDoS 攻击等。

5G 对 4G 中的这个问题进行了加强，通过对手机的用户唯一标志符 SUPI（相当于 3G/4G 中的 IMSI）进行公私钥加密的方式加密为 SUCI 来解决了这个问题。只有运营商可以解密手机真正的身份信息，因此追踪手机用户的非法追踪设备将失效。具体的处理过程在 3GPP TS 33.501 中有描述。

### （2）增强归属地网络控制降低漫游区欺骗风险

相比 4G 的鉴权，5G 增强了归属地网络（Home network）对鉴权过程的控制力，避免了访问网络可能欺骗归属地网络的一些风险。

在 4G 的鉴权过程中，EPS 归属网络鉴权中心给访问网络的 MME 提供一组鉴权向量和 XRES，由访问网络拿着这些参数对 UE 进行鉴权，归属网络并不关心 UE 的鉴权结果。而在 5G 中，归属网络鉴权中心同样给访问网络的安全锚点（SEAF）一组 5G 鉴权向量和对应的 HXRES*，访问网络用这些参数对 UE 鉴权后，还需要将 UE 的鉴权响应发给归属网络鉴权中心做进一步的鉴权，归属网络再将鉴权结果发给访问网络，可见 5G 下归属网络会参与鉴权过程给出最后的鉴权结果。

### （3）按需提供数据加密增加用户面数据完整性保护

4G 以及之前的系统中，由于完整性保护算法会增加数据处理压力，增大时延，所以一直没有使用，仅仅对控制面数据做了完整性保护。5G 对用户面数据，可按需提供空口到核心网之间的用户面数据加密和完整性保护。

此外，5G 不仅支持 NEA0、128-NEA1、128-NEA2、128-NEA3 等加密和完整性保护算法，而且为了应对量子计算机对密码算法的影响，5G 在未来版本可能需要支持 256bit 算法，用于无线数据加密和完整性保护。

### （4）多终端认证和二次认证

为了适应多种类型的通信终端，并使得它们能够接入通信网络，传统面向蜂窝接入的认证机制在 5G 进一步地向非蜂窝接入的方式扩展。为了对切片进行认证，5G 在用户接入网络时完成认证之后，还需要为接入特定业务建立认证。

### （5）增强运营商之间连接的安全性

5G 能够避免一些恶意的运营商通过 SS7 公共信道和 Diameter 协议等通道，入侵其他运营商。

### （6）通过选择性拒绝终端接入加强防物联网 DDoS 攻击的能力

恶意物联网设备可以对网络发起分布式拒绝服务攻击（DDoS），消耗接入网接入信令，消耗鉴权请求信令，或者发起大量数据流量造成网络拥塞。为防御这类攻击，5G 设计了一些安全方案可以选择性的拒绝恶意终端的接入。

### （7）冗余传输安全方案兼顾了低时延业务的可靠性和安全性

低时延业务为提高传输可靠性，使用了一种冗余传输（Redundant Transmission）方式，就是在不同的信道上传输两份相同的数据，这可能会使安全算法失效。因此 5G 系统安全组为冗余传输设计了新的安全方案[13]。

## 参 考 文 献

[1] ITU. Report ITU - R M.2370 [R]. 2015.

[2] ITU. Report ITU - R M.2290 [R]. 2014.

[3] 王学灵. 频谱共享技术及其在 5G 网络中的应用建议 [J]. 邮电设计技术，2019，（12）：52-55.

[4] 光大证券研究所. 5G 小基站行业报告 [R]. 2019.

[5] 中国联通，华为. 面向 5G 的室内覆盖数字化演进白皮书 [R]. 2018.

[6] GSMA. 2020 年移动经济报告 [R]. 2020.

[7] 中国电信. 低时延光网络白皮书 [R]. 2016.

[8] GSMA. 5G 时代的边缘计算：中国的技术和市场发展 [R]. 2020.

[9] ETSI. MEC in 5G networks [S]. 2018.

[10] 高通. How will 5G transform Industrial IoT [R]. 2019.

[11] ÁNOS FARK AS, BALÁZS VARGA, GYÖRGY MIKLÓS, JOACHIM SACHS. 5G-TSN integration meets networking requirements for industrial automation [J]. Ericsson Technology Review，2019，（7）.

[12] 星云实验室. 解析 5G 安全（二）：5G 安全需求 [R]. 绿盟科技通讯，2019.

[13] 360 集团. 5G 网络安全研究报告 [R]. 2019.

# 第 3 章
# 5G车联网产业

车联网，英文叫做 IoV（Internet of Vehicles），属于物联网（IoT，Internet of Things）的一种。"汽车新四化"（电动化、网联化、智能化、共享化）成为汽车产业发展趋势。5G 车联网发展的核心目标是赋能实现自动驾驶和自主交通，与自动驾驶汽车有业界相对统一分级标准相比，智能网联道路标准化工作是未来研究重点之一。

中国车联网产业化进程逐步加快，产业链上下游企业围绕 C-V2X 形成包括通信芯片、通信模组、终端设备、整车制造、运营服务、测试认证、高精度定位及地图服务等为主导的完整产业链生态。

## 3.1 汽车产业发展趋势

2015 年电动化、网联化、智能化、共享化的"汽车新四化"概念被正式提出，其中电动化指的是新能源动力系统领域，网联化指的是车联网布局，智能化指的是自动驾驶或者辅助驾驶子系统，共享化指的是汽车共享与移动出行。

① 电动化紧跟政策导向，市场取得飞跃性增长。过去 5 年中国电动车市场的平均增速为每年 107%，遥遥领先于增速为 30%～40% 的美国和欧洲主要国家市场。其中，国内的本土品牌更是占据超过 40% 的市场份额。

② 车企与互联网企业合力推动汽车智能网联。中国汽车消费者对互联功能十分看重，其关注度远高于德国、美国等市场。有 69% 的中国汽车消费者表示，愿意为了更好的车联网体验而更改购车品牌，远高于德国的 19% 和美国的 34%。

③ L2 智能化逐渐成熟，各界玩家纷纷押宝 L3 以上无人驾驶。中国汽车市场智能化步入 L2 成熟应用阶段，主流品牌均推出相应产品。同时，主机厂、科技公司和出行服务商均在积极投入 L3 以上的研发。部分领先企业已经加入了全球竞争行列，包括在美国加州路试中取得不俗成绩。自智能网联汽车被列入整体产业规划的蓝图后，有关部门相继出台政策积极落实，多个地方政府陆续开放路试。

④ 共享出行市场发展迅速，大体形成了"一超多强"的局面。网约车 2018 年全国的总订单量在 100 亿单左右；以每单 20 元记，其市场规模已经达到了 2000 亿元人民币。中国市场经过多轮洗牌，总体上滴滴一家占据了 90% 以上的

市场，滴滴也作为中国的代表加入了全球共享出行头部玩家的行列。

自动驾驶可能让中国汽车行业驶入发展"超车道"[1]。从"机器人出租车Robotaxi"到自动驾驶卡车，自动驾驶车辆将改变道路驾驶的性质，并在此过程中引发汽车和出行行业的彻底变革。在未来某个时间点，自动驾驶有可能占据中国汽车市场的大部分份额。例如，用于出行服务的车辆（如Robotaxi）的自动驾驶采用率将高达62%，其次是高档私家车（51%）和普通私家车（38%）。由于自动驾驶的车辆利用率上升（接近全天候运营）且人工成本较低（无司机），出行服务将获益。出于同样的原因，城市公交车和商用车的自动驾驶采用率将分别达到69%和67%。自动驾驶车辆可能导致出行市场的很大一部分价值从产品（购买车辆）转向服务（按里程支付交通费用）。这种"出行即服务（MaaS）"转型意味着未来的汽车销量、商业模式、企业能力都将发生巨大变化。因此，高级自动驾驶车辆（SAE定义L4及以上）10年内将在中国得到大规模部署。

随着软件和数据成为制造和操控汽车的基本差异化因素，上述变化将改写整个出行领域的游戏规则。因此，出行领域将成为汽车、交通、软件、硬件和数据服务等行业融合的基础。

## 3.2 智慧道路发展趋势

与自动驾驶汽车有业界相对统一分级标准相比，智能网联道路目前为止业界还没有相对统一的标准。ERTRAC（欧洲道路运输研究咨询委员会）发布了ISAD（自动驾驶的基础设施支持级别），如表3-1所示。

在ISAD的分级中，E级别最低，无数字化信息，不支持自动驾驶的传统基础设施，完全依赖于自动驾驶车辆本身；D级别支持静态道路标志在内的静态数字化信息，而交通信号灯、短期道路工程和可变信息交通标志牌需要自动驾驶车辆识别；C级别支持静态和动态基础设施信息，包括可变信息交通标志牌、告警、事故、天气等；B级别支持协同感知，即可感知微观交通情况；A级别支持协同驾驶，数字化基础设施可以引导自动驾驶车辆的速度、间距、车道。

表3-1 ERTRAC发布自动驾驶的基础设施支持级别

| 项目 | 分级 | 名称 | 描述 | 可提供给自动驾驶车辆的数字化信息 | | | |
|---|---|---|---|---|---|---|---|
| | | | | 具有静态道路标志的数字化地图 | 可变信息交通标志牌、告警、事故、天气 | 微观交通情况 | 导航：速度、间距、车道建议 |
| 数字化基础设施 | A | 协同驾驶 | 基于车辆移动的实时信息，基础设施可以引导自动驾驶车辆（单车或者编队）实现全局交通流优化 | ● | ● | ● | ● |
| | B | 协同感知 | 基础设施可以感知微观交通情况，并实时提供给自动驾驶车辆 | ● | ● | ● | |
| | C | 动态数字化信息 | 所有动态和静态基础设施信息可以以数字化形式获取并提供给自动驾驶车辆 | ● | ● | | |
| 传统基础设施 | D | 静态数字化信息/地图支持 | 可获取包括静态道路标志的数字化地图数据。地图数据可以通过物理参考点（地标标志）补充。而交通信号灯、短期道路工程和可变信息交通标志牌需要自动驾驶车辆识别 | ● | | | |
| | E | 传统基础设施/不支持自动驾驶 | 无数字化信息的传统基础设施。自动驾驶车辆需要识别道路几何形状和道路标志 | | | | |

2019年9月，中国公路学会自动驾驶工作委员会、自动驾驶标准化工作委员会发布了《智能网联道路系统分级定义与解读报告》（征求意见稿）[2]。从交通基础设施系统的信息化、智能化、自动化角度出发，结合应用场景、混合交通、主动安全系统等情况，把交通基础设施系统分为I0～I5共6个等级。I0级（无信息化/无智能化/无自动化），完全依赖于自动驾驶车辆本身；I1级（初步数字化/初步智能化/初步自动化），基础设施可以完成低精度感知及初级预测，为单个自动驾驶车辆提供自动驾驶所需静态和动态信息；I2级（部分网联化/部分智能化/部分自动化），基础设施系统依托I2X通信，为车辆提供横向和纵向控制的建议或指令，同时车辆向道路反馈其最新规划决策信息；I3级（基于交

通基础设施的有条件自动驾驶和高度网联化），可以在包括专用车道的主要道路上实现有条件自动驾驶，遇到特殊情况，需要驾驶员接管车辆进行控制；I4级（基于交通基础设施的高度自动驾驶），可以在特定场景/区域实现高度自动驾驶，遇到特殊情况，由交通基础设施系统进行控制，不需要驾驶员接管；I5级（基于交通基础设施的完全自动化驾驶），交通基础设施可以满足所有自动驾驶车辆在所有场景下完全感知、预测、决策、控制、通信等功能，实现完全自动驾驶，如表3-2所示。

表3-2 交通基础设施系统分级要素对比表[3]

| 分级 | 信息化（数字化/网联化） | 智能化 | 自动化 | 服务对象 |
| --- | --- | --- | --- | --- |
| I0 | 无 | 无 | 无 | 驾驶员 |
| I1 | 初步 | 初步 | 初步 | 驾驶员/车辆 |
| I2 | 部分 | 部分 | 部分 | 驾驶员/车辆 |
| I3 | 高度 | 有条件 | 有条件 | 驾驶员/车辆 |
| I4 | 完全 | 高度 | 高度 | 车辆 |
| I5 | 完全 | 完全 | 完全 | 车辆 |

道路分级需要考虑"感知—决策—控制"三方面，如图3-1所示。其中感知需要解决的是道路基础设施的数字化、网联化和协同化。数字化包括静态基础设施信息（静态道路标志等）和动态基础设施信息（交通信号灯信息、可变信息交通标志牌、道路交通事故、道路施工信息、天气信息等）实现数字化；网联化包括基础设施系统依托I2X（I2V、I2I、I2P）通信能力，实现道路基础设施数字化信息和车辆、行人和其他道路基础设施之间的互联互通；协同化方面包括道路基础设施数字化信息之间以及道路和车辆、行人、其他道路基础设施的数字化信息之间进行融合，实现协同化感知，比如摄像头数据和毫米波雷达数据、激光雷达数据进行数据转换、数据关联和融合计算。

决策按照层级分为基于规则的专家系统、因果推理和行为预测。基于规则的专家系统中，知识库和规则执行组件是核心模块，可针对特定场景进行精准分析决策；由于实际道路和自动驾驶车辆情况错综复杂，根本无法穷举，因此提出基于因果推理的决策机制，例如基于增强学习的决策框架，目标是实现基于复杂场景的实时决策；行为预测是实现自动驾驶最具挑战性的课题之一，即基于道路基础设施和自动驾驶车辆，去理解并预测周围道路参与者的行为，目标是实现超前决策。

控制按照层级分为单车控制、协作控制和全域控制。单车控制主要实现的是油门、转向和制动控制。线控油门（电子油门）系统相对简单，由 ESP 中的 ECU 来控制电机，进而控制进气门开合幅度，最终控制车速；线控转向系统是通过给助力电机发送电信号指令，从而实现对转向系统进行控制；车辆制动系统经历了从真空液压制动（HPB）到电控和液压结合（EHB），到新能源汽车阶段逐步转向纯电控制的机械制动（EMB）和更智能化的线控制动。协作控制主要实现的是多车协同控制。比如主车在行驶过程中需要变道，将行驶意图发送给相关车道的其他车辆和路侧 RSU，其他车辆进行加减速动作或者由路侧基础设施根据主车请求统一协调，使得车辆能够顺利完成换道动作。全域控制主要实现的是对所有交通参与者的全路段、全天候、全场景的自主控制。

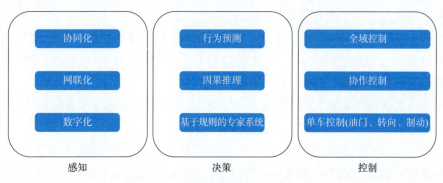

图 3-1　智能网联道路分级原则探讨

按照道路的感知、决策和控制能力不同，可以将智能网联道路分为不同的等级，如表 3-3 所示。

表 3-3　智能网联道路分级原则探讨

| 等级 | 感知 | 决策 | 控制 |
|---|---|---|---|
| I0 | 无 | 无 | 无 |
| I1 | 数字化、网联化 | 无 | 无 |
| I2 | 数字化、网联化、协同化 | 基于规则的专家系统 | 单车控制 |
| I3 | 数字化、网联化、协同化 | 基于规则的专家系统、因果推理 | 单车控制 |
| I4 | 数字化、网联化、协同化 | 基于规则的专家系统、因果推理、行为预测 | 单车控制、协作控制 |
| I5 | 数字化、网联化、协同化 | 基于规则的专家系统、因果推理、行为预测 | 单车控制、协作控制、全域控制 |

## 3.3　5G车联网内涵

智能网联汽车在传统汽车以及摄像头、毫米波雷达、激光雷达等基础上，通过车联网（V2X），包括车－车通信（V2V）、车－路边基础设施通信（V2I）、车－人通信（V2P）以及车－网络/云端通信（V2N/V2C）技术，给自动驾驶、智慧城市和智慧交通等带来显著价值。

车－车通信（V2V）：在车上安装美国主推的DSRC标准或者中国主推的C-V2X标准（Cellular-V2X）车载终端OBU。两辆车的车载终端之间能实现几百米距离的点对点通信，使用PC5点对点通信接口。

车－路边基础设施通信（V2I）：路侧部署车联网路侧单元RSU，实现车辆与路侧基础设施的通信场景，即路侧的RSU和车辆上的OBU之间能实现几百米距离的点对点通信，使用PC5通信接口。

车－人通信（V2P）：使用PC5通信接口，可以实现通过车载终端OBU和行人手中的手机、平板、可穿戴设备等进行通信。

车－网络/云端通信（V2N/V2C）：车辆通过车载终端OBU和路侧运营商基站通信，再通过运营商传输网和核心网，实现车辆到云的通信。这时候用到的不再是点对点PC5通信接口，而是通过运营商蜂窝基站的Uu接口。

建设5G车联网，需要实现"人－车－路－网－云"五维高度协同[3]。人方面，以MaaS（出行即服务）为核心，为消费者提供一站式的出行服务，让消费者成为自由的人；车方面，未来的车不仅是数据发送方和接收方，还是计算节点，更是数据分享节点，聪明的车将越来越聪明；路方面，将兼具各类通信方式（LTE、5G、LTE-V2X、5G NR-V2X等），具备集成路侧交通信息采集发布、本地边缘计算等能力，通过一体化路侧智能设施打造智慧的路；网方面，5G网络两大核心能力，移动边缘计算和网络切片将构建灵活的网；云方面，将构建一体化开放数据公共服务平台和云控平台，同时通过云边协同形成强大的云。

## 3.4　5G车联网核心目标

5G车联网发展的核心目标是赋能实现自动驾驶和自主交通，如图3-2所示。

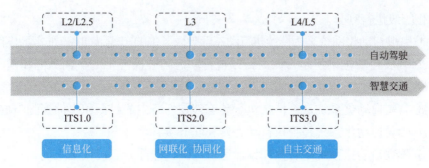

图 3-2 自动驾驶和自主交通是车联网发展终极目标

### 3.4.1 自动驾驶分级

汽车自动驾驶技术分级标准主要包括由美国国家公路安全管理局（NHTSA）提出的 L0～L4 自动驾驶分级和国际自动机工程师学会（简称 SAE）提出的 L0～L5 自动驾驶分级，具体分级体系及标准如表 3-4 所示。

表3-4 NHTSA和SAE自动驾驶分级体系

| 自动驾驶分级 | | 名称 | 定义 | 驾驶操作 | 周边监控 | 接管 | 应用场景 |
|---|---|---|---|---|---|---|---|
| NHTSA | SAE | | | | | | |
| L0 | L0 | 人工驾驶 | 由人类驾驶员全权驾驶汽车 | 人类驾驶员 | 人类驾驶员 | 人类驾驶员 | 无 |
| L1 | L1 | 辅助驾驶 | 车辆对方向盘和加减速中的一项操作提供驾驶，人类驾驶员负责其余的驾驶动作 | 人类驾驶员和车辆 | 人类驾驶员 | 人类驾驶员 | 限定场景 |
| L2 | L2 | 部分自动驾驶 | 车辆对方向盘和加减速中的多项操作提供驾驶，人类驾驶员负责其余的驾驶动作 | 车辆 | 人类驾驶员 | 人类驾驶员 | 限定场景 |
| L3 | L3 | 条件自动驾驶 | 由车辆完成绝大部分驾驶操作，人类驾驶员需保持注意力集中以备不时之需 | 车辆 | 车辆 | 人类驾驶员 | 限定场景 |
| L4 | L4 | 高度自动驾驶 | 由车辆完成所有驾驶操作，人类驾驶员无需保持注意力，但限定道路和环境条件 | 车辆 | 车辆 | 车辆 | 限定场景 |
| | L5 | 完全自动驾驶 | 由车辆完成所有驾驶操作，人类驾驶员无需保持注意力 | 车辆 | 车辆 | 车辆 | 所有场景 |

2020 年 3 月，工信部官网公示了《汽车驾驶自动化分级》推荐性国家标准报批稿，拟于 2021 年 1 月 1 日开始实施[4]。标准主要基于如下 5 个要素对驾驶

自动化等级进行划分。

① 驾驶自动化系统是否持续执行动态驾驶任务中的车辆纵向或横向运动控制。

② 驾驶自动化系统是否同时持续执行动态驾驶任务中的车辆纵向和横向运动控制。

③ 驾驶自动化系统是否持续执行动态驾驶任务中的目标和事件探测与响应。

④ 驾驶自动化系统是否执行动态驾驶任务接管。

⑤ 驾驶自动化系统是否存在设计运行范围,即部分工况或全工况。

《汽车驾驶自动化分级》将驾驶自动化分为0级~5级共6个等级,如表3-5所示。

0级驾驶自动化(安全辅助):驾驶自动化系统不能持续执行动态驾驶任务中的车辆横向或纵向运动控制,但具备持续执行动态驾驶任务中的部分目标和事件探测与响应的能力。

1级驾驶自动化(部分驾驶辅助):驾驶自动化系统在其设计运行范围内持续地执行动态驾驶任务中的车辆横向或纵向运动控制,且具备与所执行的横向或纵向运动控制相适应的部分目标和事件探测与响应的能力。

2级驾驶自动化(驾驶辅助):驾驶自动化系统在其设计运行范围内持续地执行动态驾驶任务中的车辆横向和纵向运动控制,且具备与所执行的横向和纵向运动控制相适应的部分目标和事件探测与响应的能力。

3级驾驶自动化(有条件自动驾驶):驾驶自动化系统在其设计运行范围内持续地执行全部动态驾驶任务。

4级驾驶自动化(高度自动驾驶):驾驶自动化系统在其设计运行范围内持续地执行全部动态驾驶任务和执行动态驾驶任务接管。

5级驾驶自动化(完全自动驾驶):驾驶自动化系统在任何可行驶条件下持续地执行全部动态驾驶任务和执行动态驾驶任务接管。

表3-5 驾驶自动化等级与划分要素的关系[5]

| 分级 | 名称 | 车辆横向和纵向运动控制 | 目标和事件探测与响应 | 动态驾驶任务接管 | 设计运行条件 |
| --- | --- | --- | --- | --- | --- |
| 0级 | 应急辅助 | 驾驶员 | 驾驶员及系统 | 驾驶员 | 有限制 |
| 1级 | 部分驾驶辅助 | 驾驶员及系统 | 驾驶员及系统 | 驾驶员 | 有限制 |
| 2级 | 组合驾驶辅助 | 系统 | 驾驶员及系统 | 驾驶员 | 有限制 |
| 3级 | 有条件自动驾驶 | 系统 | 系统 | 动态驾驶任务接管用户(接管后成为驾驶员) | 有限制 |
| 4级 | 高度自动驾驶 | 系统 | 系统 | 系统 | 有限制 |
| 5级 | 完全自动驾驶 | 系统 | 系统 | 系统 | 无限制 |

总体而言，《汽车驾驶自动化分级》与 SAE 分级相似度非常高，同样将自动驾驶分为 6 个等级。但《汽车驾驶自动化分级》在技术细节上，与 SAE 的分解有所差异。首先是 0 级的范围认定上，SAE 很直接就是完全没有机器参与的人工驾驶；《汽车驾驶自动化分级》则将 0 级驾驶自动化称之为应急辅助，定义是不持续执行车辆横向或纵向运动控制，但执行部分目标与事件的探测与响应，即 0 级驾驶自动化不是无驾驶自动化，可感知环境，并提供报警、辅助或短暂介入以辅助驾驶员（如车道偏离预警、前碰撞预警、自动紧急制动等安全辅助功能）。另外，《汽车驾驶自动化分级》引入了"远程驾驶员"的定义，这在 SAE 标准中是没有的。"远程驾驶员"的定义是不在可以手动直接操作车辆制动、加速、转向和换挡等操纵装置的驾驶座位上，仍可以实时操纵车辆的驾驶员。远程驾驶员可以是车内的用户、车辆在其视野范围内的用户或车辆在其视野范围外的用户。这个定义的重要意义在于，承认基于 5G 网络的远程驾驶，也属于自动驾驶分级的考量范畴内，如表 3-6 所示。

表3-6 驾驶自动化系统激活用户的角色[5]

| 状态 \ 分级 | 驾驶自动化系统激活 | | | | | |
|---|---|---|---|---|---|---|
| | 0级 | 1级 | 2级 | 3级 | 4级 | 5级 |
| 在驾驶座位的用户 | 传统驾驶员 | | | 动态驾驶任务接管用户 | 乘客 | |
| 不在驾驶座位的用户 | 远程驾驶员 | | | | 调度员 | |

## 3.4.2 车联网赋能自动驾驶

自动驾驶方面，目前主流车企正从 L2/L2.5 迈向 L3，陆续发布 L3 量产车型，并逐步向 L4/L5 演进。自动驾驶初创公司绝大部分直接切入到 L4/L5。而实现自动驾驶 L4/L5，存在仅仅依靠单车智能无法解决的场景，比如前方大车遮挡住红绿灯、大车遮挡视线、前方交通事故超视距预知等。这些场景，依靠车联网技术的上帝视角可以较好解决。

另外，还存在一些场景，仅仅依靠单车智能虽然能够较好解决，但依然存在长尾效应。比如依靠单车视觉识别交叉路口红绿灯信息，由于存在树木遮挡、强光效应、极端天气等因素，无法做到 100% 准确。对于这样存在自动驾驶长尾效应的场景，可以利用车联网的车路协同技术共同解决。

还有一方面，自动驾驶如果仅仅依靠单车智能，需要依托于多传感器融合，包括视觉、雷达、激光雷达，和高精度地图及定位等技术，同时对车载算力要求极高。而采用车联网技术将有效降低实现 L4/L5 自动驾驶的汽车端成本压力。

可以省掉激光雷达或者大幅度降低激光雷达规格，节省高精地图采集成本，对车载算力要求也会降低。

以上三方面因素，意味着5G车联网是实现L4/L5自动驾驶的必要条件之一。这也是为什么网联自动驾驶（CAV），即网联（Connected Vehicle，CV）+自动驾驶（Autonomous Vehicle，AV）是自动驾驶发展的重点方向之一。

网联自动驾驶汽车包括自动驾驶模块（决策层、高精度地图和定位、毫米波雷达和激光雷达等传感器，以及处理器等），车载终端和通信网络（前装T-BOX和后装OBD等），如图3-3所示。

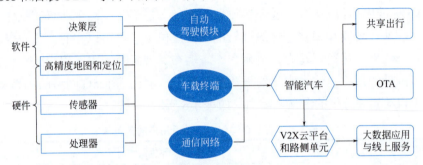

图 3-3　网联自动驾驶汽车组成

自动驾驶决策层主要依靠AI算法、深度学习等技术，为车辆提供驾驶行为决策判断；高精度地图和定位是实现自动驾驶的关键能力之一，是对自动驾驶传感器的有效补充；传感器是自动驾驶的眼睛，主要包括摄像头、毫米波雷达、激光雷达和超声波雷达等；处理器是汽车的大脑，车载计算平台包括芯片、显卡、硬盘、内存等，一般L2需要计算力<10TOPS❶，L3需要计算力30～60TOPS，L4需要计算力>100TOPS。

不同阶段网联自动驾驶汽车对自动驾驶模块的需求不同。L1阶段主要依靠摄像头和算法芯片，L2阶段主要依靠摄像头、毫米波雷达和控制执行端，L3和L4阶段引入激光雷达、高精地图和智能网联。

### 3.4.3　车联网赋能智慧交通

智能交通系统（Intelligent Traffic System，ITS）又称智能运输系统（Intelligent Transportation System），是将先进的科学技术（信息技术、计算机技术、数据通信技术、传感器技术、电子控制技术、自动控制理论、运筹学、人工智能等）有效地综合运用于交通运输、服务控制和车辆制造，加强车辆、道路、使

---

❶ 1TOPS表示处理器每秒可进行1万亿次（$10^{12}$）操作。

用者三者之间的联系，从而形成一种保障安全、提高效率、改善环境、节约能源的综合运输系统。智能交通系统的前身是智能车辆道路系统（Intelligent Vehicle Highway System, IVHS）。

中国 ITS 体系框架主要包括用户主体、服务主体、用户服务、系统功能、逻辑框架、物理框架、ITS 标准、经济技术评价。用户主体定义谁将是被服务的对象，明确了服务中的一方；服务主体定义谁将提供服务，明确服务中的另一方，它与用户主体和特定的用户服务组成了系统基本的运行方式；用户服务明确系统能提供什么样的服务；系统功能将服务转化成系统特定的目标；逻辑框架定义服务的组织化；物理框架定义服务怎么具体提供；ITS 标准和经济技术评价定义其他经济技术因素影响评价，如表 3-7 所示。

表3-7 中国ITS体系框架（第二版）用户服务列表

| 用户服务领域 | 用户服务 |
| --- | --- |
| 1. 交通管理 | 1.1 交通动态信息监测 |
| | 1.2 交通执法 |
| | 1.3 交通控制 |
| | 1.4 需求管理 |
| | 1.5 交通事件管理 |
| | 1.6 交通环境状况监测与控制 |
| | 1.7 勤务管理 |
| | 1.8 停车管理 |
| | 1.9 非机动车、行人通行管理 |
| 2. 电子收费 | 2.1 电子收费 |
| 3. 交通信息服务 | 3.1 出行前信息服务 |
| | 3.2 行驶中驾驶员信息服务 |
| | 3.3 途中公共交通信息服务 |
| | 3.4 途中出行者其他信息服务 |
| | 3.5 路径诱导及导航 |
| | 3.6 个性化信息服务 |

续表

| 用户服务领域 | 用户服务 |
|---|---|
| 4. 智能公路与安全辅助驾驶 | 4.1 智能公路与车辆信息收集 |
| | 4.2 安全辅助驾驶 |
| | 4.3 自动驾驶 |
| | 4.4 车队自动运行 |
| 5. 交通运输安全 | 5.1 紧急事件救援管理 |
| | 5.2 运输安全管理 |
| | 5.3 非机动车及行人安全管理 |
| | 5.4 交叉口安全管理 |
| 6. 运营管理 | 6.1 运政管理 |
| | 6.2 公交规划 |
| | 6.3 公交运营管理 |
| | 6.4 长途客运运营管理 |
| | 6.5 轨道交通运营管理 |
| | 6.6 出租车运营管理 |
| | 6.7 一般货物运输管理 |
| | 6.8 特种运输管理 |
| 7. 综合运输 | 7.1 客货运联运管理 |
| | 7.2 旅客联运服务 |
| | 7.3 货物联运服务 |
| 8. 交通基础设施管理 | 8.1 交通基础设施维护 |
| | 8.2 路政管理 |
| | 8.3 施工区管理 |
| 9. ITS 数据管理 | 9.1 数据接入与存储 |
| | 9.2 数据融合与处理 |
| | 9.3 数据交换与共享 |
| | 9.4 数据应用支持 |
| | 9.5 数据安全 |

智慧交通的本质是实现道路交通安全和出行畅通，经历了不同的发展阶段。ITS1.0 是信息化阶段，主要实现交通各个环节信息化；ITS2.0 是网联化＋协同化阶段，主要实现人、车、路、环境的网联和协同；ITS3.0 是自主交通阶段，主要实现人、车、路、环境等全要素的自主感知、自主决策和自主控制。智慧交通的持续演进，已经不能只依靠解决道路侧的问题，而是需要综合解决人、车、路、环境的问题。车联网恰好可以助力智慧交通从 1.0 迈进 2.0，并进一步演进到 3.0 阶段。5G 车联网是实现自主智慧交通的必要条件之一。

## 3.5　5G车联网产业链

中国车联网产业化进程逐步加快，产业链上下游企业围绕 C-V2X 形成包括通信芯片、通信模组、终端设备、整车制造、运营服务、测试认证、高精度定位及地图服务等为主导的完整产业链生态，如图 3-4 所示。车联网产业涉及多个参与主体，主导能力、盈利方式各不相同，商业模式呈现多样化特点。汽车厂商、信息通信企业等都意识到自动驾驶技术、应用以及商业模式的发展是一个长期演进的过程，跨界合作得到一致认可。

① 芯片模组。大唐、华为、高通、高新兴、移远、芯讯通等企业已对外提供基于 LTE-V2X 的芯片模组。

② 软硬件设备。华为、大唐、高新兴、金溢、星云互联、东软、万集等厂商已经可以提供基于 LTE-V2X 的 OBU、RSU 硬件设备，以及相应的软件协议栈。

③ 整车制造。上汽、一汽、福特、通用、吉利等主机厂逐步开发 V2X 相关产品，大力推动新车的联网功能。

④ 平台与运营。国内三大电信运营商均大力推进 C-V2X 业务验证示范；百度、阿里、腾讯、滴滴等互联网企业进军车联网，加速 C-V2X 应用落地；北京、无锡、上海、重庆、长沙等示范区已建立 C-V2X 运营服务平台。

⑤ 安全与测试验证。中国信息通信研究院、中汽中心、上机检、中国汽研、上海国际汽车城等科研和检测机构已开展 C-V2X 通信、应用相关测试验证工作；奇虎科技等信息安全企业、华大电子等安全芯片企业纷纷开展 C-V2X 安全研究与应用验证。

⑥ 高精度定位和地图服务。北斗星通、高德、百度、四维图新、腾讯等企

业均致力于高精度定位的研究，并为 V2X 行业提供高精度定位和地图服务。

图 3-4　5G 车联网产业链图谱

⑦ 此外，高校、科研机构、产业联盟在研究领域发挥理论支撑、技术演进、产业合作推进等重要作用，投融资机构加大 C-V2X 相关企业孵化，共同支撑 C-V2X 产业快速发展，如表 3-8 所示。

表3-8　产业标准及联盟组织信息列表

| 序号 | 联盟名称 | 成立时间 | 联盟成员/委员构成 | 联盟目标 |
|---|---|---|---|---|
| 1 | 中国通信标准化协会（CCSA） | 2002年 | 由国内从事信息通信技术领域标准化的科研、技术开发、设计、产品制造、运营等企事业单位及高等院校、社会团体自愿组成的行业性、全国性、开放性、非营利性社会组织 | 组织相关企事业单位开展信息通信标准化研究活动，通过公平、公正、公开地进行标准技术讨论达成协调一致，形成高技术、高水平、高质量的标准，并推动标准的产业化实施，同时组织会员参与国际以及区域性标准组织的标准化活动 |

续表

| 序号 | 联盟名称 | 成立时间 | 联盟成员/委员构成 | 联盟目标 |
|---|---|---|---|---|
| 2 | 全国汽车标准化技术委员会（NTCAS） | 1988年 | 委员来自于汽车产品相关的各政府部门及汽车行业骨干单位 | 推进工业结构优化升级，提高自主创新能力，发展循环经济，建设资源节约型和环境友好型社会为目标，完善汽车标准体系，提高标准水平，推动标准实施，增强服务能力，为提升汽车产业整体水平和竞争能力，促进汽车行业全面协调可持续发展 |
| 3 | 全国智能运输系统标准化技术委员（TC-ITS） | 1994年 | 来自交通运输部、科技部、住房和城乡建设部、工业和信息化部、公安部等国家政府部门和全国各地从事ITS领域的企事业单位、科研院所的代表和专家组成 | 具体从事全国性智能运输系统标准化工作的技术组织工作，负责智能运输系统领域的标准化技术归口工作 |
| 4 | 全国道路交通管理标准化技术委员会 | 2018年 | 公安部交通管理局、各地公安厅交通管理部门、高校研究者和交通行业企业 | 进一步健全和完善我国标准化工作体系，加强全国道路交通管理标准化工作 |
| 5 | 5G汽车联盟（5GAA） | 2016年 | 奥迪、宝马、戴姆勒、爱立信、华为、英特尔、诺基亚及高通于2016年9月27日成立"5G汽车联盟"，后成员机构超过110个 | 连接汽车和电信行业，定义下一代联网移动解决方案 |
| 6 | 中国智能网联汽车产业创新联盟 | 2017年 | 中国汽车工程学会、中国汽车工业协会联合汽车、通信、交通、互联网等领域的企业、高校、研究机构一共333家机构 | 致力于在汽车及相关行业、上下游产业之间建立有效运行的产学研合作新机制，积极推动中国智能网联汽车技术进步和产业健康可持续发展 |
| 7 | 中国智能交通产业联盟（C-ITS） | 2013年 | 国内智能交通相关的知名企业、科研院所、高等院校等多家单位 | 加强联盟成员间合作，形成整体优势，共享国内国际市场资源信息，加快推进综合智能交通产品与服务的标准化、规范化和规模化，促进智能交通产业和应用的快速发展，充分发挥综合智能交通在国民经济建设和社会信息化发展中的应用 |

续表

| 序号 | 联盟名称 | 成立时间 | 联盟成员/委员构成 | 联盟目标 |
|---|---|---|---|---|
| 8 | 5G自动驾驶联盟 | 2018年 | 涵盖高校、科研院所、通信与汽车制造企业、行业主管部门等 | 探索5G和自动驾驶两大前沿领域契合点,并联合攻关对行业有重大影响力的关键技术。联盟还将加强5G自动驾驶标准研究,探索基于5G自动驾驶的创新应用场景 |
| 9 | IMT-2020(5G)推进组 | 2013年 | 5G产业上下游和业的上下游企业,包括一些仪表和器件的企业 | 工信部、发改委、科技部联合推动成立。组织架构基于原IMT-Advanced推进组,是聚合移动通信领域产学研用力量、推动第五代移动通信技术研究、开展国际交流与合作的基础工作平台 |
| 10 | 中国智能交通协会 | 2008年 | 多所高等院校、研究所和车企相关单位 | 协调和开展我国智能交通规划和建设工作 |
| 11 | 车载信息服务产业应用联盟(TIAA) | 2010年 | 自汽车、电子、软件、通信、互联网、信息服务六个领域的600多家成员,覆盖12个国家和地区 | 致力于将先进电子信息技术应用于汽车、交通等领域的非政府组织 |

## 3.6 5G车联网产业化趋势

随着5G时代到来,车联网作为一项重要的新兴产业,正在加速发展。5G车联网存在如下典型产业化趋势[5]：车联网商用蓄势待发;5G和车联网相互促进增速爆发;车联网示范带动规模;车联网路侧带动车载;车联网商用车先行,乘用车上量;车载设备后装先行,前装上量;RSU、路侧智能设施和MEC是车联网路侧建设重点;5G将极大丰富车联网业务。

### 3.6.1 车联网商用蓄势待发

随着标准的有序推进,车联网商用进程处于蓄势待发状态。如图3-5所示,基于LTE-V2X的车联网商用进程从2018年开始规模试验测试,升级改造路侧基础设施,验证多用户情况下,网络的组网性能以及典型车联网业务性能;2019年进行部分城市级基础设施改造,并开展预商用测试;2020年推动LTE-V2X商用,支持实现交通效率类智能出行服务商业化应用,正式迈入车联网(LTE-

V2X）商用元年。

基于 5G NR 的车联网商用进程从 2019～2020 年开始进行 5G NR Uu 技术试验，2021 年进行 5G NR PC5 技术试验，2022 年进行预商用测试，2023 年将正式迈入 5G NR-V2X 商用元年。

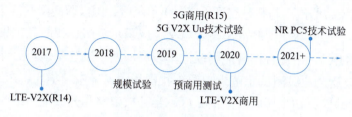

图 3-5　车联网商用进程

## 3.6.2　5G 和车联网相互促进增速爆发

5G 产业发展存在诸多挑战，提速降费让运营商 2C 业务营收不足，而 2B 业务商业模式又不完全清晰。5G 产业必须积极探索行业应用市场，其中车联网、工业互联网等是最明确的 5G 行业应用场景。

另一方面，广义车联网从最早 Telematic（车载信息服务）概念提出，已经经历过很多年，但市场发展一直不如预期。5G 商用时代的到来，给车联网产业大发展提供了一个良好契机。比如，未来无人驾驶汽车需要通过网络实时传输汽车导航信息、位置信息以及汽车各个传感器的数据，到云端或其他车辆终端。每辆车每秒需要 1GB 数据量，以便实时掌握车辆运行状态，现有 4G 网络无法满足这样的要求，需要 5G 网络来支持，如表 3-9 所示。

总体来看，5G 产业发展需要车联网应用，车联网产业发展需要 5G 技术支撑，5G 产业和车联网产业将相互促进增速爆发。

表 3-9　当前车联网和 5G 车联网对比

| 数据对比 | 当前车联网 | 5G 车联网 |
| --- | --- | --- |
| 通信方式 | IEEE 802.11p / IEEE 1609 标准通信 | 基于 D2D 的终端直连 |
| 最大传输距离 | 800 m | 1000 m |
| 最大移动速度 | 60 km/h | 350 km/h |
| 最大数据速度 | 27 Mbit/s | 1 Gbit/s |
| 频段 | 5.86～5.92 GHz | 授权频段 |
| 时延 | 大于 10ms | 约 1 ms |

### 3.6.3 车联网示范带动规模

由工信部支持推动 10 个国家级智能网联（车联网）测试示范区，包括国家智能交通综合测试基地（无锡）、国家智能网联汽车（上海）试点示范区、浙江 5G 车联网应用示范区、国家智能网联汽车（长沙）测试区、武汉智能网联汽车示范区、国家智能汽车与智慧交通（京冀）示范区、国家智能网联汽车应用（北方）示范区、广州智能网联汽车与智慧交通应用示范区、智能汽车集成系统实验区（i-VISTA）、中德合作智能网联汽车车联网四川试验基地。另外还有超过 40 个城市级及企业级测试示范点，遍布我国华东、华中、华北、东北、华南、西南、西北地区，初步形成封闭测试区、半开放道路和开放道路组成的智能网联汽车外场测试验证体系。除此之外，还有 20 多条智慧高速公路开展智能网联试点工作。

车联网技术的推广首先应实现开放道路的网联化改造和 V2X 车载设备安装，实现 V2X 测试相关监控、统计业务，并具备 V2X 测试能力；其次解决高速及乡村道路环境下 V2X 相关系统和技术测试问题；最后实现复杂交通场景下大规模智能汽车和智慧交通应用，城市级规模示范应用。

城市级车联网示范和先导区建设，以及智慧高速车路协同示范建设，都将起到带动车联网规模效应的作用。

### 3.6.4 车联网路侧带动车载

车联网 C-V2X 除了"车"必须具备联网能力外（即车的"渗透率"）；路上是否部署了"网"也是车联网发展的关键要素（即网的"覆盖率"）。网的"覆盖率"和车的"渗透率"决定了车联网的商用速度，二者相辅相成。

① 首先在商用车型，如出租车、公交车、物流重卡、矿卡、港口车辆等，和部分乘用车型，部署 C-V2X 车载终端，实现 V2V（车 - 车）业务场景，如前向碰撞预警、盲区预警 / 变道辅助、车辆编队行驶等。

② 其次在特定商用场景先行先试，如特定出租车区域、城市公交车专用道和公交站场、某些高速公路路段、特定封闭园区和社区、矿山和港口等部署 C-V2X 和 5G 网络，实现 V2I（车 - 基础设施）业务场景，如闯红灯预警、绿波车速引导等。

③ 更进一步在高速公路和城市交叉路口等场景部署 C-V2X 和 5G 网络。随着网的覆盖率达到一定程度，将带动车载终端安装渗透率提升。

④ 而当车载安装渗透率达到 30% 临界值的时候，又会进一步拉动网的部署。

## 3.6.5 商用车先行，乘用车上量

与乘用车相比，商用车最大的特点是其生产资料属性。贯穿购买、使用、维修、保养的产品全生命周期，商用车用户对车的使用成本都非常敏感，这为商用车网联自动驾驶技术带来了商业化应用的最大动力。

要实现普遍意义的自动驾驶，将是长周期过程，可能需要二十年，甚至三十年的发展历程。但是短周期看，针对特定商用场景的自动驾驶，会很快出现。比如出租车自动驾驶、公交车自动驾驶、物流车自动驾驶、特定封闭园区和社区自动驾驶、矿卡自动驾驶、港口车辆自动驾驶等。从商业逻辑上看，车联网面临和自动驾驶同样的发展路径，也就是车联网首先解决和部署的，将是特定商用场景先行先试。

以物流行业为例，在中国物流成本占GDP的14.5%，每年物流费用12万亿，其中公路运输占76%。这里面包括1400万辆主要活跃在中远途运输以及城际运输的货运卡车，和近3000万辆主要活跃在城市内运输、快递外卖配送场景的面包车、三轮车以及两轮的电动车、摩托车。4400万辆交通工具背后，是数字更大的司机群。总额高昂的人力成本，为物流行业引入自动驾驶和车联网提供了最基本的驱动力。编队行驶能减少运输企业对于司机的需求，降低人力成本，以及降低驾驶员的劳动强度。比如说典型的卡车编队行驶，以排头的卡车作为头车，跟随卡车群通过V2V实时连接，根据头车操作而变化驾驶策略，整个车队以极小车距编队行驶。头车做出刹车指令后，通过V2V实现前后车之间瞬时反应，后车甚至可以在前车开始减速前就自动启动制动，这种瞬时反应意味着卡车可以以非常小的距离安全跟随，减少后车风阻，降低车辆油耗。荷兰研究机构TNO研究报告指出，卡车编队行驶之后，后车大约可降低10%～15%的燃油消耗。在编队行驶状态下，后车能瞬间跟随头车指令，降低车辆安全事故。此外，编队行驶让卡车以较小的间隙距离行驶，可以释放更多车道给其他车辆通行，提高高速公路吞吐量，显著改善交通拥堵并提升运输效率，进一步缓解交通压力。

商用车联网需求将推动车联网行业进入发展期，随着更多的基础设施完善，更多的应用场景落地，也将带动乘用车上量发展。

## 3.6.6 车载设备后装先行，前装上量

在产业培育期，商业模式不明朗，技术标准还未完全确定。无论是针对商用车还是乘用车，后装模式将是最快实现试点示范项目落地的方式之一。各车厂及V2X设备厂家，也纷纷以这种方式开展试点示范，跑马圈地。

各大车企开始在 5G 和 C-V2X 前装量产车型上发力。2019 年 2 月，吉利宣布，将与高通和高新兴合作于 2021 年推国内首款量产 5G C-V2X 车。2019 年 3 月，福特宣布首款 C-V2X 车型 2021 年量产。2019 年 4 月，上汽集团、一汽集团、东风公司、长安汽车、北汽集团、广汽集团、比亚迪汽车、长城汽车、江淮汽车、东南汽车、众泰汽车、江铃集团新能源、宇通客车等 13 家车企共同发布 C-V2X 商用路标，2020 年下半年到 2021 上半年量产支持 C-V2X 的汽车。

在迎来量产 C-V2X 前装车型前，预测 C-V2X 将先以后装形式发展，比如集成 C-V2X 功能的智能后视镜产品、行车记录仪、OBD 等。

### 3.6.7　车联网路侧建设重点：RSU、路侧智能设施和MEC

5G 智能网联路侧基础设施建设重点包括：4G/5G 蜂窝基站等通信基础设施；多形态的 RSU 等 C-V2X 专用通信基础设施；包括交通控制设施（交通信号灯、标志、标线、护栏等）智能化，以及在路侧部署摄像头、毫米波雷达、激光雷达和各类环境感知设备在内的路侧智能设施；MEC（多接入边缘计算/移动边缘计算）设备。

以 RSU 为例，全国部署下来保守预测需要 3000 多亿的投资，包括 400 多万千米的道路、14 万千米的高速和 50 多万个城市路口。

从部署的节奏看，未来 2～3 年将以 LTE-V2X（PC5）+5G NR（Uu）这样的网络部署为主，即点对点（V2I）通过 LTE-V2X 支撑，蜂窝（V2N）通过 5G NR 或者已有的 LTE 4G 蜂窝网络支撑。MEC 将与 C-V2X 深度融合，车联网移动边缘计算设备是 MEC 在众多行业领域优先落地商用的场景如图 3-6 所示。

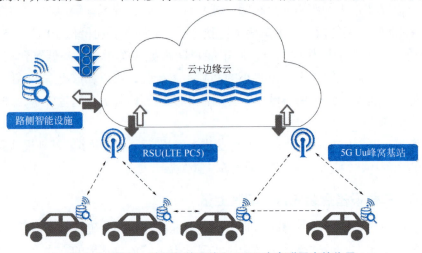

图 3-6　RSU、路侧智能设施和 MEC 在车联网中的作用

### 3.6.8　5G丰富车联网业务

5G 将丰富车联网的信息服务、安全出行和交通效率等各类业务。不同场景可为车联网提供不同的功能，如表 3-10 所示。信息服务类业务方面，基于 eMBB 场景，可以提供车载 AR/VR 视频通话等；mMTC 场景，可以提供汽车分时租赁等；URLLC 场景，可以提供 AR 导航。安全服务类业务方面，基于 eMBB 场景，可以提供真正的驾驶实时监测等；mMTC 场景，可以提供车辆防盗等；URLLC 场景，可以提供行人防碰撞等。交通效率类业务方面，基于 eMBB 场景，可以提供全景合成等；mMTC 场景，可以提供车位共享等；URLLC 场景，可以提供编队行驶等。

表3-10　5G将极大丰富车联网业务

| 5G 特性 | 信息服务类 | 安全出行类 | 交通效率类 |
| --- | --- | --- | --- |
| eMBB（Gbit/s 级速率） | 车载视频<br>车载 VR/AR 视频通话 | 车载视频监控<br>驾驶实时监测 | 实况直播<br>全景合成 |
| mMTC（百万连接） | 车载智慧家庭<br>汽车分时租赁 | 车辆防盗 | 运行监控<br>车位共享 |
| URLLC（ms 级时延 +99.999% 的可靠性） | AR 导航<br>动态地图 | 自动驾驶碰撞预警<br>行人防碰撞 | 编队行驶<br>协同导航 |

以卡车编队行驶为例，如果按照卡车 1m 车距的编队要求，在时速 80km 的情况下，车辆处理时间需要 10ms，制动感应需要 30ms，那么网络延时必须小于 5ms，即（5ms+10ms+30ms）×80km/h=1m。这就意味着，只有 5G 时代的网络才能提供相应的支撑。

### 参 考 文 献

[1] 麦肯锡. 麦肯锡中国汽车行业 CEO 季刊制胜汽车行业下半场 [R]. 2019.
[2] 中国公路学会自动驾驶工作委员会，自动驾驶标准化工作委员会. 智能网联道路系统分级定义与解读报告 [R]. 2019.
[3] 吴冬升. 人车路网云五维协同发展 5G 车联网 [J]. 通信世界, 2019: 16-19.
[4] 工业和信息化部. 汽车驾驶自动化分级 [S]. 2020,3.
[5] 吴冬升. 5G 车联网十大产业化趋势 [J]. 智能网联汽车, 2019:40-45.

# 第4章

# 5G车联网政策、标准与测试

5G车联网产业发展环境需要综合考虑政策层面、标准问题、频谱资源、互联互通测试等方面因素。如图4-1所示，政策层面，5G车联网已经成为全球多个国家核心产业发展战略之一，中国、美国、欧洲、日本、韩国等国家均陆续出台众多产业发展政策。标准方面，全球5G车联网标准工作有序开展，C-V2X标准得到以中国为代表的国家强力推进。频谱方面，全球多个国家和区域确定了车联网频谱资源，但基于5G-NR的车联网频谱资源待确定。互联互通方面，5GAA和中国工信部积极推进产业链上下游企业进行互联互通测试，并在全国开展测试示范区。

图4-1　5G车联网产业发展环境

# 4.1 全球5G车联网产业发展政策

## 4.1.1 中国智能网联产业发展政策

中国车联网相关政策及标准工作进展如表4-1所示。

表4-1　中国车联网相关政策及标准工作进展

| 政策名称 | 出台时间 | 出台部门 | 要点 |
| --- | --- | --- | --- |
| 《推进"互联网+"便捷交通促进智能交通发展的实施方案》 | 2016年8月 | 发改委、交通运输部 | 提出了我国智能交通（ITS）总体框架和实施举措 |
| 《节能与新能源汽车发展技术路线图》 | 2016年10月 | 国家制造强国建设战略咨询委员会 | 到2020年初步形成智能网联汽车自主创新体系，启动智慧城市相关建设；2030年基本建成智能网联汽车产业链与智慧交通体系 |
| 《"十三五"现代综合交通运输体系发展规划》 | 2017年2月 | 国务院 | 提出构建新一代交通信息基础网络，明确提出加快车联网建设和部署 |
| 《汽车产业中长期发展规划》 | 2017年4月 | 工信部、发改委、科技部 | 提出以智能网联汽车为突破口之一，引领整个产业转型升级 |

续表

| 政策名称 | 出台时间 | 出台部门 | 要点 |
| --- | --- | --- | --- |
| 《新一代人工智能国家发展规划》 | 2017年7月 | 国务院 | 确立智能网联汽车自动驾驶应用的重要地位 |
| 《国家车联网产业标准体系建设指南（智能网联汽车）》 | 2017年12月 | 工信部、国家标准化管理委员会 | 将智能网联汽车标准体系框架定义为"基础""通用规范""产品与技术应用""相关标准"4个部分、14个子类，规划提出99项智能网联汽车领域标准项目 |
| 《智能汽车创新发展战略（征求意见稿）》 | 2018年1月 | 发改委 | 将智能汽车发展提升至国家战略层面 |
| 《智能网联汽车道路测试管理规范》 | 2018年5月 | 工信部、公安部、交通运输部 | 对测试主体、测试驾驶人和测试车辆等都提出了严格要求，以促进我国智能网联汽车发展 |
| 《国家车联网产业标准体系建设指南（总体要求）》《国家车联网产业标准体系建设指南（信息通信）》《国家车联网产业标准体系建设指南（电子产品与服务）》 | 2018年6月 | 工信部、国家标准化管理委员会 | 发挥标准在车联网产业生态环境构建中的顶层设计和引领规范作用 |
| 《车联网（智能网联汽车）直连通信使用5905～5925MHz频段的频率管理规定（暂行）》 | 2018年11月 | 工信部 | 规划5905～5925MHz频段作为基于LTE-V2X技术的车联网（智能网联汽车）直连通信的工作频段。国家将车联网产业列入国家制造强国、网络强国、交通强国建设的重要发展方向。政策围绕车用计算芯片、操作系统、传感器和人工智能等重点领域 |
| 《车联网（智能网联汽车）产业发展行动计划》 | 2018年12月 | 工信部 | 确定了行动目标，即到2020年，实现车联网（智能网联汽车）产业跨行业融合取得突破，初步建立适应产业发展的政策法规、标准规范和安全保障体系，以促进车联网产业进一步健康发展 |
| 《数字交通发展规划纲要》 | 2019年1月 | 交通运输部 | 明确提出将推进车联网、智慧停车、智能公交、网约车和共享单车等交通新业态的应用，促进先进信息技术与交通运输深度融合，发展以数据驱动的现代交通运输体系 |

续表

| 政策名称 | 出台时间 | 出台部门 | 要点 |
|---|---|---|---|
| 《交通强国建设纲要》 | 2019年2月 | 中共中央、国务院 | 提出到2035年,基本建成交通强国 |
| 《智能汽车创新发展战略》 | 2020年2月 | 发改委等11个部委 | 构建协同开放的智能汽车技术创新体系、构建跨界融合的智能汽车产业生态体系、构建先进完备的智能汽车基础设施体系、构建系统完善的智能汽车法规标准体系、构建科学规范的智能汽车产品监管体系、构建全面高效的智能汽车网络安全体系 |
| 《汽车驾驶自动化分级》 | 2020年3月 | 工信部 | 将自动驾驶分0～5级,共6个级别 |

## 4.1.2 美国智能网联产业发展政策

2015年,美国交通运输部发布《美国智能交通系统(ITS)战略规划(2015～2019年)》,汽车智能化和网联化是该战略计划的核心,美国ITS战略从单纯的车辆网联化,升级为汽车网联化与自动控制智能化的双重发展战略,发展目标包括提高车辆与道路安全性、增强交通移动性、降低环境影响、促进创新和支持交通系统信息共享。

2016年9月,美国交通运输部和国家公路交通安全管理局发布了《联邦自动驾驶汽车政策指南》,规定新的自动驾驶汽车技术必须满足15个要点的安全评估,为自动驾驶技术提供制度保障。美国多州积极推进无人驾驶法规制定,已有加利福尼亚州、密歇根州、俄亥俄州、佛罗里达州、亚利桑那州、宾夕法尼亚州、弗吉尼亚州、马萨诸塞州、内华达州等以及哥伦比亚特区颁布了无人驾驶法规,各州对车企运用技术的限制作了不同规定。

2017年9月,美国交通运输部发布了《自动驾驶汽车2.0:安全愿景》,进一步精简了内容、简化了流程、降低了门槛。在继续沿用《联邦自动驾驶汽车政策指南》方针基础上,不再要求强制执行,而是作为一个可选择的路径供自动驾驶研发厂商和州政府参考使用。同时,2.0版本鼓励各州重新评估现有的交通法律法规,为自动驾驶技术的测试和部署扫除法律障碍。

2018年10月,美国交通运输部发布了《自动驾驶汽车3.0:为未来交通做准备》,基于2.0版本所提供的自愿性指南基础,支持将自动驾驶的安全、高效、可靠、经济集成到多联式跨界的地面运输系统中,其关键包括以下几点。

① 继续沿用 SAE 对自动驾驶汽车的分级，保持技术中立。

② 在原有指南的基础上对自动驾驶范围进行延伸，涵盖乘用车、商用车、公路运输和道路等交通系统。

③ 制定自动驾驶汽车开发阶段安全风险管理的概念框架，并期望交通运输部能够参与整个过程与各方协同合作。

④ 修改特定安全标准，以适应自动驾驶汽车技术。

⑤ 允许自动驾驶汽车的创新性设计，例如方向盘、踏板、后视镜等可以不再强制安装。

### 4.1.3 欧洲智能网联产业发展政策

2016 年 12 月，欧盟委员会通过《合作式智能交通系统 C-ITS 战略》。智能网联汽车系统被称为 C-ITS（合作式智能交通系统）。协同是 C-ITS 相较于传统 ITS 系统最本质的差异，指的是通过频繁的数据交互，达到车－车、车－路、车－云、车－人的信息交互。欧盟委员会建立的 C-ITS 平台是一个包括国家主管部门、C-ITS 利益相关方和欧盟委员会在内的合作框架，以部署可互联互通的 C-ITS 作为目标。与此同时，欧盟相关国家和道路运营管理机构为了协调部署和测试活动，建立了 C-Roads 平台来共同制定和分享技术规范，并完成跨站点的互操作测试验证。

2018 年 5 月，欧盟委员会出台《通往自动化出行之路：欧盟未来出行战略》，计划前期实现部分场景如高速公路、城市低速行驶等的自动驾驶，同时实现卡车及垃圾车等车型的自动驾驶；到 2022 年，欧盟所有新车都要接入互联网，且车辆与车辆之间、车辆与基础设施要能够直接通信，并将实现由免费的、基于伽利略卫星系统的高清地图支持；到 2030 年，欧盟目标是迈向全自动化出行。

2019 年 3 月，欧盟委员会宣布出台新的规则，推进在欧洲道路上部署 C-ITS，建议使用基于 Wi-Fi 的 ITS-G5（DSRC 专用短距离通信），主要是从 C-ITS 所提供的业务互操作性方面提出的要求。

欧洲地区基本形成了以德国为发展核心，法国、意大利、瑞典、荷兰、以色列、芬兰、瑞士和英国等国家协同发展的智能网联汽车生态体系。

### 4.1.4 日本智能网联产业发展政策

2014 年，日本内阁制定《SIP（战略性创新创造项目）自动驾驶系统研究开发计划》，制定 4 个方向共计 32 个研究课题，推进基础技术以及协同式系统相关领域的开发与实用化工作。

2016年，日本政府发布了高速公路自动驾驶和无人驾驶实施路线报告书，明确期望于2020年在部分地区实现自动驾驶功能。另外，日本内务和通信部（MIC）积极组建研究组来推进车联网发展。同时开始修订《道路交通法》和《道路运输车辆法》。

2018年，日本国土交通省发布《自动驾驶汽车安全技术指南》，明确规定了L3、L4级自动驾驶汽车所必须满足的10大安全条件。

① 设计运行范围（ODD）的设定。汽车生产商及使用自动驾驶汽车的移动服务系统供应商，应根据自动驾驶汽车的性能及使用方式确定设计运行范围（ODD），对于自动驾驶汽车引发的人身事故进行合理预见并预防其发生。ODD包括道路条件（高速公路、普通道路、车道数目等）、地理条件（城市、山区等）、环境条件（天气状况、夜间等），以及其他条件（限速、特定道路运行、安全人员乘车与否等）。

② 自动驾驶系统的安全性。遵守交通法规；确保在ODD范围内启动自动驾驶系统；确保司机能控制自动驾驶系统的启动；确保控制系统及传感器有冗余，从而保障系统安全。如果超出ODD范围或者自动驾驶汽车发生故障，导致自动驾驶很难继续下去，L3级自动驾驶系统应向司机发出警告要求介入，而L4级自动驾驶系统应能自动将车辆停到安全的地方。

③ 遵守安保标准。自动驾驶汽车应能满足已有的自动驾驶相关道路车辆的安保标准，并满足国际标准化组织（ISO）等机构制定的相关国际标准。

④ 人机界面（HMI）。L3级自动驾驶汽车的人机界面应能对司机进行监控，确保司机可以随时接管操作，必要时发出警报（例如司机打盹时）。当系统确认无法继续进行自动驾驶时，L4级自动驾驶汽车的人机界面应能让司机或乘客事先知道车辆会自动停止前进。

⑤ 搭载数据记录装置。具备可以记录自动驾驶系统启动情况、司机状况等数据的装置。政府方面还将探讨数据记录装置的具体细节（记录事项、记录时间、保留时间、数据使用目的及个人信息处理等）以及是否要求强制安装。

⑥ 网络安全。汽车生产商及使用自动驾驶汽车的移动服务系统供应商应根据网络安全相关的联合国世界车辆法规协调论坛（WP29）的最新规定，在进行车辆的设计和开发时考虑网络安全，包括如何应对黑客攻击等。

⑦ 用于无人驾驶移动服务的车辆安全性（追加要求）。用于无人驾驶移动服务（L4）的自动驾驶汽车，应设置摄像头和声音通信设备，使得运行管理中心可以监控到车内状况；应在乘客可轻易触碰到的地方设置紧急停止按钮；紧急状况下停止或遇到事故时，应能自动通报运行管理中心；车辆紧急停止时和运

行管理中心的联络，以及紧急状况下的应对情况，应能通过人机界面方便地传递给乘客。

⑧ 安全性评价。为了确保能合理预见并预防自动驾驶系统引发的人身事故，汽车生产商及使用自动驾驶汽车的移动服务系统供应商，应适当进行排练、测试、道路试验等，事先确保安全。

⑨ 确保使用过程安全。为了确保自动驾驶汽车使用过程中的安全，汽车生产商、使用自动驾驶汽车的移动服务系统供应商，以及自动驾驶汽车实际使用者，应对车辆软件进行必要的升级，从而确保网络安全。

⑩ 向自动驾驶汽车使用者提供信息。汽车生产商、经销商以及移动服务系统供应商，应采取措施，让自动驾驶使用者了解系统使用方法、ODD 范围、系统异常时车辆的反应、适当进行软件升级等信息。

### 4.1.5　韩国智能网联产业发展政策

2019 年 10 月，韩国发布《未来汽车产业发展战略》，对包括无人驾驶、电动汽车、氢动力电池汽车在内的未来汽车产业发展方向作出规划。计划在 2024 年完成全国主要道路自动驾驶所需的通信设施、高精度地图、交通管制、道路建筑等基础设施建设，完善自动驾驶汽车生产、性能验证、保险及安全体系的制度基础，并投资核心零部件系统和基础设施领域，进行 L4 级技术研发。2027 年将在全球范围内最快进入 L4 级自动驾驶技术的商用化阶段。到 2030 年，L3、L4 级自动驾驶汽车在新车市场达到占比 50%。

2020 年 1 月，韩国国土交通部发布《自动驾驶汽车安全标准（修订版）》，针对自动驾驶汽车的部分功能提出有条件自动驾驶车（L3 级）安全标准，韩国也由此成为全球首个为 L3 自动驾驶制定安全标准并制定商用化标准的国家。标准涉及的主要内容包括 L3 级别自动驾驶汽车的自动车道保持、汽车行驶过程中针对在突发情况下驾驶员的状态监控等。

## 4.2　5G车联网标准体系

### 4.2.1　全球车联网标准组织及联盟

车联网主要的标准组织和联盟包括 IEEE（美国电气电子工程师学会）、ETSI（欧洲电信标准协会）、3GPP（移动通信伙伴联盟）、ARIB（日本电波产业协会)、TTA(韩国电信技术协会)、IMDA(新加坡资讯通信媒体发展局)、5GAA 等。

中国车联网主要标准组织和联盟包括 CCSA(中国通信标准化协会)、C-ITS(中国智能交通产业联盟)、SAE-China(中国汽车工程学会)、NTCAS(全国汽车标准化委员会)、TIAA(车载信息服务产业应用联盟)、TC/ITS(全国智能运输系统标准化技术委员会)、全国道路交通管理标准化技术委员会、IMT-2020(5G)推进组 C-V2X 工作组、CAICV(中国智能网联汽车产业创新联盟)等。

### 4.2.2 DSRC与C-V2X标准对比

车联网 V2X 全球存在两大标准流派,DSRC(Dedicated Short Range Communications,专用短程通信技术)和 C-V2X(Cellular-Vehicle-to-Everything,基于蜂窝技术的车联网通信)。

DSRC 标准由 IEEE 基于 Wi-Fi 制定,并且获得通用、丰田、雷诺、恩智浦、AutoTalks 和 Kapsch TrafficCom 等支持。通用已经有量产车卡迪拉克 CTS 搭载 DSRC(由 Aptiv 提供系统,AutoTalks 提供模块,恩智浦提供芯片),丰田则在 2016 年就开始销售具备 DSRC 技术的皇冠和普锐斯,销量已经超过 16 万辆(DENSO 电装提供系统,瑞萨提供芯片)。

DSRC 标准化流程可以追溯至 2004 年,主要基于三套标准:第一个标准是 IEEE 802.11p,它定义了汽车相关的"专用短距离通信(DSRC)"物理标准,如图 4-2 所示;第二个是 IEEE 1609,"车载环境无线接入标准系列(WAVE)",定义了网络架构和流程;第三个是 SAE J2735 和 SAE J2945,定义了消息包中携带的信息,该数据将包括来自汽车上的传感器信息,例如位置、行进方向、速度和刹车信息等。DSRC 标准体系如表 4-2 所示。

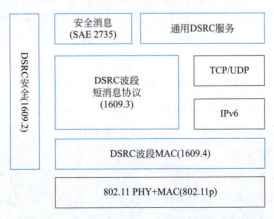

图 4-2 基于 IEEE 802.11p 车联网标准架构

表4-2 美国DSRC标准体系

| 标准号 | 名称 |
| --- | --- |
| IEEE 802.11p-2010 | 无线局域网 MAC 层和 PHY 层规范：车联网协议 |
| IEEE 1609.0-2013 | WAVE 体系架构 |
| IEEE 1609.1-2006（作废） | WAVE 资源管理 |
| IEEE 1609.2-2016 | WAVE 应用和管理消息的安全服务 |
| IEEE 1609.3-2016 | WAVE 网络服务 |
| IEEE 1609.4-2016 | WAVE 多信道操作 |
| IEEE 1609.5 | WAVE-Communication Manager |
| IEEE 1609.6 | WAVE-Remote Management Service |
| IEEE 1609.11-2010 | WAVE 空中电子支付数据交换 |
| IEEE 1609.12-2016 | WAVE 标志符分配 |
| SAE J2735-201603 | DSRC 消息集字典 |
| SAE J2945.1-2015 | V2V 安全系统车载最小性能要求 |
| SAE J2945.2-2015 | V2V 安全感知 DSRC 需求 |
| SAE J2945.9-2015 | 路侧用户安全通信的性能要求 |

美国高速公路安全管理局（NHTSA）力推 DSRC，目标是为消费者提供安全、高效、便捷三大方面优质服务。安全方面，中轻型车辆将避免80% 的交通事故，重型车避免71% 的事故；效率方面，交通堵塞将减少60%，短途运输效率提高70%，现有道路通行能力将提高2～3倍；便捷方面，停车次数可减少30%，行车时间降低13%～45%，实现降低油耗15%。

C-V2X 由 3GPP 通过拓展通信 LTE 标准制定，并向 5G 演进，获得福特、宝马、奥迪、戴姆勒、本田、现代、日产、沃尔沃、PSA Group，众多一级供应商，运营商移动、联通、AT&T、德国电信、KDDI、DOCOMO、Orange、Vodafone，以及华为、爱立信、大唐、高通、英特尔、三星等支持。

C-V2X 标准工作始于 2015 年，各工作组主要从业务需求、系统架构、安全研究和空口技术 4 个方面开展工作。业务需求由 3GPP SA1 工作组负责，系统架构由 3GPP SA2 工作组负责，安全方面由 3GPP SA3 工作组负责，空口技术由 3GPP RAN 工作组负责。

3GPP C-V2X 标准化工作分为 3 个阶段：第 1 阶段基于 LTE 技术满足 LTE-V2X 基本业务需求，对应 LTE Rel-14 版本；第 2 阶段基于 LTE 技术满足部分 5G-V2X 增强业务需求（LTE-eV2X），对应 LTE Rel-15 版本；第 3 阶段基于 5G

NR（5G 新空口）技术实现全部或大部分 5G-V2X 增强业务需求，对应 5G NR Rel-16、Rel-17 版本，如图 4-3、表 4-3 所示。

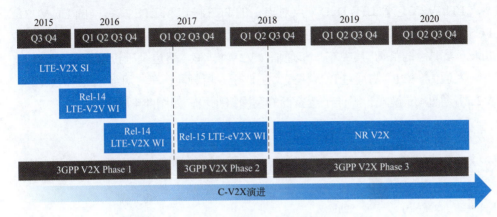

图 4-3  C-V2X 标准演进路线

表4-3  C-V2X标准化工作进程

| 时间点 | 内容 |
| --- | --- |
| 2015 年 3 月～ 2015 年 12 月 | 3GPP SA正式立项进行LTE-V2X需求研究，完成研究报告3GPP TR 22.885 |
| 2015 年 9 月～ 2016 年 6 月 | 3GPP SA正式立项进行LTE-V2X需求的标准化工作，完成LTE-V2X的需求标准3GPP TS 22.185 |
| 2015 年 12 月～ 2016 年 9 月 | 3GPP RAN启动LTE-V2X的第1个工作项目，主要完成基于LTE PC5接口的V2V（PC5 based V2V）的标准化工作 |
| 2016 年 6 月～ 2017 年 3 月 | 3GPP RAN启动LTE-V2X的第2个工作项目，主要完成基于LTE Uu接口的V2X，以及其他第1阶段遗留的标准化工作 |
| | 3GPP LTE Rel-14的V2X标准化工作基本完成 |
| 2016 年 6 月～ 2017 年 3 月 | 3GPP SA正式立项进行5G-V2X需求的研究，完成研究报告3GPP TR 22.886 |
| 2017 年 3 月～ 2017 年 6 月 | 3GPP SA正式立项进行5G-V2X需求的标准化工作，完成5G-V2X的需求标准3GPP TS 22.186 |
| 2017 年 3 月～ 2018 年 6 月 | 3GPP RAN启动"基于Rel-14 LTE V2X的增强（Rel-15）"的标准化工作 |
| | 3GPP LTE Rel-15的eV2X标准化工作基本完成 |
| 2018 年 6 月～ 2019 年 2 月 | 3GPP RAN启动"基于5G新空口（NR）的V2X（Rel-16）"的研究工作，RAN1 #96会议完成NR V2X SI（Study Item）部分 |
| 2019 年 3 月至今 | NR V2X从RAN1 #96b会议开始进入WI（Work Item）阶段 |

目前已经完成 Rel-14 LTE-V2X 和 Rel-15 LTE-eV2X，正在进行 5GNR Rel-16 制定和 Rel-17 规划。

LTE-V2X 包含 LTE-D2D（点对点）的 PC5 接口和 LTE 蜂窝网的 Uu 接口，PC5 接口称为 Sidelink（侧行链路或直通链路），Uu 接口包括 Uplink 和 Downlink（上下行链路）。其中车-车通信（V2V）、车-路边基础设施通信（V2I）、车-人通信（V2P）均通过 PC5 模式，工作于专用频段；车-网络/云通信（V2N/V2C）通过 Uu 模式，工作于运营商蜂窝网络频段，如图 4-4 所示。

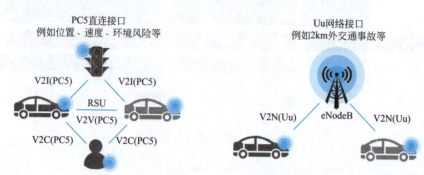

图 4-4 LTE-V2X 两种工作模式

DSRC、LTE-V 与 5G 对比如表 4-4 所示。从技术角度看，2018 年 4 月 5GAA 会议上，福特发布了与大唐、高通的联合测试结果，给出 DSRC 和 LTE-V2X 实际道路测试性能。结果显示，在相同的测试环境下，通信距离 400～1200m，LTE-V2X 系统的误码率明显低于 DSRC 系统，而且 C-V2X 的通信性能在可靠性和稳定性方面均明显优于 DSRC。

从持续演进角度看，C-V2X 包含 Rel-14 LTE-V2X、Rel-15 LTE-eV2X 和向后演进的 NR-V2X，也比 DSRC 有明显优势。

从商用角度看，美国希望在 2021 年达到 50% 新车安装 DSRC，2022 年达到 75% 新车安装 DSRC，2023 年开始 100% 新车安装 DSRC。DSRC 经过多年的测试与验证，可行性得到验证，同时网络、芯片等产业链相对成熟。但是 C-V2X 具备后发优势。5GAA 自 2016 年 9 月创立以来，已经有超过 120 家运营商、车企、芯片商、设备厂商等产业链各环节企业加入。

表4-4 DSRC、LTE-V、5G技术和商用对比

| 业务类别 | DSRC | LTE-V Uu | LTE-V PC5 | 5G |
|---|---|---|---|---|
| 数据速率 | 12Mbps，最高27Mbps | 500Mbps | 12Mbps | 1Gbps |
| 传输距离 | 300～500m | 1000m | 500～600m | 1000m |
| 适应车速 | 200km/h | 500km/h | 500km/h | 500km/h |
| 时延 | 小于50ms | E2E时延约100ms | 小于50ms，MODE4典型值15ms | 1ms |
| 网络部署 | 需部署RSU | 基于现网基站 | 需部署RSU | 建设网络基站 |
| 商业模式 | 无法闭环，RSU及其服务买单方不明确 | 运营商投资建设 | 无法闭环，RSU及其服务买单方不明确 | 运营商投资建设 |
| 商用节奏 | 2017年美国 | 2013年12月中国 | 2020年中国 | 2019年6月中国 |

标准竞争的背后，不仅是技术对抗，更是产业链成熟度的体现。在无线通信领域，1G时代百家争鸣，主要以美国（AMPS）、欧洲（TACS/C-Netz）、日本（JTACS）为主；2G时代主要是欧洲（GSM）和美国（CDMA）角力；3G时代，欧洲（WCDMA）主导，加上美国（CDMA2000）和中国（TD-SCDMA），除此之外，美国以Intel为首的"IT派"，加入战局，推出了技术上极具竞争力的WiMAX，由IEEE制定802.16标准，采用OFDM+MIMO技术，解决了多径干扰，提升了频谱效率，大幅增加系统吞吐量及传送距离，向"电信派"发起挑战，尽管WiMAX初期技术优势明显，但是最终由于芯片供应跟不上，终端和网络设施跟不上，产业链发展严重不足，导致最终败北给LTE；4G时代，主要是FDD LTE和TDD LTE（中国主导）标准。同样的情况，发生在车联网领域，美国主推脱胎于Wi-Fi的DSRC标准，中国主推基于电信领域的C-V2X标准。借鉴WiMAX与LTE竞争的案例，DSRC与C-V2X最终竞争的胜败不仅在于技术的优劣，更在于产业链发展的成熟度。

### 4.2.3 国际C-V2X标准进展

针对C-V2X，目前3GPP已经发布了对LTE-V2X定义的27种（3GPP TR 22.885）和5G-V2X定义的25种（3GPP TR 22.886）应用场景。

其中TR 22.885定义的27种应用场景主要实现辅助驾驶功能，包括主动安全（碰撞预警、紧急刹车等）、交通效率（车速引导）、信息服务等方面，如表4-5所示。

表4-5 TR 22.885定义的27种应用场景[1]

| 序号 | 应用场景 |
| --- | --- |
| 1 | 前向碰撞预警 |
| 2 | 失控预警 |
| 3 | V2V 紧急车辆预警 |
| 4 | V2V 紧急制动 |
| 5 | 协同自适应巡航控制 |
| 6 | V2I 紧急制动 |
| 7 | 队列预警 |
| 8 | 道路安全服务 |
| 9 | 自动泊车系统 |
| 10 | 错误路线驾驶预警 |
| 11 | MNO 控制下的 V2X 消息传输 |
| 12 | 碰撞前感应预警 |
| 13 | 网络覆盖范围以外区域的 V2X |
| 14 | 通过基础设施提供 V2X 道路安全服务 |
| 15 | V2N 交通流优化 |
| 16 | 弯道速度预警 |
| 17 | 行人碰撞预警 |
| 18 | 弱势行人保护 |
| 19 | UE 类型 RSU V2X |
| 20 | 最小 QoS V2X |
| 21 | 漫游时 V2X 接入 |
| 22 | 通过 V2P 感知信息确保行人道路安全 |
| 23 | 混合用途交通管理 |
| 24 | 提高交通参与者的定位精度 |
| 25 | V2V 通信环境中的隐私 |
| 26 | 道路交通参与者和相关方 V2N |
| 27 | 远程诊断和及时维修通知 |

整合各种典型用例，各应用场景对 LTE-V2X 的技术需求如表 4-6 所示。

表4-6　LTE-V2X技术需求[1]

| 场景 | 有效范围 /m | 绝对移动速度 /（km/h） | 相对移动速度 /（km/h） | 最大时延 /ms | 单次传输成功率 /% | 2次传输成功率 /% |
| --- | --- | --- | --- | --- | --- | --- |
| 郊区 | 200 | 50 | 100 | 100 | 90 | 99 |
| 限速高速公路 | 320 | 160 | 280 | 100 | 80 | 96 |
| 不限速高速公路 | 320 | 280 | 280 | 100 | 80 | 96 |
| 城区 | 150 | 50 | 100 | 100 | 90 | 99 |
| 城区交叉路口 | 50 | 50 | 100 | 100 | 95 | — |
| 校园/商业区 | 50 | 30 | 30 | 100 | 90 | 99 |
| 碰撞前 | 20 | 80 | 160 | 20 | 95 | — |

而 TR 22.886 主要实现自动驾驶功能，包括车辆编队、高级驾驶、扩展传感器、远程驾驶四大类功能，加上基础功能，共 25 种应用场景[2]，如表 4-7 所示。

① 车辆编队。实现多个车辆自动编队行驶。编队中的所有车辆接收头车发出的周期性数据，以便进行编队操作。通过车辆之间的信息交互，可以使得车辆之间的间距非常小（几米甚至几十厘米），从而降低后车的油耗。此外编队行驶还可帮助后车实现跟随式的自动驾驶。

② 高级驾驶。实现半自动或全自动驾驶。每辆车或 RSU 将其通过传感器获得的数据共享给周边车辆，从而允许车辆协调它们的运动轨迹或操作。此外，每辆车都与周边车辆共享其驾驶意图。这个场景可以提高驾驶安全性，提高交通效率。

③ 扩展传感器。实现本地传感器采集的数据或实时视频数据在车辆、RSU、行人设备和 V2X 应用服务器之间的交换。这些数据的交互等效于扩展了车辆传感器的探测范围，从而使车辆增强了对自身环境的感知能力，并使车辆对周边情况能有更全面的了解。

④ 远程驾驶。实现驾驶员或驾驶程序远程驾驶车辆。该场景可用于乘客无法驾驶车辆、车辆处于危险环境等本地驾驶条件受限的情况，也可用于公共运输等行驶轨迹相对固定的场景。

表4-7　3GPP TR 22.886的25种应用场景[2]

| 应用场景大类 | 序号 | 应用场景 |
| --- | --- | --- |
| 车辆编队 | 5.1 | eV2X 支持车辆编队 |
| | 5.2 | 编队信息交互 |
| | 5.5 | 短距离分组的自动协同驾驶 |
| | 5.12 | 有限自动编队的信息共享 |
| | 5.13 | 完全自动编队的信息共享 |
| | 5.17 | 改变驾驶模式 |
| 高级驾驶 | 5.9 | 协同避碰 |
| | 5.1 | 有限自动驾驶的信息共享 |
| | 5.11 | 安全自动驾驶的信息共享 |
| | 5.2 | 紧急轨迹对准 |
| | 5.22 | 面向城市驾驶的交叉口安全信息提供 |
| | 5.23 | 自动驾驶车辆协同换道 |
| | 5.25 | V2X 场景的 3D 视频合成 |
| 远程驾驶 | 5.4 | eV2X 支持远程驾驶 |
| | 5.21 | 遥控支持 |
| 扩展传感器 | 5.3 | 汽车：传感器和状态图共享 |
| | 5.6 | 集体环境感知 |
| | 5.16 | 用于自动驾驶的视频数据共享 |
| 基础功能 | 5.7 | 不同 3GPP RATS 车辆通信 |
| | 5.8 | 多 PLMN 环境 |
| | 5.15 | 多 RAT 用例 |
| | 5.19 | 5G 覆盖范围之外用例 |
| | 5.14 | 动态驾驶共享 |
| | 5.18 | 通过车辆绑定 |
| | 5.24 | 电子控制单元安全软件升级方案 |

整合各种典型用例，各应用场景对 5G-V2X 的技术需求如表 4-8 所示。

表4-8  5G-V2X技术需求[2]

| 场景 | 有效通信距离 | 最大时延/ms | 单次传输成功/% | 传输速率/（Mbit/s） | 负载/B |
|---|---|---|---|---|---|
| 车辆编队 | 5～10s（最快相对速度） | 10～25 | 90～99.99 | 50～65 | 50～1 200；Max：6 500 |
| 高级驾驶 | 5～10s（最快相对速度） | V2V:3～10；V2I:100 | 99.99～99.999 | UL：50 | Max：6 500 |
| 扩展传感器 | 50～1000m | 3～100 | 99.999 | 1000 | — |
| 远程驾驶 | — | 5 | 90～99.999 | UL：25；DL：1 | — |

Rel-15 LTE-eV2X 在与 Rel-14 LTE-V2X 保持兼容性的前提下，进一步提升 V2X 的时延、速率以及可靠性等性能，以满足更高级的 V2X 业务需求。其相关技术主要针对 PC5 增强，采用与 Rel-14 相同资源池设计理念和相同的资源分配格式，因此可以与 Rel-14 V2X 用户共存且不产生资源碰撞干扰影响。Rel-15 的增强技术主要包括 PC5 载波聚合、64QAM 高阶调制解调、发送分集、低时延相关技术、Mode3 和 Mode4 资源池共享等。

到 Rel-16 5G NR-V2X 阶段，C-V2X 将支持 eV2X 的所有业务场景，其主要研究工作包括设计 NR Sidelink、NR Uu 接口增强、NR Uu 调度 NR Sidelink、V2X 定位、无线接入技术选择机制、空口 QoS 管理技术方案、NR Sidelink 与 LTE Sidelink 共存机制、Sidelink 频段等。

C-V2X 标准未来演进方向主要包括如下几个方面。

一方面考虑前向兼容，Rel-16 5G NR-V2X 不是取代 LTE-V2X，而是增强，是在更高带宽、更低时延下提供 LTE-V2X 不能满足的 V2X 业务能力。未来基础的 V2X 业务可能只通过 LTE-V2X 进行接收或发送。因此，车企并不需要等待 Rel-16 的到来，而是现在就可以部署 Rel-14。

一方面考虑演进到 Rel-17，可能包括 UE 增强（如针对弱势道路使用者 UE 节能增强）、Sidelink 演进（如定位精度、容量增强、可靠性提升、2TX/2RX 天线基准等）、结构间隙闭合和增强（Uu Multicast、组播增强、基于网络定位精度增强等）、MDT 和 SON 自动增强（Sidelink QoS 评估报告）等。

除此之外，还有很重要的一点是关于 NR V2X 工作频谱问题。待确定如下几个问题：在授权频段上，哪个 3GPP（Sub-6GHz 或者毫米波）NR 频段将被用于 NR V2X Sidelink？在 5.9GHz ITS 频谱和其他潜在 ITS 频谱，什么频率范围和信道位置被用于 NR V2X Sidelink？NR V2X Sidelink 需要多大信道带宽？

可能潜在的 NR V2X 工作频谱包括 ITS 无许可频谱（已经分配的 5.9GHz 仅用于 D2D，有限 QoS），通用专用授权 MNO 频谱（高 QoS），共享频谱（例如许可共享访问，已经讨论在 2.3～2.4GHz，需要大量的监管工作），其他无许可频谱等。

### 4.2.4　中国 C-V2X 标准进展

2018 年 6 月，工信部与国家标准委联合印发了《国家车联网产业标准体系建设指南（总体要求）》《国家车联网产业标准体系建设指南（信息通信）》和《国家车联网产业标准体系建设指南（电子产品和服务）》系列文件，确定到 2020年，基本建成国家车联网产业标准体系，规范车联网产业发展。2019 年 5 月，工信部装备工业司组织全国汽标委编制了《2019 年智能网联汽车标准化工作要点》，进一步贯彻落实《国家车联网产业标准体系建设指南》，如图 4-5 所示。

工信部《国家车联网产业标准体系建设指南(总体要求)》

图 4-5　中国车联网标准体系

目前中国已基本完成 LTE-V2X 相关接入层、网络层、消息层和安全等核心技术标准，标准体系初步形成。为了推动 LTE-V2X 标准在汽车、交通、公安、通信行业的应用，一方面推进 LTE-V2X 标准转升为国标，便于跨行业采用；另一方面在汽车、交通、公安等行业，开展功能要求和系统技术要求等上层标准制定。其中转升《基于 LTE 的车联网无线通信技术　网络层技术要求》《基于 LTE 的车联网无线通信技术　消息层技术要求》《基于 LTE 的车联网无线通信技术　安全技术要求》《基于 LTE 的车联网无线通信技术　安全证书管理系统技术要求》《基于 LTE-V2X 直连通信的路侧单元系统技术要求》《面向 LTE-V2X 的多接入边缘计算业务架构和总体需求》《面向 LTE-V2X 的多接入边缘计算服务能力开放和接口技术要求》为国标；制定《十字交叉路口预警、车辆编队行驶等功能应用》行标和国标等，如表4-9所示。

表4-9 中国LTE-V2X标准体系

| 分类 | 标准名称 | 标准类别 | 标准组织 | 升国标建议组织 |
|---|---|---|---|---|
| 总体 | 基于LTE的车联网无线通信技术 总体技术要求 | 行标、国标 | CCSA | 通标委 |
| 接入层 | 基于LTE的车联网无线通信技术 空口技术要求 | 行标、国标 | CCSA | 通标委 |
| 网络层 | 基于LTE的车联网无线通信技术 网络层技术要求 | 团标、行标、国标* | C-ITS、CCSA | 通标委 |
| 消息层 | 基于LTE的车联网无线通信技术 消息层技术要求 | 团标、行标、国标* | C-ITS、SAE-C、CCSA | 通标委 |
| 安全 | 基于LTE的车联网无线通信技术 安全技术要求 | 行标、国标* | CCSA | 通标委 |
| | 基于LTE的车联网无线通信技术 安全证书管理系统技术要求 | 行标、国标* | CCSA | 通标委 |
| 应用（系统） | 基于LTE-V2X直连通信的车载信息交互系统技术要求 | 团标、国标 | SAE-C、C-ITS、SAC/TC114 | 汽标委 |
| | 基于LTE-V2X直连通信的路侧单元系统技术要求 | 团标、国标* | SAE-C、C-ITS | 交通/公安 |
| | 面向LTE-V2X的多接入边缘计算 业务架构和总体需求 | 行标、国标* | CCSA | 通标委 |
| | 面向LTE-V2X的多接入边缘计算 服务能力开放和接口技术要求 | 行标、国标* | CCSA | 通标委 |
| 功能应用 | 十字交叉路口预警、车辆编队行驶等功能应用 | 行标*、国标* | 汽标委/交通/公安 | 汽标委/交通/公安 |

注：*部分是计划推动的内容

早期车联网主要提供信息服务类业务，比如定位管理、基于用户行为的保险类（UBI）业务以及面向B端（组织）的车队管理等。当前又回归到出行需求上，为消费者解决安全和效率问题。

现在基于V2X的主要业务场景是面向交通安全类和交通效率类的。以汽车标准委员会 T/CSAE 53-2017 应用列表中定义的 17 种典型车联网应用层标准看，其中包括12种安全类业务，4类效率类业务，1类近场支付信息服务，如表4-10所示。而未来，车联网将赋能自动驾驶，实现协同自动驾驶和单车自动驾驶。

表4-10 汽车标准委员会T/CSAE 53-2017应用列表[3]

| 序号 | 类别 | 通信方式 | 应用名称 | 频率/Hz | 最大时延/ms | 定位精度/m | 通信范围/m | 分类 | 适用通信技术 |
|---|---|---|---|---|---|---|---|---|---|
| 1 | 安全 | V2V | 前向碰撞预警 | 10 | 100 | 1.5 | 300 | 低时延、高频率 | LTE-V/DSRC/5G |
| 2 | | V2V/V2I | 交叉路口碰撞预警 | 10 | 100 | 5 | 150 | 低时延、高频率 | LTE-V/DSRC/5G |
| 3 | | V2V/V2I | 左转辅助 | 10 | 100 | 5 | 150 | 低时延、高频率 | LTE-V/DSRC/5G |
| 4 | | V2V | 盲区预警/变道辅助 | 10 | 100 | 1.5 | 150 | 低时延、高频率 | LTE-V/DSRC/5G |
| 5 | | V2V | 逆向超车碰撞预警 | 10 | 100 | 1.5 | 300 | 低时延、高频率 | LTE-V/DSRC/5G |
| 6 | | V2V-Event | 紧急制动预警 | 10 | 100 | 1.5 | 150 | 低时延、高频率 | LTE-V/DSRC/5G |
| 7 | | V2V-Event | 异常车辆提醒 | 10 | 100 | 5 | 150 | 低时延、高频率 | LTE-V/DSRC/5G |
| 8 | | V2V-Event | 车辆失控预警 | 10 | 100 | 5 | 300 | 低时延、高频率 | LTE-V/DSRC/5G |
| 9 | | V2I | 道路危险状况提示 | 10 | 100 | 5 | 300 | 低时延、高频率 | LTE-V/DSRC/5G |
| 10 | | V2I | 限速预警 | 1 | 500 | 5 | 300 | 高时延、低频率 | 4G/LTE-V/DSRC/5G |
| 11 | | V2I | 闯红灯预警 | 10 | 100 | 1.5 | 150 | 低时延、高频率 | LTE-V/DSRC/5G |
| 12 | | V2P/V2I | 弱势交通参与者预警 | 10 | 100 | 5 | 150 | 低时延、高频率 | LTE-V/DSRC/5G |
| 13 | 效率 | V2I | 绿波车速引导 | 2 | 200 | 1.5 | 150 | 高时延、低频率 | 4G/LTE-V/DSRC/5G |
| 14 | | V2I | 车内标牌 | 1 | 500 | 5 | 150 | 高时延、低频率 | 4G/LTE-V/DSRC/5G |
| 15 | | V2I | 前方拥堵提醒 | 1 | 500 | 5 | 150 | 高时延、低频率 | 4G/LTE-V/DSRC/5G |
| 16 | | V2V | 紧急车辆提醒 | 10 | 100 | 5 | 300 | 低时延、高频率 | LTE-V/DSRC/5G |

续表

| 序号 | 类别 | 通信方式 | 应用名称 | 频率/Hz | 最大时延/ms | 定位精度/m | 通信范围/m | 分类 | 适用通信技术 |
|---|---|---|---|---|---|---|---|---|---|
| 17 | 信息服务 | V2I | 汽车近场支付 | 1 | 500 | 5 | 150 | 高时延、低频率 | 4G/LTE-V/DSRC/5G |

将要发布的第二阶段DAY-Ⅱ业务场景如表4-11所示。

表4-11 DAY-Ⅱ应用列表[4]

| DAY-Ⅱ | 通信模式 | 触发方式 | 场景分类 |
|---|---|---|---|
| 交通参与者感知数据共享 | V2V/V2I | Event | 安全/效率 |
| 协作式变道 | V2V/V2I | Event | 安全 |
| 协作式匝道汇入 | V2I | Event/Period | 安全 |
| 协作式交叉口通行 | V2I | Event/Period | 安全/效率 |
| 差分数据服务 | V2I | Period | 信息服务 |
| 动态车道管理 | V2I | Period | 效率/交通管理 |
| 特殊车辆优先 | V2I | Event | 效率 |
| 车辆场站路径引导 | V2I | Event/Period | 信息服务 |
| 道路交通事件提醒 | V2I/V2V | Event | 安全 |
| 浮动车数据采集 | V2I | Period/Event | 交通管理 |
| 慢行交通预警 | V2P | Period | 安全 |
| 车辆编队 | V2V | Event/Period | 高级智能驾驶 |
| 场站进出服务 | V2I | Event/Period | 效率/信息服务 |

## 4.3 全球5G车联网频谱分配

全球主要国家和地区已经分配了V2X（DSRC和C-V2X）点对点通信工作频段。美国分配5850～5925MHz共75M带宽；欧洲分配5855～5925MHz共70M带宽；日本分配5770～5850MHz共80M带宽；韩国分配5855～5925MHz共70M带宽；新加坡分配5875～5925MHz共50M带宽；中国分配5905～5925MHz共20M带宽。

在美国，1999年美国联邦通信委员会（FCC）为基于IEEE 802.11p的ITS

业务划分了 5850～5925MHz 共计 75MHz 频率、7 个信道（每个信道 10MHz）的频率资源，其中 178 号信道（5885～5895MHz）为控制信道，如图 4-6 所示。

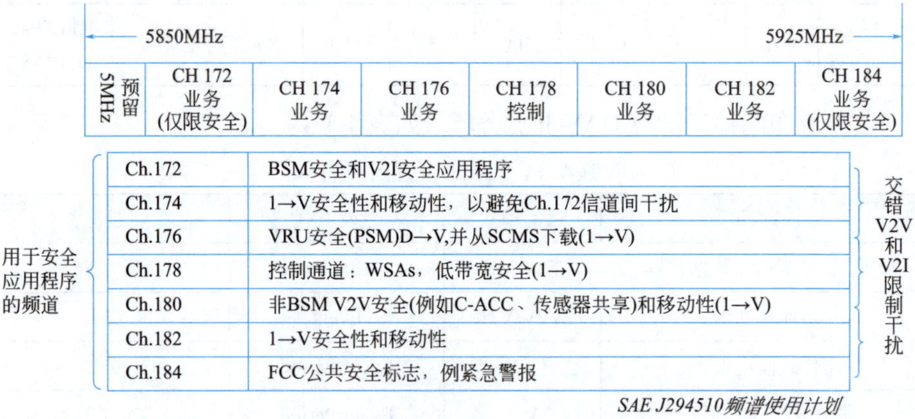

| 5MHz预留 | CH 172 业务（仅限安全） | CH 174 业务 | CH 176 业务 | CH 178 控制 | CH 180 业务 | CH 182 业务 | CH 184 业务（仅限安全） |
|---|---|---|---|---|---|---|---|

5850MHz — 5925MHz

用于安全应用程序的频道：

|  |  |
|---|---|
| Ch.172 | BSM 安全和 V2I 安全应用程序 |
| Ch.174 | I→V 安全性和移动性，以避免 Ch.172 信道间干扰 |
| Ch.176 | VRU 安全(PSM)D→V,并从 SCMS 下载(I→V) |
| Ch.178 | 控制通道：WSAs,低带宽安全(I→V) |
| Ch.180 | 非 BSM V2V 安全(例如 C-ACC、传感器共享)和移动性(I→V) |
| Ch.182 | I→V 安全性和移动性 |
| Ch.184 | FCC 公共安全标志，例紧急警报 |

交错 V2V 和 V2I 限制干扰

SAE J294510 频谱使用计划

图 4-6　美国车联网（V2X）频道划分

每辆车都会在信道 172 中，以 10～20 次每秒的频率，交互 DSRC 基础安全信息。紧急信息则会在信道 184 中，以更高的优先级进行传播。每一条基础安全信息都包含两部分信息，第一部分为强制性信息，包括位置、速度、方向、角度、加速度、制动系统状态和车辆尺寸，第二部分是可选信息，例如防抱死系统状态、历史路径、传感器数据、方向盘状态等。

在欧洲，2002 年欧盟委托欧洲电子通信委员会（ECC）将 5795～5805MHz 分配给出初始的 V2X 系统，各国可以将频段扩展至 5815MHz。2019 年新发布的频谱规划显示，非安全类 Road ITS 应用分配 20MHz 带宽（5855～5875MHz 频段），安全类相关 ITS 应用分配 5875～5925MHz 频段，其中 5875～5915MHz 优先用于 Road ITS，5915～5925MHz 优先用于 Rail ITS（另外 5925-5935MHz 扩展用于 Rail ITS）。

日本总务省在 20 世纪 90 年代末将 5770～5850MHz 划分为 DSRC 信道，主要用于车辆信息和通信系统、电子通信系统应用。2012 年，日本无线工业及商贸联合会发布的规范将 755.5～764.5MHz 频段划给了 ITS 的道路安全应用，带宽为 9MHz。

韩国 2016 年分配 5855～5925MHz 共 70M 频率用于支持智能交通中基于 802.11p 技术的 V2V 与 V2I 应用。

## 4.4　5G车联网互联互通测试

2018年7月，5GAA牵头完成了欧洲首个C-V2X直接通信技术现场演示，包括宝马、福特、PSA、高通、Savari等企业展示乘用车、摩托车及基础设施间的C-V2X直接通信技术操作。该技术演示利用了C-V2X六项功能：紧急电子刹车灯（EEBL）、十字路口碰撞警示（ICW）、穿行转向碰撞风险警示系统（ATTCRW）、车辆慢速警示与固定作业车辆警示、信号相位定时/信号违规警示及交通弱势群体（行人）警示。

2019年4月，5GAA在德国柏林再次主办了C-V2X应用程序互操作性演示。宝马、戴姆勒、德国电信、弗劳恩霍夫研究院福库斯和埃斯克、福特、华为、捷豹路虎、诺基亚、高通和沃达丰等联合演示了各类应用。演示使用直接短程通信和移动网络提供互补功能，包括远程驾驶以及使用多接入边缘计算功能为车辆提供紧急交通信息。

2018年11月，由IMT-2020（5G）推进组C-V2X工作组、中国智能网联汽车产业创新联盟、中国汽车工程学会、上海国际汽车城（集团）有限公司共同在上海举办C-V2X"三跨"互联互通应用示范活动，实现世界首例跨通信模组（芯片）、跨终端提供商、跨整车厂商的互联互通展示。2019年10月，再次在上海举办C-V2X"四跨"互联互通应用示范活动，实现跨通信模组（芯片）、跨终端提供商、跨整车厂商、跨安全平台的互联互通展示[5]。从2018年"三跨"的"芯片模组+终端+车企"到2019年"四跨"的"芯片模组+终端+车企+CA平台"，加入C-V2X通信安全防护机制，为实现商业化应用做准备，车联网产业化落地进程加速。

从2018年11家整车企业、3家芯片模组企业、8家终端产品和协议栈企业，到2019年27家整车企业、11家芯片模组企业、28家终端产品和协议栈企业、2家CA平台企业、5家安全芯片及其他企业，覆盖的车联网产业链愈加宽泛。"四跨"测试囊括了车联网上下游众多企业。整车企业、汽车零部件供应商、通信巨头、互联网大佬、智慧交通玩家五方势力纷纷进入赛道，产业链更加完善，如图4-7所示。

2018年"三跨"测试选取了7种典型车与车、车与路业务场景，包括绿波车速引导（V2I）、交叉路口碰撞预警（V2I）、道路湿滑提醒（V2I）、前向碰撞预警（V2V）、车辆变道/盲区预警（V2V）、紧急制动预警（V2V）、紧急特殊车辆预警（V2V）。

图 4-7 "四跨"测试参与企业情况

"四跨"测试选取了 11 种典型业务场景,包括 4 种 V2I 场景、3 种 V2V 场景和 4 种安全机制验证场景。V2I 业务:限速预警(SLW)、前方桥梁提醒(HLW)、弱势交通参与者提醒(VRU)、红灯预警(RLVW)/绿波车速引导(GLOSA)。V2V 业务:前向碰撞预警(FCW)、盲区预警(BSW)、故障车辆提醒(AVW)。安全机制验证业务:伪造限速预警防御、伪造红绿灯信息防御、伪造紧急车辆防御、伪造前向碰撞预警防御。"四跨"测试路段及场景如图 4-8 所示。

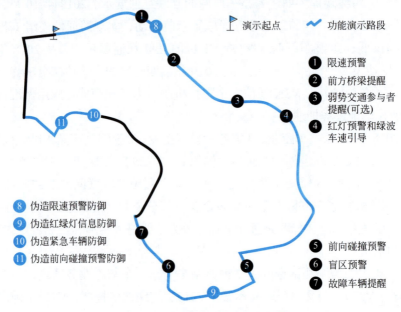

图 4-8 "四跨"测试路段和场景

车联网业务稍加丰富，比如增加弱势交通参与者提醒（VRU）业务。路段配备实现通信安全机制 RSU，持续对外广播通过行人状态消息，车辆在驶近路口时，车辆 UI 触发弱势交通参与者提醒。

## 4.5 5G车联网试点进展

### 4.5.1 中国城市级车联网试点示范

#### （1）城市级车联网试点示范概况

2018 年 4 月，《智能网联汽车道路测试管理规范（试行）》推出，其中明确规定了测试主体、测试驾驶人及测试车辆、测试申请及审核、测试管理、交通违法和事故处理等事项。随后，各地车联网试点工作陆续展开。

2019 年 9 月，华东地区的上海、江苏、浙江、安徽共同签订了《长江三角洲区域智能网联汽车道路测试互认合作协议》，实现了长三角测试的互联互通，有效规范测试行为，加强检验机构协调合作，提升综合检测能力，推动区域内智能网联汽车道路测试的数据共享与测试结果互认，加快智能网联汽车的技术研发进程，促进车联网应用快速落地。华东地区车联网示范区从数量上领跑全国其他各个区域。

和华东地区车联网示范区遍地开花相比，华中地区的车联网示范区相对更加集中。其中长沙和武汉投入力度巨大。长沙已经初步形成"国家级测试区＋智慧公交示范线"的"封闭＋开放"测试场景格局；通过 100km² 城市范围开放道路和 100km 高速开放道路"双百计划"，打造"城区＋城际"多层次开放测试场景体系；通过智能系统设备检测仿真实验室，探索"物理＋虚拟"智能测试场景。国家智能网联汽车（武汉）测试示范区作为全国首个基于 5G 通信技术 V2X 车路协同系统全覆盖的智能网联汽车示范区，已建成 28km 开放测试道路，部署 5G 和 C-V2X 路侧通信设备，全景摄像机、枪型摄像机、雷视一体机、高清摄像机等监控设备，以及激光雷达、毫米波雷达、气候传感器、路面传感器等感知设备，通过测试示范区指挥调度中心平台，可以观察每一辆自动驾驶测试运营车辆状态。同期武汉市交通运输局正式颁发了国内首批智能网联汽车载人试运营许可证，获得许可的无人驾驶车辆除了可以在开放道路上进行载人测试，也可以进行商业化运营探索。

华北地区车联网示范区建设起步早、规划全、引领效果明显。除此之外，华南地区、西南地区、东北地区、西北地区车联网示范区也在积极推进，各地区的城市级车联网试点示范如表4-12所示。

表4-12 中国城市级车联网试点示范列表

| 区域 | 省份（城市） | 名称 |
|---|---|---|
| 华东 | 上海 | 国家智能网联汽车（上海）试点示范区①：封闭测试区（F-Zone）、研发科研区（T-Zone）和科普体验区（E-Zone） |
| | | 上海临港智能网联汽车综合测试示范区① |
| | | 上海基于智能汽车云控基础平台的"车路网云一体化"综合示范① |
| | 江苏 | |
| | 无锡 | 国家智能交通综合测试基地（无锡）① |
| | 南京 | 南京秦淮区、建邺区、溧水区、江宁区智能网联开放测试区 |
| | 苏州 | 苏州工业园区、相城区智能网联汽车公共测试道路 |
| | 常熟 | 常熟中国智能车综合技术研发与测试中心 |
| | 南通 | 南通崇川车联网产业示范园区 |
| | 常州 | 国家智能交通测试及应用推广基地（常州） |
| | 泰兴 | 自动驾驶封闭场地测试基地（泰兴）① |
| | 盐城 | 中汽中心盐城汽车试验场、盐城经济技术开发区 |
| | 浙江 | |
| | 杭州、嘉兴 | 浙江5G车联网应用示范区①（杭州云栖小镇和嘉兴桐乡乌镇）|
| | 杭州 | 杭州余杭区未来科技城、萧山区5G智能网联车路协同系统 |
| | 宁波 | 宁波城市智慧汽车基础设施和机制建设试点① |
| | 嘉兴 | 嘉兴嘉善产业新城智能网联汽车测试场 |
| | 德清 | 德清城市智慧汽车基础设施和机制建设试点① |
| | 安徽 | |
| | 合肥 | 合肥自动驾驶5G示范运行线 |
| | 芜湖 | 芜湖奇瑞汽车V2X示范场地 |
| | 池州 | 新能源与智能网联汽车综合测试研发基地（池州） |
| | 福建 | |
| | 福州 | 福州市长乐区5G+滨海新城车路协同示范应用 |
| | 平潭 | 福州市平潭县无人驾驶汽车测试基地 |
| | 罗源 | 福州市罗源县5G车路协同自动驾驶联合实验基地 |
| | 厦门 | 厦门BRT 5G公交站系统 |
| | 泉州 | 泉州城市智慧汽车基础设施和机制建设试点① |
| | 莆田 | 莆田城市智慧汽车基础设施和机制建设试点① |
| | 山东 | 青岛 | 即墨智能网联汽车测试基地 |
| | 江西 | 各地市 | 南昌市、上饶市、赣州市、九江市、鹰潭市、新余市、景德镇市和赣江新区等地开展智能网联汽车试点 |

续表

| 区域 | 省份（城市） | | 名称 |
|---|---|---|---|
| 华中 | 湖南 | 长沙 | 国家智能网联汽车（长沙）测试区① |
| | 湖北 | 武汉 | 国家智能网联汽车（武汉）测试示范区①/武汉城市智慧汽车基础设施和机制建设试点① |
| | | 襄阳 | 襄阳市智能网联汽车道路测试封闭试验场① |
| | 河南 | 郑州 | 郑州航空港实验区智能网联示范区、郑州市郑东新区智慧岛5G公交、郑州宇通客车股份有限公司基于5G的车路协同车联网大规模验证与应用项目 |
| | | 许昌 | 许昌芙蓉湖5G自动驾驶示范区 |
| | | 鹤壁 | 鹤壁5G智能网联试验区 |
| 华北 | 北京、河北 | 北京、河北各地市 | 国家智能汽车与智慧交通（京冀）示范区①：北京市经济技术开发区5G车联网创新示范区，北京市海淀区中关村自动驾驶创新示范区，北京市顺义区智能网联汽车创新生态示范区，北京市房山区5G自动驾驶示范区，北京市石景山区首钢冬奥示范区，河北省保定徐水长城智能网联测试示范区，河北省雄安新区市民服务中心交通先行示范区，河北省沧州区级全域自动驾驶可载人测试路网等 |
| | | 北京 | 北京通州国家运营车辆自动驾驶与车路协同测试基地① |
| | 天津 | 天津 | 天津（西青）国家级车联网先导区① |
| | | | 东丽区、滨海新区的智能网联汽车特色应用示范；天津港智慧港口无人驾驶集装箱卡车应用；天津南站轨道交通与道路交通联动智能化应用；海河教育园区智慧公交产教研示范平台 |
| | 山西 | 阳泉 | 山西省交通强国建设试点自动驾驶车路协同示范区 |
| 东北 | 吉林 | 长春 | 国家智能网联汽车应用（北方）示范区① |
| | | | 一汽-大众汽车农安试验场 |
| | 辽宁 | 沈阳 | 中德（沈阳）高端装备制造产业园基于5G的车路协同车联网大规模验证与应用 |
| | | | 沈阳汽车城基于5G的车路协同车联网大规模验证与应用工程（一期） |
| | | 盘锦 | 辽宁省的北汽盘锦无人驾驶汽车运营项目 |

续表

| 区域 | 省份（城市） | | 名称 |
|---|---|---|---|
| 华南 | 广东 | 广州 | 广州智能网联汽车与智慧交通应用示范区①/广州城市智慧汽车基础设施和机制建设试点① |
| | | 深圳 | 深圳智能网联交通测试示范区 |
| | | 惠州 | 惠州智能网联示范区 |
| | | 肇庆 | 肇庆自动驾驶城市路测示范区 |
| | 广西 | 柳州 | 柳州智能网联汽车示范区 |
| | 海南 | 博鳌 | 博鳌乐城智能网联汽车示范项目 |
| | | 琼海 | 琼海汽车试验场智能网联示范项目 |
| 西南 | 重庆 | 重庆 | 国家智能汽车集成系统实验区（i-VISTA）①：城市模拟道路测试评价及试验示范区（北部新区中国汽研礼嘉园区）、重庆西部汽车试验场（垫江县黄沙镇）、两江新区智能汽车与智能交通开放道路试验区、5G自动驾驶开放道路场景示范运营基地（渝北区仙桃国际大数据谷） |
| | | | 中国汽研智能网联汽车试验基地（大足基地） |
| | | | 重庆车检院自动驾驶测试应用示范基地① |
| | 四川 | 成都 | 中德合作智能网联汽车车联网四川试验基地① |
| | | | 高新区中国（成都）5G未来城自动驾驶车路协同规模化示范应用 |
| | | 德阳 | 德阳Dicity智能网联汽车测试与示范运营基地 |
| | 贵州 | 贵阳 | 贵阳市智能网联汽车开放道路测试区域 |
| 西北 | 陕西 | 西安 | 长安大学车联网与智能汽车试验场① |
| | | | 西安市国际港务区第十四届全运会"5G无人驾驶示范线路"试点 |
| | 宁夏 | 银川 | 中国银川智能网联汽车测试与示范运营基地 |

① 为部委推进项目。

### （2）江苏车联网试点示范进展

江苏省在推进智能网联（车联网）示范区工作上力度巨大，成果显著。《江苏省推进车联网（智能网联汽车）产业发展行动计划（2019～2021年）》[6]提出以下关键目标。

a. 加快构建智能整车研发制造体系，制定实施《汽车及零部件（含新能源汽车）先进制造业集群培育实施方案》，重点以南京、无锡、常州、苏州、盐城等为依托。

b. 突破重点技术瓶颈，瞄准高级别智能单车需求，突破77GHz雷达天线、信号处理与算法芯片，加快攻关激光雷达软硬件技术，推进车规级人工智能芯片研发和商业落地，打通 C-V2X 端到端全产业链技术瓶颈，推动芯片、模组、车载通信单元、路侧设备、数据中心平台等产品产业化和应用。

c. 提升 C-V2X 网络覆盖水平，力争在 2021 年，推动 LTE-V2X 网络实现在南京、无锡、苏州等重点城市基本覆盖，在高速公路及重点区域部署 C-V2X 网络，逐步扩大试点应用规模。

d. 扩大车联网用户规模，力争到 2021 年，新车驾驶辅助系统（L2）搭载率达到 30% 以上，联网车载信息服务终端的新车装配率达到 60% 以上。

江苏车联网试点示范进展如下。

① 无锡车联网试点。国家智能交通综合测试基地（无锡）于 2017 年开始选取小范围区域开展车联网通信技术验证，并进行应用场景测试[7]。2019 年 5 月，正式批复支持无锡创建全国第一个国家级车联网先导区，将部署 1 条省级公路、1 条高速公路、5 条主城区高架桥、400 个交叉路口路侧管控及通信设施，覆盖 260km² 范围。确定以无锡市民中心、太湖博览中心等 6km² 重点区域为核心创新示范区，提供基于 C-V2X 开放式的增强场景服务，设计 3 大集中应用测试区和多条专项测试线路。预计建成后，示范区将实现全区域覆盖，包含 2000 个交叉路口路侧管控及通信设施，覆盖面积达到 1200km²。园区全部部署 5G 基站，开始规模化车联网，渗透率达到 50% 以上，实现"城城"高速公路、快速路、国省道交互协同（无锡新吴区—苏州相城区）。

无锡作为全国第一个国家级车联网先导区，在车联网产业发展的各个方面做出了大量创新和实践。

a. 打通了公安交管信息通信数据管道。无锡公安交管部门共享开放 40 余项交管信息，通过中心平台能力升级、路侧管控设备改造、增加 RSU 设备，打通公安交管中心平台、路侧管控设备与车联网通信管道，覆盖车辆、驾驶人、交通管控、交通事件、交通管制、信号灯灯色、交通状态等数据。

b. 提升出行服务水平。通过车路协同为驾驶者提供更加精准、实时、主动的路况信息，动态实时获取前方路况、道路施工情况，在出行之前或者过程中可以第一时间获取可变车道、潮汐车道、可变限速等动态信息。实现公交车、120 救护车等特种车辆优先通行。

c. 助力自动驾驶。通过推送红绿灯信息起到车速引导作用，作为自动驾驶的一种辅助性支撑信息；路侧斑马线上的摄像头检测到有行人，即时推送信息至车辆，提前进行避让决策；提前获取交通事故等事件信息，选择最佳通行路线；路口盲区会车 / 变道时，发送预警信息，为车辆自动驾驶提供支撑。

d. 终端类型多样，应用场景丰富。包括车企前装终端、后装车载智能终端、手机 V2X-APP、互联网出行服务 V2X 定制版在内的多厂家、多渠道、多类型终端，适配不同类型 V2X 应用场合、服务对象及业务场景。

②常州车联网试点。作为推动新一代国家交通控制网（常州）试点工程，国家智能交通测试及应用推广基地（常州）建设的"国家智能商用车质量监督检验中心"，是交通运输行业除北京通州之外的第 2 家汽车领域国家级检测中心，也是在智能商用车领域唯一一家国家级检测中心。检验中心已在泰兴规划建设 2000 亩❶ 封闭测试场，一期 600 亩已建成。在常州建设 1km² 半开放测试场和 3km² 开放测试场。部署 V2X 车载及路侧设备、可变情报板、智能信号机、环境监测等智能化设备，重点围绕公交车、物流车、危化品车三类重点营运车辆，打造智能网联汽车行业应用示范。

### （3）上海车联网试点示范进展

上海为智能网联汽车产业发展提供创新环境，推动上海成为智能网联汽车示范应用和探索商业化运行先行区。除了嘉定智能网联开放道路测试区、临港智能网联综合测试示范区，奉贤区也获批并启动建设上海奉贤智能网联汽车特殊场景道路测试区，该测试区依托临港南桥科技城，将建设园区地面、超大型地下停车库、乡村道路以及环境适应性等特定场景环境下的智能网联和自动驾驶关键核心技术测试区和示范体验区。

① 国家智能网联汽车（上海）试点示范区。2016 年 6 月，位于上海嘉定区伊宁路 2155 号的国家智能网联汽车（上海）试点示范区封闭道路测试区正式开园。其中，封闭测试区（F-Zone）立足服务智能汽车、V2X 网联通信两大类关键技术的测试及演示，涵盖安全、效率、信息、新能源汽车等四大类应用场景。园区内同时建设了隧道、林荫道、加油/充电站、地下停车场、十字路口、丁字路口、环岛等模拟交通设施，可以为自动驾驶、V2X 网联汽车等提供 100 余种场景的测试验证。位于上海汽车博览公园内科普体验区（E-Zone），作为面向公众开放的智能网联汽车科普体验区，是智能网联汽车、智慧能源、智慧交通和智慧城市科普、体验和交流的主要承载平台。园内含各类道路、一座加氢站、一座光储充一体化站和一栋 V2G-V2H 小木屋等。可用于体验编队行驶、车道保持辅助、自适应巡航、自动紧急制动、绿波车速引导等自动驾驶和网联 V2X 场景。

随着《上海市智能网联汽车产业创新工程实施方案》[8] 和《上海市智能网

---

❶ 1亩=666.7m²。

联汽车道路测试管理办法（试行）》[9]陆续发布，上海市继续推动公共道路测试在更大范围开放，嘉定拟开放自动驾驶测试城市道路47.8km（国道5.8km，省道9.8km，城市主干道7.2km，城市次干道14.7km，城市支路7.2km，乡村道路3.1km），上海汽车博览公园内道路4km，虹桥机场至汽车城高速公路20 km。测试场景由350个增加到1580个，将智能网联汽车活动范围伸展至工业区、商业区、交通枢纽、住宅区等各个场景。

上海汽车城示范项目包括封闭测试区、开放道路5G+MEC+V2X示范区和开放道路4G+MEC+V2X示范区。其中，封闭测试区用于开发验证最新技术成果；开放道路5G+MEC+V2X示范区道路全长11.1km，提供城市、社区、乡村道路等环境下的智能网联汽车开放道路技术验证环境；开放道路4G+MEC+V2X示范区道路全长56.7km，用于将技术成果投入商业应用，为车辆提供安全、效率等方面的服务。

②同济大学智能网联汽车测试评价基地。智能网联汽车测试基地位于同济大学嘉定校区内，在交通环境、交通参与以及信息通信要素方面进行了全新的设计，配备5G通信系统。该基地由"三区一环"组成，"一环"是指1.3km的环路设计，"三区"按照地理方位划分，东区主要用于低自动化驾驶的测试，西区模拟的是城市中的各种结构化道路，包括停车场、直道、环形道路、坡道等，南区模拟的是乡村道路以及一些越野环境。

③临港智能网联汽车综合测试示范区。根据自动驾驶及车路协同技术发展和验证需求，临港智能网联汽车封闭测试区建设分为两期。一期利用临港科技城园区内4.7km道路及D08-02地块构建封闭测试道路及核心测试广场，部署9个交叉路口路侧管控及通信设施。二期以核心测试广场为链接向临港科技园区4km² 区域拓展，测试道路长度拓展5～10km，包括高速公路、城市道路、长度500m的模拟隧道（卫星及通信信号屏蔽，夜光及低光环境）和长度500m可控降雨模拟道路等。

**（4）浙江车联网试点示范进展**

浙江省加快发展车联网产业，将其作为促进数字经济"一号工程"和汽车产业高质量发展的重要突破口，也是缓解交通、能源、环保等问题的有效手段。推动L3级及以上自动驾驶车辆在一系列特定场景下的示范和商业化应用，加快提高基于C-V2X技术的智能网联终端普及率，全面推广智慧出行服务。浙江省内自主品牌汽车的车联网新车用户渗透率达到60%以上，争创国家级车联网先导区。

① 嘉兴桐乡乌镇和杭州云栖小镇。桐乡市乌镇 5G 车联网试点示范区依托于工信部和浙江省政府签订的《基于宽带移动互联网的智能汽车、智慧交通应用示范合作框架协议（试行）》[10]。示范区一期以"一网、一路、一场、两终端、一平台"为核心开展建设，重点建设乌镇子夜路延伸段 2.5km 示范路、2500m² 智能停车场、580m² 成果展示厅等设施，建成智能路网基础设施、新一代宽带通信网络设施及实验验证环境。二期以"一点（封闭测试场）、一线（开放测试道路）、一面（城市级车路协同示范区）"三阶段开展建设工作，目前能够提供 20 余种网联式场景测试，并可自由定义组合多种场景。示范区未来建成 1+X（一个统一的数据平台、多个演示场景）的应用示范体系，开展智能停车应用、辅助驾驶/自动驾驶应用和新能源汽车技术与产品示范，打造成智慧交通融合创新试验平台、车路协同应用示范平台、车路协同产品创新平台。

云栖小镇于 2016 年 7 月建成 5G 车联网应用示范项目，中国移动依托路灯杆或交通指示牌布设 34 个 LTE-V2X 路面站点，平均站间距 140m，实现了示范区道路无线全覆盖，并全程布设摄像头，能够实现车与车、车与人、车与网之间的互联互通，所有道路信息都可以实时传递到指挥中心，并反馈到车端。测试场景包括红绿灯车速引导、变道辅助和紧急刹车提醒、交叉路口碰撞避免提醒、车辆透视、公交车与普通车辆 V2V 通信（公交出站/公交进站/停靠上客）、人车冲突预警等。

② 宁波车联网试点。宁波围绕"开放环境自动驾驶示范"试点目标，通过建立起智能化基础设施体系，搭建形成半开放和全开放的自动驾驶测试环境，建成全球首个集 5G-V2X、边缘计算、交通数据服务平台、高精度地图、高精度定位的区域，成为面向智慧城市、智能交通和自动驾驶等应用领域的综合性示范区。同时依托宁波汽车产业优势和信息化基础条件，杭州湾智慧城市国家级示范项目旨在将宁波杭州湾新区打造成为国家级开放环境下智能网联汽车试验、示范和创新基地。项目将 12.8km² 的滨海新城启动区块作为重要试点范围，凭借吉利汽车自动驾驶优势及成果，推进杭州湾智慧城市建设。测试先以吉利汽车研究院内简单道路场景为依托，进行"路、车、云"基础设施建设，测试智慧交通和智能驾驶等关键技术，探索全产业链参与的商业运营模式。

③ 湖州德清车联网试点。湖州德清作为全国首个全域城市级自动驾驶与智慧出行示范区，推动形成"地理信息+车联网"融合发展良好局面。示范区内规划建设 173 亩智能网联汽车封闭测试场，用于智能网联汽车相关功能的验证与检测，形成完备的"封闭测试区—开放测试道路—虚拟测试场"三层测试验证能力。

为探索车联网应用场景,扩大推广规模,2020年将完成德清城区和乡村LTE-V2X网络以及5G全覆盖。同时将建设不少于100km的包含感知功能的智能道路网。预计2020年、2021年实现装配基于C-V2X技术的OBU车辆分别达到2000辆和5000辆。示范区开展特定场景下的示范应用,具体包括智能公交、景区无人巴士、智慧停车、无人物流与无人运输、无人售卖车、L4级自动驾驶网约车、无人驾驶特种作业车辆示范、交通运行状态监测与评估应用、应急指挥及救援应用、交通运行控制系统应用10个场景。

(5)湖南车联网试点示范进展

① 国家智能网联汽车(长沙)测试区。国家智能网联汽车(长沙)测试区位于湖南湘江新区,2016年起开始建设,规划控制范围约为9.6km$^2$,一期分为管理研发与调试区、越野测试区、高速公路测试区、乡村道路测试区、城市道路测试区5个主要功能分区。测试区建设8条主要测试道路和场地工程、12km测试里程、228个智能网联汽车测试场景和唯一国内高速公路及无人机测试区。其中高速区横跨长潭西高速,全长3.6km,双向6车道,用作全封闭式的高速测试,可实现进出服务区、进出收费口、路边紧急停车等6个高速环境模拟测试。国内首条开放式智慧公交示范线全长约7.8km,共设置11组站点,可实现"车-路-云"一体化协同。车的层面,部署基于L3级别的自动驾驶公交车辆。路的层面,实现全息乘客信息感知;首创数字化虚拟公交站点,引导智能公交车安全平稳停靠公交站点;运营全周期视频监控,实现全方位立体监管。云的层面,建立综合一体调度平台;实现智能公交状态及道路网联信息共享发布系统。

② 100km$^2$城市范围开放道路。测试区选取人工智能科技城、梅溪湖、洋湖、大王山、高新区约100km$^2$范围内约135km开放道路进行智能化改造。开放测试道路具备三个特点[11]。

a. 测试道路规模最长。全长135km,其中快速路主线12km,主干路87km,次干路18km,支路2km,独立辅道7km,快速路辅道9km。

b. 测试道路场景最丰富。测试道路类型更全面,包括快速路、主辅立交。道路出行环境更多样,涵盖居住、商业办公园景区、产业园等出行场景。

c. 测试道路场景最复杂。多数道路位于城市核心区域,西二环、枫林路等结构性主干是城市重要交通廊道。

开放道路智能化改造拟分两期实施。一期以打造全国城市级大规模基于V2X车路协同的智能网联汽车应用示范区为目标。二期以打造长沙智能网联汽车先导区为目标,在湘江新区范围内打造100km$^2$区域城市级智能网联生态体,实现规模化研发测试、辅助驾驶服务、智慧出行、智慧运营监管等需求，构建绿色生态与前沿智能科技高度融合的智能网联科技特色城市。同时基于智能路侧系统、边缘云计算系统与云控平台系统，打造"人－车－路－云"一体化系统架构，如图4-9所示。路网智能设施包含路网感知、V2X通信、边缘计算设施部署。云控平台将建设数据交换共享平台、数据通信总线、主题数据平台、大数据分析平台、计算资源调度平台。同时建设高精地图服务与差分定位服务系统，支撑系统运行。除自动驾驶乘用车系统测试外，增加特色载人测试内容，测试场景包括社区、景区、园区和公园等90余个应用类场景，全线支持L3级及以上自动驾驶车辆测试与示范。

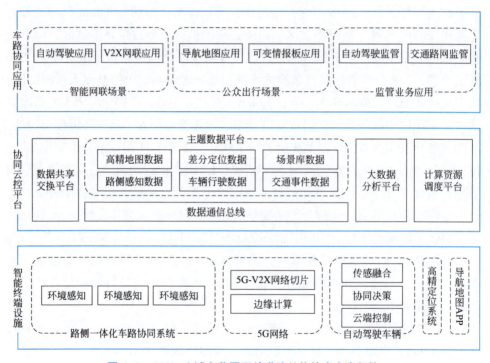

图4-9 100km² 城市范围开放道路总体技术方案架构

③ 100km高速开放道路。测试区的100km高速开放道路位于长益复线、绕城高速西南段、绕城高速西北段，全程约93km，分为标准路段、测试路段和示范路段。

a. 标准路段。在智慧高速公路全线的桥梁隧道、互通枢纽、匝道、高速收费站等关键路段和节点进行智能化改造，满足即将商业化落地的L3级自动驾驶车辆行驶。

b. 测试路段。选取长益复线 10km 左右典型路段进行智能化改造，满足 L3 级自动驾驶车辆行驶及高速公路运营和监管需求。

c. 示范路段。选取绕城高速西南段 10km 左右典型路段进行改造，满足 L4 级自动驾驶车辆测试需求。

开放道路内打造测试、应用场景 100 多个，是国内首条 5G+V2X 智慧高速公路，将弥补国内高速环境下缺乏测评、示范环境的空缺。主机厂可以从自车行为、环境信息、道路交通信息、交通参与者四个维度信息检测整个系统的安全性和可靠性，同时提高高速公路的运行和监管质量。

④ 自动泊车和仿真实验室。建设自动泊车示范应用场景，共两层约 200 个车位，用于探索自动泊车商业化运营模式，实现用户驾车前后"最后一公里"的自动驾驶、寻找空闲车位、自动泊车入位/出位等方面需求，最大化提高停车场空间利用率。同时建设智能系统设备检测仿真实验室，打造计算机虚拟环境仿真测试、环境感知传感器仿真测试、导航定位系统仿真测试、V2X 通信系统仿真测试。通过仿真试验室，模拟更多的"虚拟"交通测试场景，为自动驾驶汽车技术迭代提供有力支撑。

**（6）湖北车联网试点示范进展**

2016 年 11 月，国家新能源与智能网联汽车产业示范基地落户武汉。2017 年项目建设正式启动。武汉开发区"汽车+"产城融合示范区 PPP 项目打造"两大平台"（国家技术数据、标准、规范和法规的基础性支撑平台和下一代智慧交通支撑平台），建成"四个中心"（下一代汽车创新中心、展示中心、测试中心和产业集聚中心）。

武汉国家新能源与智能网联汽车产业示范基地项目建设分三步走。

a. 2019 年之前，建成 2km 的智能网联汽车封闭测试场，搭建"部分自动驾驶"测试场景，包括高速环线、城市工况测试区、柔性测试区、强化测试区、无人军车测试区、极限性能测试区和研发实验群，具备完备的地下线路、感应系统、数据收集分析系统，完成道路网、通信网、能源网、数字空间网的实施方案和数据中心。

b. 2020 年，建成 $15km^2$ 的智能网联汽车小镇，实施"有条件的自动驾驶"示范，开通从沌口到军山的自动驾驶公交示范运营线路，形成包括上中下游的完整产业链条。

c. 2022 年，建成 $90km^2$ 智能网联汽车产业示范区，开展"高度自动驾驶"下的智慧城市服务示范，规划示范道路 159km，其中测试道路总长 68.3km，交通路口 152 个，覆盖居住区、商业区、物流区、旅游风景区和工业区，可实现公交车、环卫车、出租车、物流车等多种不同车型的自动驾驶应用场景，形成涵盖下一代汽车研发设计、智能终端制造、智慧交通平台运营的完备产业生态体系。

（7）北京和河北车联网试点示范进展

① 国家智能汽车与智慧交通（京冀）示范区。国家智能汽车与智慧交通（京冀）示范区是为落实工业与信息化部、北京市、河北省签订的"基于宽带移动互联网的智能汽车与智慧交通应用示范部省合作协议"而设立，示范区按照"场－路－区三级试验示范环境"建设。"场"包括北京市亦庄基地 650 亩❶，北京市海淀基地 200 亩、北京市顺义北小营镇无人驾驶封闭测试场 1200 亩，以及河北省徐水试验场封闭测试区 200 亩。"路"包括北京 44 条共 123km 开放测试道路，其中北京市经济技术开发区路东区、核心区和河西区 24 条共 74.4km，海淀区环保园 A 区、稻香湖 3 条共 19.4km，顺义区高丽营镇 6 条共 11.2km，房山区北京高端制造业基地 11 条共 18km。"区"包括北京市经济技术开发区 5G 车联网创新示范区、北京市海淀区中关村自动驾驶创新示范区、北京市顺义区智能网联汽车创新生态示范区、北京市房山区 5G 自动驾驶示范区、北京市石景山区首钢冬奥示范区、河北省保定徐水长城智能网联测试示范区、河北省雄安新区以及河北省沧州区级全域自动驾驶可载人测试路网。

② 北京市整体及海淀区、经济技术开发区。《北京市智能网联汽车创新发展行动方案（2019～2022 年）》[12] 以 2022 年冬奥会实现智能网联汽车全面应用为目标，加快技术突破和产品开发步伐，加速新技术上车，新车上路，提升实用能力，完善技术标准、应用标准、安全标准，基本完成智能网联汽车技术体系的构建。

2017 年北京建设全国第一条智能网联开放测试道路，道路全长 12km，含公交专用道、潮汐车道、主辅路等复杂交通环境，在 7 个路口部署了 20 余套车路协同设备，并与交通信号灯、路侧标示标牌、可变情报板、施工占道标示等互联。具有车联网功能的汽车在该路段行驶，可实现盲区提醒、紧急车辆接近、行人闯入、绿灯通过速度提示、优先级车辆让行等功能。

2018 年 1 月海淀基地正式对外开放。自动驾驶汽车测试场景分为 T1～T5 五个级别，不同车辆可选择不同的测试场景。其中，T1 为最基础的笔直道路，

---

❶ 1亩=666.7m²。

只有红绿灯等简单交通设置；T2 为简单城市场景，可让自动驾驶车辆实现右转；T3 为常见城市场景，有城市平面立交桥；T4 为复杂城市场景，有隧道、林荫道等设置；T5 为特殊城市场景，可实现雨雾、湿滑路面等复杂交通和天气环境。海淀基地的自动驾驶封闭测试场可实现 T1～T3 测试场景，涵盖京津冀地区城市与乡村道路环境，可构建上百种静态与动态典型交通场景，包括环岛、苜蓿叶式立交、隧道、公共汽车站、停车区、雨区道路、雾区道路、学校区域、湿滑路面、夜间行驶等，并搭载了 V2X 设备与系统，支持网联自动驾驶（CAV）研发测试。测试场还提供背景车辆、模拟行人等模拟交通流设备，模拟公交车站、模拟施工路段等模拟设施，可为乘用车和小型商用自动驾驶车辆提供研发测试与能力评估服务。

2018 年 2 月，《北京市自动驾驶车辆道路测试能力评估内容与方法（试行）》[13] 及《北京市自动驾驶车辆封闭测试场地技术要求（试行）》[14] 明确哪些智能驾驶车辆能上路、哪些场地能开展自动驾驶能力测试与能力评估活动。次年 3 月北京开放 44 条共 123km 自动驾驶测试道路。

2019 年 5 月亦庄基地正式对外开放。作为首个 T5 级别自动驾驶封闭测试场，亦庄基地涵盖京津冀地区 85% 以上的高速、城市、乡村道路环境，除了常见的测试场景外，还包含高速公路、城市快速路、环道、支路、隧道、障碍区、湿滑路面、雨雾、模拟光照、收费站、服务区、公交港湾、铁路交叉口、学校等各种场景。搭载了 V2X 设备与系统，支持网联自动驾驶（CAV）研发测试，并全面支持北京市 12m 以下自动驾驶车辆能力评估 T1～T5 的全场景测试。同时建设涵盖面积 40km$^2$、111 条道路共计双向 322km 自动驾驶车辆开放道路。为推进开发区全域开放自动驾驶测试道路，加快推进亦庄核心区全域 5G 智能网联测试道路建设，在核心区内完成 60 个 LTE-V2X 点位建设，打造 C-V2X/5G-V2X 全国领先的核心关键产品研发、测试验证、标准制定以及产业落地应用示范区，与亦庄自动驾驶测试道路形成有效互补。

整体上，北京市智能路网改造开展迅速，规划建设卫星地面增强站、LTE-V2X、5G-V2X 路侧单元，实现交通道路通信设施、视频监控设施、交通信号、交通标志标线智能互联，具备路网全域感知能力，满足复杂的车路协同需要。2020 年拟在重点区域完成 5G 车联网建设，形成连接车与云的车联网服务能力，积极推动北京成为 5G 车联网重点示范应用城市。

③ 北京市顺义区车联网试点。顺义区智能网联汽车创新生态示范区拟在 2020 年开放测试道路总里程达到 300km，智能网联技术逐步导入区内整车制造，重点区域实现 5G 通信全覆盖，应用示范场景分阶段实施。顺义区将打造 "人-

车－路－云－网－城市"开放协同的创新生态，形成"一廊、一镇、六园、多点"的 200km² 智能网联汽车创新生态示范区总体布局，打造智能网联汽车与智能交通深度融合的智能交通新模式。

④ 北京市房山区车联网试点。2018 年 9 月，北京高端制造业基地管委会打造国内首个 5G 自动驾驶示范区，建设了首条 5G 全覆盖自动驾驶车辆测试道路，首期道路全长 2.2km，共设 10 个 5G 基站、4 套智能交通控制系统、32 个 V2X 信息采集点位、115 个智能感知设备，以 5G 车联网为应用场景，实现道路全覆盖。同时指定房山区 11 条道路共 18km 为自动驾驶车辆开放测试道路。

⑤ 北京市石景山区车联网试点。首钢冬奥示范区，即北京市智能网联汽车示范运行区（首钢园），占地 8.63km²，是 2022 年北京冬奥会奥组委所在地，同时还有 3 个奥运训练中心和 1 个比赛场地。2018～2021 年间，首钢园区内会展开多种车型的 L4 级自动驾驶示范应用，这些示范应用成果将服务于园区冬奥会期间的日常运营需求。奥运前（2020 年），园区内计划有 10 余辆无人车，覆盖区域为首钢园区北区；奥运中（2022 年），将计划有 100 余辆无人车，覆盖区域同样为首钢园区北区；奥运后（2025 年），将计划有 1000 余辆无人车，覆盖区域为首钢整个园区，服务范围达 15 万人口。

⑥ 河北省保定市车联网试点。河北省保定徐水长城智能网联测试示范区，即国家智能汽车与智慧交通（河北）示范区共分三期，一期是长城汽车徐水试验场内建设的封闭测试区，区域范围约 13.4 万 m²；二期结合徐水试验场交通、通信基础设施情况，建成小规模辐射周围主要道路的测试和示范区，可以提供半开放及开放道路测试，区域范围约 20km²；三期围绕保定市大王店产业新城建设的综合测试与城市智能交通示范区，区域范围为 61km²。一期封闭测试区的测试道路总长度 5km，布有十字路口、五岔路口、环岛、匝道及 15 种特殊路面，配有完善的交通信号灯、路灯、街景、行人、模拟加油站、通信及智能交通管制系统等设施，充分模拟城市及郊外工况，可实现 200 余种场景。封闭测试区搭建了 5G 基站、LTE-V2X 基站、DSRC 基站、交通信号灯系统、GNSS 差分导航基站、高精度地图、Wi-Fi 等测试环境，能够用于智能交通系统（ITS）、驾驶员辅助驾驶系统（ADAS）、无人汽车等相关研究测试需求。

⑦ 河北省雄安新区车联网试点。2018 年 3 月，中国移动完成雄安新区首个 5G 自动远程驾驶启动及行驶测试，实现了通过 5G 网络远程控制 20km 以外的车辆完成启动加速、减速、转向等操作，网络时延保持在 6ms 以内。雄安新区建设的车联网和智能交通示范区打造雄安市民服务中心交通先行示范区，推进绿色交通出行比例达到 90%，公共交通占机动化出行比例达到 80%。为了推行

需求即时响应、一人一座、免换乘的高品质公交服务系统，开发需求响应型公交系统。此外，通过对示范区开展交通信息化和智能化升级改造，包括建立车路协同平台、示范区道路基础设施智慧化升级改造、示范车辆网联化改造，可实现示范区车辆100%网联，打造全球领先的车路协同、无人驾驶及车联网示范区。

⑧ 河北省沧州市车联网试点。沧州作为"河北省战略性新兴产业示范基地（智能网联汽车）"，于2019年11月举办了开放道路自动驾驶测试启动暨首批载人测试体验活动。自动驾驶车辆可在沧州经济开发区内所有测试路段进行规模化载人测试，开放测试道路的里程超过100km。区域道路路网允许全域开放测试，意味着自动驾驶车辆从固定路段测试向不固定路段的一个突破性尝试。

**（8）天津车联网试点示范进展**

① 天津车联网先导区。2018年7月，天津市交通运输委、市工业和信息化委、市公安局联合编制出台了《天津市智能网联汽车道路测试管理办法（试行）》[15]，在东丽区和西青区开放了首批测试道路。东丽区开放道路在机场大道附近，全长5.35km，实施方案分为两期。一期将满足智能驾驶道路测试的要求，包括交通信号灯、指示标志、道路标志标线等；二期满足网联化测试的要求，包括V2X路测单元、电子可变情报板、5G基站等配套设施，实现车路协同，完善多样化测试场景建设。西青区测试道路在王稳庄环线，全长24.5km，逆时针单向循环设计，路段包括车流量较大的国道津淄公路、半封闭的赛达工业园区道路，以及行人、非机动车密集的乡村道路。

《天津市车联网（智能网联汽车）产业发展行动计划》[16]以西青区、东丽区、滨海新区核心区为重点区域，推进智能交通信号灯、交通电子标志、交通感知系统、交通管理系统、交通信息发布系统等相关设施数字化、智能化升级改造；构建与智能网联汽车技术发展水平相契合的应用场景，开展共享汽车、校园接驳车、环卫作业车、园区物流车、公交车等智能化、网联化应用，扩大示范应用范围。在天津港推动智慧港口无人驾驶集装箱卡车应用，在天津南站开展轨道交通与道路交通联动智能化应用，在海河教育园区设立智慧公交产教研示范平台，探索创建智能网联汽车规模应用管理体系，形成多元示范效应。

② 天津西青区车联网试点。2018年9月，天津市西青区与中国汽车技术研究中心签订战略合作协议，双方将共同打造建设智能网联测试区，推进智能网联汽车的发展，带动智慧城市的创建。天津（西青）获批创建国家级车联网先导区，成为继江苏无锡之后的第二个国家级车联网先导区。天津（西青）先导

区的主要任务和目标如下。

a. 发挥在标准机构、测试环境等方面的优势，探索跨行业标准化工作新模式，加快行业关键急需标准制定和验证，加强测试评价体系建设，促进行业管理制度和规范的完善。

b. 规模部署蜂窝车联网 C-V2X 网络，完成重点区域交通设施车联网功能改造和核心系统能力提升，明确车联网通信终端安装方案，建立车联网安全管理、通信认证鉴权体系和信息开放、互联互通的云端服务平台。

c. 明确车联网运营主体和职责，探索丰富车联网应用场景，构建开放融合、创新发展的产业生态，形成可复制、可推广的经验做法。

西青区着力打造"2 + 1"重点工程，"2"指虚拟测试及研发基地（A-1）、封闭测试场（B-1），"1"指开放测试道路。虚拟测试、封闭测试、开放道路测试基本构成的智能网联三级测试体系，充分满足了客户企业的测试全过程需求。虚拟测试及研发基地（A-1）位于中汽中心数据资源中心（ADC）西青办公室所在地，为智能网联汽车提供前端验证和反馈，目前已积累 200 余个场景数据、30 多万 km 高速公路数据、50 多万精细化标注，可为企业自动驾驶技术方案提供全面的评价测试。封闭测试场（B-1）位于西青区东南部王稳庄镇，规划建设面积 4000 亩，规划测试道路总长超过 10km，包括快速环路、城市环境道路、乡村环境道路、ADAS 区、全尺寸交叉口、直线区、高速场景区 7 个测试分区。

开放测试道路在王稳庄环线基础上，还包括东南环线（郊区道路环境）、西北环线（城市道路环境）、南北连接线（城市间快速路环境）3 条开放测试道路，全长 87km。

### （9）广东车联网试点示范进展

2018 年 12 月发布的《广东省智能网联汽车道路测试管理规范实施细则（试行）》[17]，明确了测试主体、测试驾驶人及测试车辆、封闭道路、场地和测试道路、测试申请及审核等方面的细则。各有关地市封闭道路、场地，除了隧道、林荫道、加油/充电站、地下停车场、十字路口、丁字路口、圆形环岛等常见交通场景的搭建外，还要充分利用特殊地形坡度等建设特色场景。

广州市整车产量一直排在全国前列，构建了多元化汽车品牌格局，中国品牌、欧美品牌和日系品牌共同发展，同时还有 4 个新能源汽车自主品牌和一批造车新势力。在南沙区创建的基于宽带移动互联网的智能网联汽车与智慧交通应用示范区，成为又一围绕"中国制造 2025"重点布局智能网联汽车的示范区[18]。

作为广东智慧公路一期试点项目,广州市南沙大桥(原虎门二桥)全线布设了 6 座 5G 基站,搭建了路运一体化车路协同系统,并安装路侧通信设备。可实现天气和环境监测提醒、特殊路段提醒、限速预警提醒、交通事故提醒、前方拥堵提醒、道路施工提醒、紧急车辆让行提醒等应用。

2019 年 6 月,在"广州市智能网联汽车示范区运营中心成立暨首批智能网联汽车道路测试授牌仪式"活动上,广汽集团、文远知行、小马智行、景骐、裹动智驾、深兰科技六家企业获得了广州市首批智能网联汽车道路测试通知书,共发放 24 张自动驾驶路测牌照。同时确定广州首批开放测试道路路段与道路定级,共有测试道路 33 条,总里程达 45.644km。

2019 年 7 月,广州市黄埔区正式启动"全国首个自动驾驶综合应用示范岛"建设,广州公交集团在广州市黄埔区国际生物岛开行 1 条自动驾驶公交(Robo-bus)应用示范线,并有 5 台自动驾驶出租(Robo-taxi)应用示范车辆在岛内运营。中国联通等实现广州国际生物岛 5G 信号全岛覆盖,利用 5G 广域和大带宽,可实现 V2N 信息服务类业务,如辅助信息、高精地图、车载娱乐等;利用 5G+MEC 广域、低时延和高可靠特点,可实现 V2N 自动驾驶类业务,如远程驾驶、操控和监控等。

2019 年 12 月,2019 智能网联汽车驾驶大赛(广州)暨 2019 智能网联汽车技术大会在广州市黄埔区国际生物岛召开。大赛设置"面向自动驾驶车队的自动驾驶比赛""面向观众的趣味探险比赛"和"面向商业服务提供者的创新应用比赛"。自动驾驶比赛共设置 17 个场景,为实现智能网联赋能自动驾驶,岛上全长 5.5km 的比赛线路红绿灯以及路口设备均升级改造。高新兴科技集团为大赛安装了 V2X 路侧单元、激光雷达、摄像机、MEC、5G CPE 等设备。同时,依托国际生物岛连续覆盖 5G 网络,现场比赛信息可以实时传输回控制中心的智能网联平台。

2019 年 12 月,番禺区广汽智能网联汽车封闭测试场、南沙区庆盛智能网联汽车封闭测试场规划之外,南方(韶关)智能网联新能源汽车试验检测中心(简称南方试验场)正式动工。

下一步广州市将制定车联网发展规划,争创国家级车联网先导区,计划到 2022 年,在 6 区约 300km$^2$ 范围内完成车联网先导区基础设施建设和改造,其中核心区面积达 80km$^2$。初步计划未来 2 年左右时间内完成以下目标。

① 网络:在不小于 247km$^2$ 城镇区域部署 C-V2X 网络。
② 交通设施:完成一定规模交通设施车联网功能改造和核心系统能力提升。
③ 车载终端:装配不少于 1 万辆的 C-V2X 车载终端。

④ V2X 云平台：建设信息开放和互联互通的 V2X 云服务平台。

⑤ 测试验证和应用示范：具备开展交通安全、交通效率、智慧出行、交通管理等车路协同典型应用场景的测试验证条件。

⑥ 安全管理机制：建立车联网安全管理、通信认证鉴权体系和平台。

⑦ 商业模式：探索自动驾驶公交车、出租车运营、园区内摆渡车自动驾驶、最后一公里自动泊车、城市共享用车、智能道路清扫、智能物流等应用示范，加强智能汽车与出行公司合作，创新商业化运营模式。

### （10）重庆车联网试点示范进展

重庆覆盖全球 85% 以上交通场景及环境，除了高速环路、长隧道、坡道、弯道、桥梁、林荫道等，还有 3D 城市、5D 立交这样的独特资源，堪称自动驾驶道路测试的全能型考场。《重庆市自动驾驶道路测试管理实施细则（试行）》[19]对实施自动驾驶道路测试的组织架构、安全责任认定、风险控制、道路设定以及参试车辆和人员的要求等，做出规范和完善。

① i-VISTA 国家智能汽车集成试验区。i-VISTA 国家智能汽车集成试验区是经工信部和重庆市批准，中国汽车工程研究院立足于人车路网云应用示范，联合众多行业资源共筹共建的智能汽车与智慧交通公共服务平台。2016 年开始建设封闭智能网联汽车与智能交通公共服务平台，定位封闭场地测试评价；2019 年开放 5G 自动驾驶驾驶应用示范共享服务平台，定位大规模测试＋商业化运营前认证＋主观评价测试；2020 年建设 5G 智能网联先导区，定位商业化运营。

封闭智能网联汽车与智能交通公共服务平台有三个场所，分别位于中国汽研园区、重庆西部汽车试验场和两江新区智能汽车与智能交通开放道路。城市模拟道路测试评价及试验示范区（中国汽研礼嘉园区内）道路全长 6km，包含十多种直道、弯道、坡道、隧道、桥梁、淋雨道、林荫道、ABS 低附路，11 个十字、丁字路口。装备 1 个 GNSS 差分基站，支持 GPS、北斗、GLONAS 导航；8 套 LTE-V 路侧单元，8 套 DSRC 路侧单元，11 个信号灯组和 13 个摄像头，5 个跟踪式微波检测器，用于探测和跟踪车辆和行人。可以进行盲区预警、变道预警、行人预警、紧急制动、车速诱导、自动泊车、隧道行驶等 50 多种交通场景测试。重庆西部汽车试验场位于重庆市垫江县黄沙镇，具有国内独有的世界先进水平的干湿操纵性道路、直径 300m 国内最大的圆形动态广场、4 个行车道最高可达 200km/h 安全车速的高速环道、20 多种路面的综合性评价道路、基本性能道、制动测试道（含 6 条 ABS 测试道）、车外噪声测试道、舒适性道路、强化耐久试验道、标准坡道、异响路等路面，可满足企业开发性试验、耐久性型式认证以及汽车强制法规试验的需要。两江新区智能汽车与智能交通开放道路试验区，路测范围为金通大道—礼仁街—工业园环线—金渝大道—金通大道，总长为12.5km。这一片区具备重庆山地城市拥有的典型交通场景及环境，形成涵盖西部地区90%以上特殊路况、全国85%以上路况环境下的开放交通场景智能汽车及智慧交通测试示范区。

5G自动驾驶开放道路场景示范运营基地包含5G自动驾驶应用示范公共服务平台，总体规划约2km$^2$，已建成区域36万m$^2$，包括SOHO办公、商业、体育公园、大数据学院以及具有重庆典型特色的弯道、立交、异形路口等道路环境。在已建成区域进行了5G网络和网联化基础设施建设，新增5G基站8个，C-V2X RSU路侧单元16套，检测设备20多套，运营长度4.3km，全程设置9个站点。

② 中国汽研智能网联汽车试验基地。中国汽研智能网联汽车试验基地（大足基地）位于重庆市大足区双桥经济技术开发区，具备汽车试验所需的常规道路、高速直线性能道路、典型综合路、动态广场、ABS制动测试道路、NVH异响测试道、涉水池、坡道路、智能汽车试验道路等13类测试道路。试验车道全长约54.9km，路面面积约38.4万m$^2$，是国内占地面积最小、土地利用率最高、系统功能齐全的汽车试验场，覆盖传统大型汽车综合试验场80%以上功能，能满足55t及以下各类车型开发、测试、评价。

大足基地拥有国内最长、最宽的直线性能路，全长5593m；在动态测试场地方面，拥有全国最长的加速道，能有效保证最高进入车速超过160km/h，以及重型商用车整车试验对加速距离的要求；同时，可实现31种可靠性道路的自由组合，可提供ABS制动测试、ESC、排放、耐久、舒适性、噪声、NVH异响、涉水、浸水、坡道、加速、弯道等试验场地。

大足基地的测试道路区域内建设有一条专门的智能网联汽车测试道路，全长1450m，宽度12m，全沥青铺装，三车道设计，配备智能信号控制系统、V2X通信系统、智能路灯控制系统、可升降限高设备等。可在智能汽车测试道上开展智能网联汽车的辅助驾驶系统、网联功能、车路协同应用、环境感知等项目。

③ 重庆车检院自动驾驶测试应用示范基地。重庆车检院围绕智能网联汽车关键技术打造了自动驾驶测试应用示范基地，基地包括封闭测试区、半开放测试区和开放示范区三部分，涵盖了城市、高速、乡村三种道路类型，囊括了城市交通、智慧物流、智慧公交三种示范形态。

a. 封闭测试区是交通运输部认定的自动驾驶封闭场地测试基地，拥有隧道、雨雾路段、公交车站、学校区域、应急避险车道、高速公路服务区等交通场景，具备模拟城市道路、高速公路、多车道等场景下的 L1～L4 级自动驾驶，以及基于 5G-V2X 的车 – 车、车 – 路、车 – 人等协同通信测试评价能力，其中网联协同类场景 28 个，自动驾驶类 20 个，包含安全类、效率类、服务类、通信能力类、车辆性能类、驾驶行为类、异常处理能力类、退出机制类以及操作类。基地是在重庆机动车强检试验场的基础上，通过智能化改建而成，部署了 12 座具备专用短程通信、高精定位、环境感知等功能的复合路侧基础设施及路侧终端、车载终端及智能监控系统。

b. 半开放测试区位于国家质检基地内，包括 6 条道路，总长度 1.9km。

c. 首批开放测试区包括新金大道、高龙大道西段、金尊路、凤华路、金凤苑路 5 条道路，总长度 5.5km。

重庆车检院基于北斗高精定位和 5G C-V2X 技术，在封闭 / 半开放 / 开放测试区全面覆盖 5G 信号，已建成 15 座具备 5G 通信、高精定位、环境感知等功能的复合路侧基础设施，结合自主研发的路侧终端、车载终端及后台管理系统，具备针对高级自动驾驶及车路协同技术的研发及测试评价能力。同时具备了面向自动驾驶与车路协同的智能汽车及主动安全实验室和汽车电磁兼容实验室。

### （11）四川车联网试点示范进展

《成都市智能网联汽车产业发展实施方案（2019～2021）》[20] 提出四川车联网发展目标中包括基本建成中德智能网联汽车四川试验基地项目，并建设形成技术引领平台（标准制定）、公共服务平台（检测检验）、产业融合平台（示范应用）、开放合作平台（国际合作）四大平台及服务能力。在城市封闭区域开辟 1～2 条智能网联汽车示范线路，随后在城市开放区域开辟 5 条以上智能网联汽车示范线路，逐步扩大智能网联汽车示范应用范围。

中德智能网联汽车四川试验基地项目分三期建设，即：第一期（2018～2019 年）拟建设 1.2km² 的封闭测试场；第二期（2019～2020 年）拟建设 5km² 的半开放式体验区；第三期（2020～2022 年）拟建设 50km² 的综合示范区。基地内测试道路里程达 12km，包含高速道路测试区（3.7km）、普通道路测试区及特殊环境模拟测试区等。实现高速公路、城市道路、乡村道路及特殊环境等多种路况，具备光照、气象等环境模拟能力；同时容纳 1000 多辆测试车辆的运行，测试场景达 200 余种，可分为安全、效率、信息服务、新能源应用、通信和定位能力测试 5 大类；支持 LTE-V、DSRC、5G 等多类型的通信模式，形成中国标准智能网联汽车测试场景库，构建完整的测试验证服务能力。智能网联汽车半开放式体验区内有数据中心、研发中心、智能网联认证中心、创新服务中心，打造智能网联汽车产业孵化基地、人才高地、资本聚集地。同时，引入我国及德国智能网联汽车相关整车、零部件、通信和信息安全企业，完善产业链。城市车联网综合示范区，形成多源、多维度且动静结合的交通 GIS 综合大数据系统，提升公众出行满意度与城市交通管理效率。未来将在这里开展 5G 车联网试点应用，实现智能车路协同与交通云控系统部署。

### （12）吉林车联网试点示范进展

2018 年 4 月，《长春市智能网联汽车道路测试管理办法（试行）》[21] 对测试主体、测试车辆和测试驾驶人等提出要求。国家智能网联汽车应用（北方）示范区封闭场地面积 35 万 $m^2$，封闭道路里程 3km，具有 6 大类 99 个测试场景，通过行驶场地和驾驶情景的组合可以扩展到 300 余个场景，智慧交通设施共有 4 大类 100 余个，实现了高精地图和 5G 信号的全覆盖。测试场地可同时容纳 10 辆车测试，涵盖了弯道、隧道、坡道、十字交叉口、环岛、林荫道场景、砂石路、水泥路、铁路道口（模拟）。

示范区域面积覆盖净月核心区 $100km^2$ 以上，示范道路累计约 100km，包括商业住宅区、商业中心、旅游中心、工业园区、城乡结合区、客运中心、货运中心以及城市快速道路、城市轨道交通、城区道路、乡村道路、隧道、桥梁、立交桥路、山地、环湖、坡路等道路环境。可支持示范车辆包括轿车、客车、卡车等多种车型，测试车辆可安装基于 LTE-V2X 技术的通信设备和北斗高精度定位设备、基于 4G 的 T-BOX 和北斗高精度定位设备或基于 4G 技术的 OBD 终端，能够实现信息提示、安全预警与控制、绿色节能等智能网联化应用。在交叉路口安装智能网联红绿灯、流量监控设备及危险状态监控和危险信息发布设备。

2018 年 7 月，长春市智能网联汽车道路测试推进工作小组决定选取紫杉路（欧李街至聚业大街段）、聚业大街（绿柳路至福祉广场段）、福祉大路（福祉广场至福祉立交桥段）、欧李街（紫杉路至百合街段）、百合街（欧李街至银杏路段）和银杏路（百合街至聚业大街段）作为开放测试道路，总长约 8km。

### （13）陕西车联网试点示范进展

《西安市规范自动驾驶车辆测试指导意见（试行）》[22] 和《西安市自动驾驶车辆道路测试实施细则（试行）》[23] 对测试区域、测试车辆、事故认定等相关问题进行了规范。同时，将长安大学车联网与智能汽车试验场指定为西安市唯一的自动驾驶封闭场地测试基地。

长安大学车联网与智能汽车试验场是在原长安大学渭水校区汽车综合性能试验场（全国高校唯一的 A 级汽车性能试验场）基础上，进行电子化、信息化、智能化改造完成的。试验场建有全长 2.4km 的汽车高速环形跑道、1.1km 直线试车道、1.3 万 m² 的操纵稳定性试验广场、汽车驾驶训练场，建有五种可靠性强化典型试验道路、三种低附着系数组合路面、两种爬坡道及涉水路等专用汽车试验道路，并构建了较为完备的车联网通信体系。封闭测试场地的测试场景具体包括操纵稳定性试验广场、高速环道、直线道路、左直角弯道、右直角弯道、S 弯道、上坡道、下坡道、限宽车道、平行式停车位、垂直式停车位、十字路口、丁字路口、施工道路、隧道、越野道路、无道路标线道路、涉水路、低附着系数路、比利时路、鱼鳞坑路、长坡路、扭曲路、卵石路等测试场景，并设置有多种交通标志、交通信号灯以及道闸。

试验场集成了 LTE、LTE-V、DSRC、Wi-Fi、EUHT 五种无线网络，构建了较为完备的车联网通信体系。同时研发并配备了无人车、智能网联汽车、无人车室内测试机电一体化系统、半实物仿真测试平台、交通信号控制系统、视频监控系统、UWB 定位系统、龙门架、模拟隧道、地感线圈、ETC 系统、光纤网络、高性能服务器等各种测试装备，完成了部分试验道路的智能化。可满足行人避撞、自行车避撞、紧急停车避碰、红绿灯自动识别、自动穿行隧道、车 - 路信息交互、车 - 车交互、侧向超车、远程视频监控、穿行 S 形路障、各种城市 / 高速 / 乡村公路应用场景下的车联网与智能汽车测试需求。

2018 年 10 月，西安市工信局发布关于确定西安市第一批自动驾驶汽车测试道路的公告，从而推动西安市智能网联汽车产业发展和应用。确定以京东大道、东长安街南侧辅道、神舟三路、航创路为闭环的道路为西安市第一批自动驾驶汽车测试路。

### 4.5.2　中国城际车联网试点示范

**（1）城际车联网试点示范概况**

随着《关于加快推进新一代国家交通控制网和智慧公路试点的通知》[24]、《数字交通发展规划纲要》[25] 和《交通强国建设纲要》[26] 的相继发布，加强智能网联汽车（智能汽车、自动驾驶、车路协同）研发，形成自主可控完整的产业链；大力发展智慧交通，推动大数据、互联网、人工智能、区块链、超级计算等新技术与交通行业深度融合；推进数据资源赋能交通发展，加速交通基础设施网、运输服务网、能源网与信息网络融合发展，构建泛在先进的交通信息基础设施；构建综合交通大数据中心体系，深化交通公共服务和电子政务发展；推进北斗卫星导航系统应用成为各地的重要目标，各地区的城际车联网试点也积极展开，如表 4-13 所示。

表4-13  智慧高速车路协同示范项目列表

| 省市 | 公路 | 长度 | 关键时间点 |
| --- | --- | --- | --- |
| 北京、河北 | 延崇高速 | 116km，其中北京段33.2km | 2018年12月开放，开展车路协同智能驾驶演示 |
| | | | 2019年12月L4级自动驾驶和队列跟驰测试 |
| | 大兴新机场高速 | 27km | 2019年7月开放 |
| | 京雄高速 | 97km，其中北京段27km | 2019年8月，京雄高速一期工程开工建设 |
| 吉林 | 珲乌高速 | 885km | 2019年建设完成新一代国家交通控制网和智慧公路示范项目，2020年将示范成果在全省高速公路推广 |
| 江苏 | 新一代国家交通控制网（常州）试点工程 | | |
| | 通锡高速南通方向 | 4.1km | 2019年1月，公安部交通管理科学研究所建成专门用于自动驾驶测试的封闭高速公路环境，位于通锡高速（S19）南通方向 |
| | S342 无锡段 | 97.7km | 2018年5月无锡342省道智慧公路示范项目启动建设 |
| | G524 常熟段 | 19.6km | 2018年2月《G524通常汽渡至常熟三环段改扩建工程绿色公路创建实施方案》通过评审 |
| | 沪宁高速无锡硕放至东桥路段 | 3.25km | 2019年6月成功应用应急车道主动管控、连续式港湾车道、匝道智能管控系统等 |
| | 五峰山过江通道公路接线工程 | 33km | 2019年4月五峰山过江通道接线工程"未来高速"示范项目实施方案通过审查 |

续表

| 省市 | 公路 | 长度 | 关键时间点 |
|---|---|---|---|
| 浙江 | 杭绍甬高速 | 161km | 打造成一条"智能、快速、绿色、安全"高速公路,规划于2022年杭州亚运会之前通车 |
| | 沪杭甬高速 | 248km | 沪杭甬高速智慧化提升改造于2019年初开工建设,计划2020年全面完工 |
| | 杭州绕城西复线高速 | 152km | 2020年底将全线建成通车 |
| | 杭绍台高速公路绍兴金华段 | 115.4km | 2016年年正式动工,力争2020年建成通车 |
| 福建 | 基于大数据路网综合管理的智慧高速公路示范工程项目 | | |
| 江西 | 宁定高速 | 254km | 2017年12月开放 |
| | 昌九高速 | 138km | 2019年7月无人驾驶编队行驶测试 |
| 河南 | 机西高速 | 106km | 2019年11月河南省新一代国家交通控制网和智慧公路试点工程(机西高速公路)施工招标 |
| 广东 | 南沙大桥(原虎门二桥) | 12.89km | 2019年4月2日正式通车 |
| | 广乐高速 | 302.6km | |
| 其他 | 湖南省5G智慧高速公路 | 113km | 2019年9月正式开始启用 |
| | 山东省智能网联高速公路 | 26km | 2019年8月智能网联高速公路测试基地项目正式封闭测试运营 |
| | 山东省济潍高速 | 162.5km | 2020年开工建设 |
| | 四川省都汶高速龙池连接线 | 2.6km | 2020年9月正式投用 |
| | 四川省成都绕城高速 | 85km | 2019年建设一期"智慧眼"视频智能分析系统 |
| | 广西壮族自治区南宁沙井至吴圩公路 | 25.8km | 2022年完工 |
| | 海南省环岛旅游公路 | 1009km | 2019年开工建设 |

### （2）北京、河北高速公路车联网试点示范进展

延崇高速公路是从北京延庆到张家口崇礼的高速公路，全长约 116km，是 2022 年冬奥会延庆赛场与张家口崇礼赛场的直达高速通道。其中北京段全长约 33.2km，起点为延庆区大浮坨村西侧，终点在市界与延崇高速河北段相接。

北京段智慧公路试点建设特色是打造全要素基础设施数字化，支持自动驾驶和车路协同创新示范，建设绿色智慧服务区。基础设施数字化方面，实现交通运行状态监控、桥梁健康监控、隧道监控、数字化管控平台等；自动驾驶和车路协同方面，实现效率、安全和服务类典型应用场景等；绿色智慧服务区方面，实现车流和人流大数据分析、综合的信息服务、停车诱导、换乘诱导等。

河北段智慧公路试点建设特色打造自动驾驶、智能诱导、无感收费三方面体验。自动驾驶方面，实现智能化路况感知、北斗/基站精确定位、车路协同等；智能诱导方面，实现螺旋隧道综合引导技术、道路分车道动态控制技术、公路隧道调频广播技术等；无感收费方面，实现智慧收费技术、智慧收费 APP 等。

智慧公路主要部署 C-V2X RSU、摄像头、毫米波雷达、交换机等设备。其中 RSU 在双向车道两侧间隔 210m 成 Z 字形部署；摄像头在双向车道两侧间隔 105m 对称部署；毫米波雷达在双向车道两侧间隔 210m 对称部署。通过毫米波雷达、视频等多源数据的边缘智能计算，实现高速路事故、行人等异常交通事件全天候实时感知，并通过 C-V2X 网络实时发送给车辆，车辆进行车速调整、变道超车、自动减速以及紧急停车等。

在这段智慧公路上相继开展了全国首例高速公路车路协同智能驾驶演示（基于 C-V2X 实现车速 80km/h 的 L4 级自动驾驶和提升高速公路行车安全的智能辅助驾驶）和双向四车道全封闭环境下、基于 C-V2X 车路协同技术的 L4 级自动驾驶和队列跟驰测试。

### （3）吉林高速公路车联网试点示范进展

吉林省高速公路智能化示范工程旨在提升高速公路管理、指挥调度、运营安全、车路协同、出行服务等智能化水平，提高公路基础设施和运输效率及服务水平。2019 年依托珲乌高速吉林省全线试点工程和长春龙嘉机场连接线，建设完成新一代国家交通控制网和智慧公路示范项目并将示范成果在全省高速公路推广。

珲乌高速是连接珲春和乌兰浩特的高速公路，全长 885km，2007 年动工，2010 年 10 月 29 日全线贯通，双向 4/6/8 车道。示范工程将主要利用"互联网+"

技术，探索基于车辆特征识别的不停车移动支付技术；开展基于移动互联网的服务区停车位和充电设施引导、预约等增值服务；探索开展高速公路动态充电示范，构建季冻区能源互联网，通过新能源分布式并网、充电桩性能试验、分布式智慧供电、能耗监测等实现新能源汽车动、静态充电；开展低温条件下精准气象感知预测及预防性养护、车路协同安全辅助服务等。

### （4）江苏高速公路车联网试点示范进展

江苏高速公路车联网试点位于沪宁高速无锡硕放枢纽至苏州东桥枢纽段，全长3.25km，试点将应急车道主动管控、连续式港湾车道、匝道智能管控系统等新技术在无锡硕放至东桥路段进行成功应用。应急车道主动管控采用多源数据采集、路况感知、流量预警、后台管控、信息提示等智能化、自动化技术，实现了灵活动态的车道管控。某一事故发生时，应急车道开放行驶，事故车道作为应急车道使用。

作为全国首个高速公路匝道智能管控系统，高速基于现有空间资源，通过对信号灯、毫米波雷达、计算及控制等设备技术系统应用，可实时动态调整匝道通行策略，平衡高速公路入口匝道与主线交通量。当主线畅通时，车辆自由汇入；当节假日或主线拥堵时，采取匝道控制措施。也可实行协同管控，某一匝道可以协同其他多个入口匝道的信号灯进行线性联动控制。

### （5）浙江高速公路车联网试点示范进展

2018年11月，浙江省综合交通改革与发展领导小组印发《浙江省综合交通产业发展实施意见》[27]，推进智慧高速公路网建设。杭绍甬高速公路（杭甬复线高速公路，国家高速公路网编号G9221）作为车联网试点，经宁波、绍兴、杭州，止于杭州绕城高速。全长约161km，其中利用杭州湾大桥南接线约24km，实际建设里程约137km。杭州段长约9km，绍兴段长约29km，宁波段长约123km。杭绍甬高速将进行包括构建高精定位系统、车路协同通信系统、5G通信网络系统、新能源及无线充电系统、自动驾驶路侧系统、自由流收费系统、大数据驱动的智慧云控平台、自动驾驶及货车编队系统、全新的出行体验系统、打造自有知识产权系统等十方面建设。杭绍甬高速公路将被打造成一条"智能、快速、绿色、安全"高速公路，规划于2022年杭州亚运会之前通车。

### （6）福建高速公路车联网试点示范进展

福建省建设基于大数据路网综合管理的智慧高速公路示范工程项目，汇聚全路网数据，打造高速公路"智慧大脑"，实现高速路网管理决策、执行控制、公众服务的智慧化，构建两大中心、四个智慧应用、一条示范路。两大中心包括综合路网指挥信息中心（高速公路特定路网综合数据监测、分析、挖掘、演示、汇报的多层次、多功能联合大数据决策中心）和综合路网大数据中心（高度自主地分析路网综合管理数据，实现路网综合管理相关数据的采集汇聚、清洗加工、分析挖掘、融合应用等工作）。四个应用包括综合路网运行监测、综合路网应急处置、综合路网公众服务，综合路网态势可视化应用。通过大数据挖掘分析，盘活多年积累的路网运行监测数据资源，提升路网管理精细化、服务精准化水平。

### （7）江西高速公路车联网试点示范进展

2019年2月，江西省人民政府印发《江西省5G发展规划（2019~2023年）》[28]，以"新一代国家交通控制网和智慧公路试点工作"为契机，融合人工智能、大数据、智慧物联、北斗导航定位、车路协同和高精度地理信息系统（GIS）等先进技术，构建面向国家交通控制网的智慧公路。利用5G低时延、高可靠特性，探索路侧智能基站系统应用，选取有代表性的高速公路，开展车路信息交互、风险监测及预警、交通流监测分析等试点。结合基于北斗高精度定位的一体化应急管理与指挥调度系统和基于三维实景的高速公路设施资产管养及大数据决策支持系统，提升路网安全与运行效率，为自动驾驶奠定基础，探索形成江西特色的智慧公路运营管理新模式。搭建高速公路沿线5G移动通信网，利用5G技术对高速公路基础设施进行数字化改造，重点测试验证主动避障系统、辅助驾驶系统等基于5G的智能网联汽车系统，推广网联汽车关键电子零部件和传感器等产品应用，实现人车路协同。

### （8）河南高速公路车联网试点示范进展

《2019年度河南省交通运输信息化重点工作任务及责任目标分解的通知》[29]提出加快推进河南省新一代国家交通控制网和智慧公路试点工程（普通干线公路）前期工作，加快推进河南省新一代国家交通控制网和智慧公路试点工程（机西高速公路）。机西高速公路从郑州新郑国际机场至周口西华，建设范围在已通车运营的机西高速一期工程（106km）和在建的二期工程（45km）。2019年11月招标，建设以基础设施数字化和基于大数据的路网综合管理为重点的"231"（2套数字化体系，3套应用系统，1个云数据中心）智慧高速公路。

### （9）广东高速公路车联网试点示范进展

广东省在广乐高速进行智慧公路试点。广乐高速北起湘粤两省交界地小塘，到达广州市花都区花山镇，主线全长约270.8km，另外还有连接线约31.8km，合计总长302.6 km，跨韶关、清远、广州三市。其中韶关境内长161.9 km，清远境内长 119 km，广州花都境内长 21.7 km。试点前期在南沙大桥（原虎门二桥）进行智慧公路建设，大桥全长 12.89 km，连接珠江口东西两岸，是广州市和东莞市的重要过江通道，全线布设了 6 座 5G 基站，率先在全省高速公路实现开通时 5G 信号同步全覆盖，实现了路政车回传实时高清视频到监控中心、无人机智能巡检等应用。

### （10）山东高速公路车联网试点示范进展

2019 年 8 月，山东省滨莱高速公路淄博西至莱芜段改扩建工程建成通车，智能网联高速公路测试基地项目正式封闭测试运营。基地将原址保留的 26km 高速路段进行智能化、网络化、数字化改造，打造面向车路协同的真实场景智能网联高速公路测试基地。该路段含青石关等隧道 3 处，樵岭前 1 号大桥 1 处，收费站 3 处，是典型的山区高速公路，具备作为测试基地的多项天然优势。项目建成后，将具备智能网联汽车高速公路场景测试、车路协同测试及示范应用、智能公路应用系统测试、智能路侧系统测试及应用、智能网联车队列行驶测试示范等能力，成为国际上第一个面向无人车与车路协同应用的全尺度场景测试基地。

### （11）海南高速公路车联网试点示范进展

海南省计划用三年时间打造海南环岛旅游公路，定位为"国家海岸一号风景道"，以旅游为主，交通为辅，串联沿途特色海湾、特色海角、特色小镇、旅游景区、度假区等，公路主线全长 1009km。其中利用现有公路约 471km，改扩建现有道路约 101km，在建道路约 49km，新建道路约 387km。全线五分之一路段可看海，设置双车道，红线宽度 15m。环岛旅游公路除了景色优美，还将极具"智慧"，融合 5G 技术、GPS 定位、大数据、物联网等科技手段，开展无人驾驶、智能管理、实时监控等业务。

## 4.5.3　美国车联网试点示范

### （1）美国车联网试点示范概况

美国车联网（V2X）在政策推动、标准制定和频谱确定背景下，在 26 个州展开试点示范，覆盖超过美国 50% 的州。典型代表是怀俄明州、纽约、佛罗里达州三地的 DSRC 试点项目（图 4-10）。与此同时，美国也开启基于蜂窝的 C-V2X 相关试点工作。美国车联网产业发展和美国自动驾驶产业发展息息相关。在美国各州中，加州、密歇根州、俄亥俄州、佛罗里达州和亚利桑那州在网联自动驾驶方面位居前列[30]。

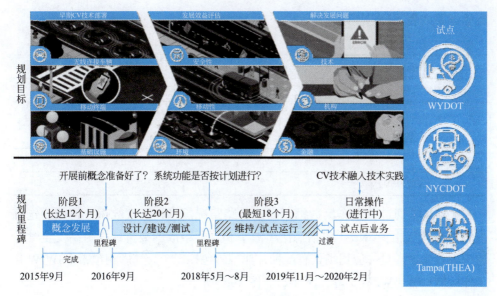

图 4-10 美国 DSRC 试点示范规划 [31]

同时，约有 10000 个城镇、城市、县和州购买、运营和维护交通基础设施设备。联邦政府提供资金，但不拥有任何基础设施。美国共有 35 万个交叉口，大约部署约 5315 套 DSRC RSU，分布在 26 个州，覆盖超过美国 50% 的州，总共约 18000 套车载终端 OBU（包括前装设备和后装设备）。

（2）美国各地车联网试点示范进展

① WYDOT 车联网试点示范进展。WYDOT 车联网试点由怀俄明州交通局（WYDOT）牵头，专注于州际高速公路，沿 I-80 高速公路部署大约 75 套 RSU、400 套 OBU。主要部署在商用车辆，其中至少 150 辆为重型卡车（表 4-14）。

表 4-14　WYDOT 部署设备清单 [32]

| WYDOT 设备清单 | 预计数量 |
| --- | --- |
| 路侧单元 | 75 |
| WYDOT 车队子系统车载单元 | 100 |
| 综合商用卡车子系统车载单元 | 150 |
| 改装车辆子系统车载单元 | 25 |
| 基础车辆子系统车载单元 | 125 |
| 总装备车辆 | 400 |

业务应用场景方面，重点关注货物通过 I-80 东西走廊的高效和安全运输，

第 4 章　5G 车联网政策、标准与测试　　**149**

具体场景如表 4-15 所示。

表4-15  WYDOT应用场景[32]

| WYDOT 应用分类 | 应用场景 |
| --- | --- |
| V2V 安全 | 前向碰撞预警 |
| V2I/I2V 安全 | I2V 环境感知 |
|  | 工作区域预警 |
|  | 现场天气影响预警 |
| V2I 和 V2V 安全 | 遇险通知 |

WYDOT 通过收集车辆数据，高速公路路况信息和天气数据，将减少走廊内的恶劣天气相关事故（包括二次事故）和爆炸事故的数量，以提高安全性并减少事故延误。具体应用场景有五种，典型的包括现场天气影响预警（SWIW）、工作区域预警（WZW）等如图 4-11、图 4-12 所示。

图 4-11  现场天气影响预警（SWIW）[31]

图 4-12  工作区域预警 [32]

WYDOT 的典型车载终端有车载人机界面（Onboard HMI）设备，可以看到严重预警信息（例如极端大雾天气、道路施工等）、普通预警信息（例如雨雪天气等）、限速信息、前向碰撞预警、车辆速度信息等。

② NYCDOT 车联网试点示范进展。NYCDOT 车联网试点由纽约市交通局

（NYCDOT）牵头，专注于通过部署 V2V 和 V2I 连接的车辆技术来提高城市中旅客和行人的安全性。NYCDOT CV（Connected Vehicle）试点项目包括曼哈顿和布鲁克林区三个不同区域，部署大约 353 套 RSU、8000 套 OBU。OBU 包括 5850 辆安装后装车载设备（ASD）出租车、1250 辆大都会交通管理局（MTA）公共汽车、400 辆 UPS 卡车、250 辆 NYCDOT 车队车辆、250 辆纽约市卫生部（DSNY）车辆，如表 4-16 所示。

表4-16　NYCDOT设备清单

| NYCDOT 设备清单 | 预计数量 |
| --- | --- |
| 曼哈顿和布鲁克林区交叉口和 FDR 大道的路侧单元 | 353 |
| 配置后装安全终端的出租车 | 5850 |
| 配置后装安全终端的 MTA 车队车辆 | 1250 |
| 配置后装安全终端的 UPS 卡车 | 400 |
| 配置后装安全终端的 NYCDOT 车队车辆 | 250 |
| 配置后装安全终端的 DSNY 车队车辆 | 250 |
| 弱势道路使用者 | 100 |
| 行人/自行车终端 | |
| PED 检测系统 | 10 + 1（备用） |
| 总装备车辆 | 8000 |

NYCDOT 关注在密集城市交通系统中典型的交叉口应用，会在多层次的行人、车辆、道路以及商业和居民区混合使用，未来将成为在城市环境中大规模部署的典范。项目特色是通过车内行人警告和 V2I/I2V 检测人行横道行人通过，来减少车辆与行人的冲突，为大约 100 名视觉障碍的行人配备个人设备，提供语音告警，协助这些弱势交通使用者安全穿过信号交叉口街道，如表 4-17 所示。

表4-17　NYCDOT应用场景

| NYCDOT 应用分类 | 应用场景 |
| --- | --- |
| V2I/I2V 安全 | 速度合规 |
| | 弯道速度合规 |
| | 工作区域速度合规 |
| | 闯红灯预警 |
| | 超大型车辆合规 |
| | 紧急通信和疏散信息 |

续表

| NYCDOT 应用分类 | 应用场景 |
|---|---|
| V2V 安全 | 前向碰撞预警 |
|  | 紧急电子刹车灯 |
|  | 盲区预警 |
|  | 换道预警/辅助 |
|  | 交叉口移动辅助 |
|  | 车辆在公交车前方右转警告 |
| V2I/I2V 行人 | 信号人行横道行人 |
|  | 移动无障碍行人信号系统 |
| 出行 | 智能交通信号系统 |

③ Tampa（THEA）车联网试点示范进展。Tampa（THEA）车联网试点由坦帕-希尔斯堡高速公路管理局（THEA）牵头，改善坦帕市中心的安全和交通状况。试点在整个区域的街道和塞尔蒙高速公路上，Tampa（THEA）部署 40 套 RSU、1620 套 OBU。大约覆盖 1600 辆汽车、10 辆公共汽车、10 辆线缆街道车和 500 名行人。主要参与方包括坦帕市（COT）、佛罗里达州交通部（FDOT）和希尔斯堡地区区域交通部（HART），如表 4-18 所示。

表 4-18　Tampa（THEA）设备清单[32]

| Tampa（THEA）设备清单 | 预计数量 |
|---|---|
| 交叉口路侧单元 | 40 |
| 装备车载单元车辆 | 1600 |
| 装备智能手机 APP 行人 | 500 |
| 装备车载单元 HART 公交 | 10 |
| 装备车载单元 TECO 有轨电车 | 10 |
| 总装备车辆 | 1620 |

Tampa（THEA）项目着力解决坦帕市中心高峰交通拥挤问题。通过上高速公路前检测和发出警告给道路驾驶员来降低碰撞风险、提高交叉口的行人安全、提供公交信号优先权等各类应用场景，主要包括早晨备份（Morning Backups）、错误方向驾驶员（Wrong-way Drivers）、行人安全（Pedestrain Safety）、交通信号优先（Transit Signal Priority）、有轨电车冲突（Streetcar Conflicts）、交通进展（Traffic Progression）六大类业务，如表 4-19 所示。

表4-19 Tampa（THEA）应用场景[32]

| Tampa（THEA）应用分类 | 应用场景 |
| --- | --- |
| V2I 安全 | 结束减速预警 |
| | 人行横道信号预警 |
| | 错误进入 |
| V2V 安全 | 紧急电子刹车灯 |
| | 前向碰撞预警 |
| | 交叉口移动辅助 |
| | 车辆在公交车前方右转警告 |
| 出行 | 移动无障碍行人信号系统 |
| | 智能交通信号系统 |
| | 公交信号优先 |
| 机构数据 | 启用探测的数据监控 |

Tampa（THEA）的典型车载终端有智能后视镜 HMI 设备，可显示前车紧急刹车信息、限速信息、车辆速度信息等。

### （3）美国 C-V2X 进展

美国车联网发展历程中的标志性事件之一，是福特从技术、持续演进和商用三个角度进行评估，最终选择从 DSRC 转 C-V2X。从技术角度看，2018 年 4 月在华盛顿召开的 5GAA 会议上，福特发布了与大唐、高通的联合测试结果，给出 DSRC 和 LTE-V2X 实际道路测试性能。结果显示，在相同的测试环境下，通信距离在 400～1200m 之间，LTE-V2X 系统的误码率明显低于 DSRC 系统，而且 LTE-V2X 的通信性能在可靠性和稳定性方面均明显优于 DSRC。从持续演进角度看，C-V2X 包含 Rel-14 LTE-V2X、Rel-15 LTE-eV2X 和向后演进的 NR-V2X，比 DSRC 具有明显优势。从商用角度看，DSRC 经过多年的测试与验证，可行性得到验证，同时网络、芯片等产业链相对成熟。但是 C-V2X 具备后发优势，5GAA 自 2016 年 9 月创立以来，已经有超过 120 家运营商、车企、芯片商、设备厂商等产业链各环节企业加入。

2019 年 3 月，福特表示计划于 2021 年在中国的福特车型中搭载 C-V2X 技术，到 2022 年在美国市场推出 C-V2X 车型。C-V2X 技术将与福特 Co-Pilot360™智行驾驶辅助系统相互协作，使车辆接收前方道路交通变化信息以及预知传感器可接收范围以外的风险，从而提前发出预警，甚至可以在驾驶者未采取行动的情况下紧急制动。

总体来看，通用、丰田、雷诺、恩智浦、AutoTalks 和 Kapsch TrafficCom 等支持 DSRC 发展；福特、宝马、奥迪、戴姆勒、本田、现代、日产、沃尔沃、PSA Group，众多一级供应商，运营商移动、联通、AT&T、德国电信、KDDI、DOCOMO、Orange、Vodafone，以及华为、爱立信、大唐、高通、英特尔、三星等支持 C-V2X 演进。不少企业选择二者兼顾。

C-V2X 已经在加利福尼亚州圣迭戈和密歇根州底特律进行初步试验，在美国 C-V2X 的基础设施建设，以匹配 2022 年美国第一辆 C-V2X 量产车型部署为目标。

## 参考文献

[1] 3GPP. 3GPP TR 22.885 V14.0.0（2015-12）[S]. 2015.

[2] 3GPP. 3GPP TR 22.886 V15.1.0（2017-03）[S]. 2017.

[3] 中国汽车工程学会. 合作式智能运输系统车用通信系统应用层及应用层数据交互标准 [S]. 2017.

[4] 中国汽车工程学会. 合作式智能运输系统车用通信系统应用层及应用层数据交互标准第二阶段 [S]. 2019.

[5] 吴冬升. 从"四跨"测试看车联网产业现状和趋势 [J]. 通信世界，2019，11:28-31.

[6] 江苏省推进车联网（智能网联汽车）产业发展行动计划（2019～2021 年）[G]. 2019.

[7] 无锡市车联网先导性应用示范白皮书 [G]. 2019,9.

[8] 上海市智能网联汽车产业创新工程实施方案 [G]. 2017,1.

[9] 上海市智能网联汽车道路测试管理办法（试行）[G]. 2018,3.

[10] 基于宽带移动互联网的智能汽车、智慧交通应用示范合作框架协议（试行）[G]. 2015.

[11] 开放道路智能化改造项目货物及相关服务采购招标公告. 开放道路智能化改造项目施工图设计 [G]. 2019,6.

[12] 北京市智能网联汽车创新发展行动方案（2019 年～2022 年）[G]. 2018,12.

[13] 北京市自动驾驶车辆道路测试能力评估内容与方法（试行）[G]. 2018,2.

[14] 北京市自动驾驶车辆封闭测试场地技术要求（试行）[G]. 2018,2.

[15] 天津市智能网联汽车道路测试管理办法（试行）[G]. 2018,7.

[16] 天津市车联网（智能网联汽车）产业发展行动计划 [G]. 2019,12.

[17] 广东省智能网联汽车道路测试管理规范实施细则（试行）[G]. 2018,12.

[18] 关于智能网联汽车道路测试有关工作的指导意见 [G]. 2018,12.

[19] 重庆市自动驾驶道路测试管理实施细则（试行）[G]. 2018,3.

[20] 成都市智能网联汽车产业发展实施方案（2019～2021）[G]. 2019,7.

[21] 长春市智能网联汽车道路测试管理办法（试行）[G]. 2018,4.

[22] 西安市规范自动驾驶车辆测试指导意见（试行）[G]. 2019,2.

[23] 西安市自动驾驶车辆道路测试实施细则（试行）[G]. 2019,2.
[24] 关于加快推进新一代国家交通控制网和智慧公路试点的通知 [G]. 2018,2.
[25] 数字交通发展规划纲要 [G]. 2019,7.
[26] 交通强国建设纲要 [G]. 2019,9.
[27] 浙江省综合交通产业发展实施意见 [G]. 2018,11.
[28] 江西省 5G 发展规划（2019～2023 年）[G]. 2019,2.
[29] 2019 年度河南省交通运输信息化重点工作任务及责任目标分解的通知 [G]. 2019,3.
[30] 吴冬升. 美国车联网（V2X）发展现状分析 [J]. 智能网联汽车, 2019:66-72.
[31] Kate Hartman. U.S. Department of Transportation. Connected Vehicle Pilot Deployment Program. 2018.
[32] Jonathan Walker. U.S. Department of Transportation. Connected Vehicle Pilot Deployment Program. 2018.

# 第5章

# 5G车联网技术

5G 车联网技术主要涉及车载设备、路侧设施、网络、云平台、安全和高精度定位。车联网车载设备有前装和后装不同的产品形态；路侧设施包括 4G/5G 蜂窝基站通信基础设备、C-V2X 专用通信基础设施、路侧智能设施、MEC（多接入边缘计算/移动边缘计算）设备；网络层面在 5G 时代会重点部署网络切片；云平台考虑分级部署，并建设云控平台；安全方面将从网络通信、业务应用、车载终端和路侧设备三个方面保障；高精度定位通过 GNSS 或其差分补偿 RTK、无线电（例如蜂窝网、局域网等）、惯性测量单元、传感器以及高精度地图实现。

## 5.1　5G车联网车载设备[1]

智能网联主要通过 OBU（On Board Unit，车载单元）实现。OBU 是一种安装在车辆上用于实现 V2X 通信的硬件设备，可实现和其他车辆 OBU（PC5）、路侧 RSU（PC5）、行人（PC5）和 V2X 平台（Uu）之间通信。OBU 上需要集成通信网络，包括 4G/5G Uu 通信芯片和模组，LTE-V2X/5G NR-V2X 通信芯片和模组。

智能网联汽车的车载终端 OBU 形态多样化，包括传统的 2G/3G/4G T-BOX（远程信息处理器）、Tracker（追踪器）、OBD（车载自动诊断系统）、UBI、智能后视镜、行车记录仪，以及 ETC 有源车载终端 OBU 和汽车电子标志无源 OBU 等。随着 5G 商用化时代和 C-V2X 预商用时代来临，智能网联汽车车载终端的产品形态正在发生变化。

### 5.1.1　传统智能网联车载终端

传统智能网联车载终端包括 T-BOX、Tracker、OBD、UBI、ETC OBU、汽车电子标志 OBU 等。

#### （1）T-BOX

T-BOX（Telematic BOX）是前装智能车载终端，满足车规级要求，集成 2G、3G 或 4G 无线模块，直接与汽车 CAN 总线通信，获取车身状态、车况信息等，并且将这些参数上传到云平台，同时可以接收云平台下发的指令并回传执行结果，具有自检、远程查询、远程参数设置和远程升级等功能。前装设备满足车规级。通常来说车规级要求高于工规级，工规级要求高于商业级。比如温度要求，一般来说，商业级（0～70℃）、工规级（-40～85℃）、车规级（-40～120℃）、军工级（-55～150℃）。

### （2）Tracker

Tracker（追踪器）能实现定位管理，知道车辆的实时位置信息。Tracker 根据配置不同，功能也不同，实现的也不再仅仅是一个定位功能。比如 4G Tracker 可以做到 4G 通信、车辆定位、车辆状态检测、异常提醒、4G Wi-Fi、蓝牙 4.0/3.0 数传、驾驶行为分析、行驶里程统计、远程设置及维护等功能。

### （3）OBD

OBD（On-Board Diagnostics）是后装设备，能在车辆运行过程中实时监测发动机电控系统及车辆的其他功能模块工作状况，如发现工况异常，则根据特定的算法判断出具体的故障。OBD 接口的位置一般在方向盘下的内饰板中，靠近驾驶员膝盖附近，采用 OBD-II 接口标准，梯形 16 针 DLC 形式接插件，读取车辆 CAN 总线信息。有了 OBD 上报的各类数据，通过搭建车队管理平台，可以实现车队的量化考核（统计排名等）、安全用车（驾驶评分、车辆健康评估、安全告警等）、效率提升（评估车辆和司机工作量等）、成本透明（里程油耗监控等）。

### （4）UBI

UBI（Usage-Based Insurance/User-Behavior Insurance）即基于车主行为差异化保险，一般集成六轴陀螺仪算法和碰撞识别技术。三轴陀螺仪分别感应 Roll（左右倾斜）、Pitch（前后倾斜）、Yaw（左右摇摆）全方位动态信息，六轴陀螺仪是指三轴加速器（三轴加速器就是感应 $XYZ$ 立体空间三个方向，前后左右上下轴向的加速）和三轴陀螺仪合在一起的称呼。有了 UBI 设备，保险公司可以实现针对不同客户的精准定价，还可以实现无需人员现场出勤的索赔管理等业务。同时，车企还能够利用 UBI 数据进行产品优化，消费者可以利用 UBI 数据进行驾驶行为分析等。

### （5）ETC OBU

ETC OBU 是有源设备，一般安装在后视镜座底部附近的挡风玻璃后面，工作在 5.8GHz 频段。与安装在收费车道上的路侧单元（简称 RSU）按照 GB/T 20851-2007 标准的专用短程通信（DSRC）协议进行无线通信。带 IC 卡的 ETC OBU 称为双片式，不带 IC 卡的称为单片式。

### （6）汽车电子标志 OBU

汽车电子标志 OBU 是无源设备，安装在汽车前挡风玻璃上，工作在

920～925MHz 频段。ETC OBU 因为需要电池提供电力，使用寿命一般为 5 年，而汽车电子标志 OBU 不需要额外电力，使用寿命可伴随车辆终身。车辆速度支持方面，ETC 系统空中交易一次 200ms 左右，一般支持车速为 60km/h，汽车电子标志空中识读一次 20ms 左右，可支持车速达到 240km/h。

## 5.1.2　C-V2X车载终端

### （1）OBU 基本功能[2]

OBU 的基本功能包括业务、管理和安全三类。

图 5-1　OBU 功能

业务功能围绕 V2X 业务的实现，完成 BSM（车辆安全消息）的上报，V2X 消息的接收与解析、CAN 数据的读取与解析、消息的展示与提醒等功能。业务功能具体如下。

① 接收数据。OBU 支持数据的接收，包括通过 PC5 接收 RSU 广播的数据，通过 PC5 接收的其他 OBU 广播的消息，通过 PC5 接收的弱势交通参与者广播的消息以及通过 Uu 接收平台下发的数据。

② 发送数据。OBU 支持数据的发送，包括通过 PC5 广播自身 BSM 消息和通过 Uu 向平台上传数据。

③ 协议转换。车辆自身的数据类型复杂多样，为保证数据的正确接收和解析，OBU 支持车辆自身数据的协议转换，转换后的数据格式满足 T/CSAE 53-2017《合作式智能交通系统　车用通信系统　应用层及应用数据交互标准》的要求。

④ CAN 数据的读取及解析、定位能力。OBU 应支持高精度定位功能，同时应支持自身位置信息上报平台，定位精度至少满足车道级。

⑤ 时钟同步。OBU 支持时钟同步，时钟同步方式包括 GPS/ 北斗时钟同步、基站时钟同步和混合时钟同步，优先支持 GPS/ 北斗时钟同步。

⑥ 消息展示与提醒。OBU 支持消息的展示与提醒，支持语音功能和短信收发。

交互的数据主要包括上报类信息 BSM，发送频率 10Hz；下发类信息 SPAT（信号灯消息），发送频率 2Hz；下发类信息 MAP（地图消息），发送频率 2Hz；下发类消息 RSI（路侧单元消息），发送频率 1Hz；下发类消息 RSM（路侧安全消息），发送频率 1Hz。

管理功能负责完成设备的认证、管理和维护。

① 设备认证。OBU 支持采用 GBA 初始安全配置机制向平台发起身份认证，申请并获取证书。

② 配置管理。OBU 支持远程和本地两种参数配置方式，OBU 支持平台对其相关参数信息的查询。

③ 故障管理。OBU 支持故障上报与处理，故障信息统一格式存储与上报；OBU 支持软复位和硬复位启动。

④ 状态管理。OBU 支持实时状态的查询和上报，包括连接状态、故障状态、工作模式、电源状态等。

⑤ 运维管理。OBU 支持平台对其进行远程运维管理，包括权限管理、升级管理、账户管理等；OBU 支持通过 USB 连接设备对其进行本地运维管理。

安全功能负责实现 OBU 设备自身以及 OBU 与其他交互对象间信息交互的安全保护。

① 硬件安全。OBU 支持硬件加密，满足认证、鉴权、数据的加密；应具备固件芯片的物理写保护功能，防止固件被篡改。

② 系统安全。OBU 系统应使用安全的通信协议保障管理通道安全；支持防攻击保护，防止设备参数或数据内容被攻击，影响 OBU 设备的正常运行。

③ 应用安全。

④ 数据安全。OBU 支持设备参数防篡改，防止影响设备的正常工作；同时支持接收和发送的消息高速加解密处理，防止被篡改或伪造后发送虚假的数据。

⑤ 断电保护。OBU 支持在运行状态遇到异常断电时的数据自动保存，防止数据发生丢失。

⑥ 通信安全。OBU 设备的通信安全应符合 CCSA《基于 LTE 的车联网通信安全总体技术要求》规定。

### （2）OBU 产品形态

目前的 LTE-V2X OBU 主要做消息展示与提醒，对应前装和后装有不同的产品形态。前装方面，除了 C-V2X 功能集成到 T-BOX 外，消息显示与提醒可以放到液晶仪表盘或者中控显示屏。典型 C-V2X+T-BOX 前装设备的主要硬件包括 LTE-V2X 模块、GNNS（全球导航卫星系统）、LTE、MCU（微控制单元）、CAN 控制器、车载以太网、电源管理、LTE-V2X 双天线 /LTE 天线 /GNSS 天线等。设备可考虑安装在 C 柱后排座椅下方，天线部署在鲨鱼鳍内，其发送功率 -10 ～ +23dBm[❶]，工作电压 +9 ～ +36V，工作温度 -40 ～ 85℃，LTE-V2X 工作频率 5905 ～ 5925MHz，通信距离 600 ～ 800m，时延 20ms，传输带宽大于 300kbps，其他功能与传统车载终端 T-BOX 一致。

后装方面，在国家第一个车联网先导区无锡，中国移动发布了 YJ801 智能后视镜 C-V2X 试商用版本，能够实现红绿灯信号推送、导航、定位等功能；在美国怀俄明州交通局（WYDOT）DSRC 项目中使用 Onboard HMI 设备，可以看到严重预警信息（例如极端大雾天气、道路施工等）、普通预警信息（例如雨雪天气等）、限速信息、前向碰撞预警、车辆速度信息等；在美国佛罗里达州 Tampa，由坦帕 - 希尔斯堡高速公路管理局（THEA）牵头的 DSRC 项目中部署智能后视镜 HMI 设备，可显示前车紧急刹车信息、限速信息、车辆速度信息等。

### （3）OBU 未来融合产品形态

① 5G 融合。随着 5G 商用时代到来，支持 5G 的车载终端会陆续推出。5G、LTE、LTE-V2X、Wi-Fi-6、蓝牙、GNSS、北斗等，可能需要多达 18 根天线提供相关业务，鲨鱼鳍复合天线及分布在车辆周围的各种其他天线已经无法满足需求，支持多频通信、具有远程数据处理功能的智能天线将应运而生。

② ETC、汽车电子标志融合。ETC 和汽车电子标志产品，将与 C-V2X 功能融合。例如半前装 ETC OBU 可以连接 C-V2X+T-BOX 设备，与 CAN 总线隔离，实现不停车收费。汽车电子标志 OBU 可以连接 C-V2X+T-BOX 设备，提供车辆信息交互的"身份根"信息。

## 5.1.3　车载终端部署趋势

2018 年 1 月，国家发改委在《智能汽车创新发展战略》中提出，到 2020 年，

---

❶　dBm，代指功率功的绝对值，$x\text{dBm}=10\log_{10}(P/1\text{mw})$。

智能汽车新车占比达到 50%，中高级别智能汽车实现市场化应用，重点区域示范运行取得成效。智能道路交通系统建设取得积极进展，大城市、高速公路的车用无线通信网络（LTE-V2X）覆盖率达到 90%，北斗高精度时空服务实现全覆盖；到 2025 年，新车基本实现智能化，高级别智能汽车实现规模化应用。"人—车—路—云"实现高度协同，新一代车用无线通信网络（5G-V2X）基本满足智能汽车发展需要；到 2035 年，中国标准智能汽车享誉全球，率先建成智能汽车强国，全民共享"安全、高效、绿色、文明"的智能汽车社会。

2018 年 12 月，工信部在《车联网（智能网联汽车）产业发展行动计划》明确提出，到 2020 年，车联网用户渗透率达到 30% 以上，新车驾驶辅助系统（L2）搭载率达到 30% 以上，联网车载信息服务终端的新车装配率达到 60% 以上。

中国汽车工程学会预测，2025 年、2030 年我国销售新车联网比率将分别达到 80%、100%，联网汽车销售规模将分别达到 2800 万辆、3800 万辆。预测到 2025 年 L1/L2 联网汽车占比 55%，L3 联网汽车占比 20%，L4/L5 联网汽车占比 5%。尽管中国汽车产业面临产销量下滑挑战，智能网联汽车依然将迎来快速发展期。

## 5.2　5G车联网路侧设施

5G 智能网联路侧基础设施主要包括通信基础设施（4G/5G 蜂窝基站）、C-V2X 专用通信基础设施（多形态的 RSU）、路侧智能设施、MEC（多接入边缘计算/移动边缘计算）设备。

### 5.2.1　5G通信基础设施

中国目前共有 558 万个 4G 基站，而 5G 基站建设大概率会采取先城区、再郊区，先热点、再连片，先低频、再高频，先室外、再室内，先宏站、再小微基站的模式，积极稳妥分步推进。除了宏站，5G 发展还涉及大量小微基站、光传输、核心网、多接入边缘计算等。预计中国 5G 投资周期十年，总投资金额 1.6 万亿元。

### 5.2.2　C-V2X专用通信基础设施

**（1）RSU 基本功能**[3]

C-V2X RSU 是部署在路侧的通信网关，解决的是感知层面的网联化。RSU

的基本功能包括业务、管理和安全三类。RSU 功能如图 5-2 所示。

图 5-2 RSU 功能

业务能力围绕 V2X 业务的实现，汇集路侧交通设施和道路交通参与者的信息，上传至 V2X 平台，并将 V2X 消息广播给道路交通参与者。业务功能主要包括如下几点。

① 数据收集。RSU 支持路侧交通基础设施数据和道路交通参与者数据的收集，包括通过有线或无线收集路侧交通设备数据、通过 PC5 接收车辆数据和弱势交通参与者数据、通过 Uu 或光纤接收平台下发数据等。

② 数据发送。RSU 支持路侧基础交通设施和 V2X 消息等数据的发送，包括通过 Uu 或光纤向平台上报数据、通过 PC5 广播从平台接收的数据、高精度定位辅助数据的转发等。

③ 协议转换。RSU 收集的数据类型复杂多样，为保证数据的正确接收和解析，RSU 支持数据的协议转换，转换的数据包括通过有线方式收集的路侧交通设施数据和通过 PC5 监听的交通参与者数据。转换后的数据格式满足 T/CSAE 53-2017 的要求。

④ 定位能力。RSU 支持 GPS/ 北斗定位，支持自身 GNSS 位置信息上报到平台，并支持平台对位置信息的查询。

⑤ 时钟同步。RSU 支持时钟同步，时钟同步方式包括 GPS/ 北斗时钟同步、基站时钟同步和混合时钟同步，优先支持 GPS/ 北斗时钟同步。

管理功能负责完成设备认证、管理和维护主要包括以下几点。

① 设备认证。RSU 支持采用 GBA 初始安全配置机制向平台发起身份认证，申请并获取证书。

② 配置管理。RSU 支持远程和本地两种参数配置方式，平台对其相关参数信息的查询。

③ 故障管理。RSU 支持故障上报与处理，故障信息统一格式存储与上报，

支持软复位和硬复位启动。

④ 状态管理。RSU 支持实时状态的查询和上报，包括连接状态、故障状态、工作模式、电源状态等。

⑤ 运维管理。RSU 支持平台对其进行远程运维管理，包括权限管理、升级管理、账户管理等，支持通过 USB/网口连接设备对其进行本地运维管理。

安全功能负责实现 RSU 设备自身，以及 RSU 与其他交互对象之间信息交互的安全保护，具体功能如下。

① 硬件安全。RSU 支持硬件加密，满足认证、鉴权、数据的加密，应具备固件芯片的物理写保护功能，防止固件被篡改。

② 系统安全。RSU 系统应使用安全的通信协议保障管理通道安全，支持防攻击保护，防止设备参数或数据内容被攻击，影响 RSU 设备的正常运行。

③ 数据安全。RSU 支持设备参数防篡改，防止影响设备的正常工作；同时支持接收和发送的消息高速加解密处理，防止消息被篡改或伪造后设备发送虚假的数据。

④ 断电保护。RSU 支持在运行状态遇到异常断电时的数据自动保存，防止数据发生丢失。

⑤ 通信安全。RSU 设备的通信安全应符合 CCSA《基于 LTE 的车联网通信安全总体技术要求》规定。

### （2）RSU 产品形态

RSU 具有不同的产品形态。基础版本支持 LTE-V2X PC5 通信能力，汇集路侧智能设施和道路交通参与者的信息，上传至云平台，并将 V2X 消息广播给道路交通参与者。RSU 还有 LTE Uu + LTE-V2X PC5 双模版本。5G 时代到来后，RSU 产品形态将更加多样化，比如 5G Uu+ LTE-V2X PC5 版本、LTE-V2X PC5 + 5G NR-V2X PC5 版本，或者 5G Uu+ LTE-V2X PC5 + 5G NR-V2X PC5 版本。除此之外，交通部主推的 ETC 路侧设备、公安部主推的汽车电子标志路侧设备，甚至是交通信号灯都存在和 V2X 合一的产品形态。RSU 产品形态除了丰富通信能力外，还有一种可能，向智能化 RSU 演进，即 RSU 上集成智能化边缘计算能力，除了网联化能力外，还将具备决策和控制能力，如图 5-3 所示。

从部署的节奏看，预测未来 2～3 年将以 LTE Uu+LTE-V2X PC5、5G Uu+LTE-V2X PC5 这样的网络部署为主，即点对点（V2I）通过 LTE-V2X 专网支撑，蜂窝（V2N）通过 5G 网络或者已有的 4G 网络支撑。

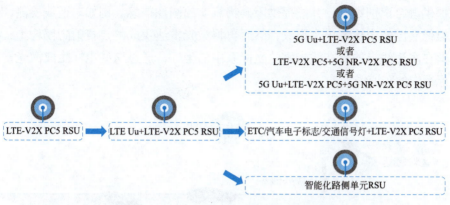

图 5-3　C-V2X RSU 产品形态演进之路

### 5.2.3　路侧智能设施

路侧智能设施包括智能化交通控制设施（交通信号灯、标志、标线、护栏等）和摄像头、毫米波雷达、激光雷达等各类环境感知设备，其中应用较多的是交通信号灯和多传感器的融合。

**（1）交通信号灯**

交通信号灯信息可以通过信号灯控制中心平台传递到车联网云平台，再传递给 RSU，然后通过 RSU 广播给车载 OBU。但是由于信号灯控制中心平台处于公安内网，需要跨越边界网关传递信息，存在十几秒时延，无法及时向通过路口的车辆推送红绿灯信息。较好的处理方式是在每个路口都由信号灯路口控制器分出一路信号给 RSU，直接由 RSU 广播给车载 OBU。

**（2）多传感器融合**

采用单一传感器存在诸多挑战，比如摄像头没有深度信息、受外界条件影响大；毫米波雷达无法探知高度信息、行人探测效果弱；激光雷达距离有限（16 线约 100m，32 线约 200m）、角分辨率不足、环境敏感度高（受大雪、大雨、灰尘影响）等。

因此路侧可以考虑采取多传感器融合方式，比如大于 200m 范围采用毫米波雷达，200～80m 采用激光雷达＋毫米波雷达，80m 以内采用摄像头＋激光雷达＋毫米波雷达，如图 5-4 所示。毫米波雷达和激光雷达实时采集环境信息，分析路面所有大机动车、小机动车、非机动车、行人等的位置、速度、角度和距离，判断障碍物的危险系数，有效提前预警；雷达和摄像头安装得越近越好，有利于激光雷达三维坐标标定到图像上，这样摄像头可以为雷达检测到的障碍物提供融合识别数据,并能提供障碍物真实的图像信息。例如车道线检测,先在摄像头图像中检测出车道线,然后再将激光雷达生成的点投射到图像上,找出落在车道线上的点在激光雷达坐标系中的坐标,通过这些坐标生成激光雷达坐标系中的车道线。

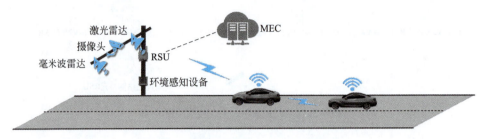

图 5-4 多传感器融合的路侧智能设施

### 5.2.4 MEC

#### (1)基于 MEC 的 C-V2X 整体架构

3GPP 在 TS 23.285(V2X 服务架构增强)中定义了 4G 蜂窝网络支持 V2X 应用的改造架构,在蜂窝网络原有的架构中,增加了 V2X 应用服务器、V2X 控制功能(CF)、V2X 应用等网元/功能。3GPP 进一步基于 TS 23.501 引入关键 5GC 网元,再增加 MEC,形成潜在的 C-V2X 演进架构,如图 5-5 所示。如 UMTS(通用移动通信系统)、E-UTRAN(3G 的无线接入网)、MME(移动管理节点)、S/P-GW、HSS(归属签约用户服务器)等 4G 网元功能,将演变为 5G NR、AMF(接入和移动管理功能)、SMF(会话管理功能)、UPF(用户面功能)、UDM(统一数据管理)的 5G 架构,而 V2X 应用服务器将成为 5G 体系中的应用程序功能(AF)。

MEC 支持多接入技术,其部署既可以和 4G 网络结合,也可以在 5G 部署后与 5G NR 边缘节点结合。针对低时延、高可靠性需求的 C-V2X 业务,在引入 MEC 技术后,相比部署在中心云上可以显著降低业务响应时间。MEC 也可以为车载/路侧/行人终端提供在线辅助计算功能,实现快速的任务处理与反馈。另外,MEC 具备本地属性,可以提供区域化、个性化的本地服务,同时降低回传网络负载压力。也可以将接入 MEC 的本地资源与网络其他部分隔离,将敏感信息或隐私数据控制在区域内部。

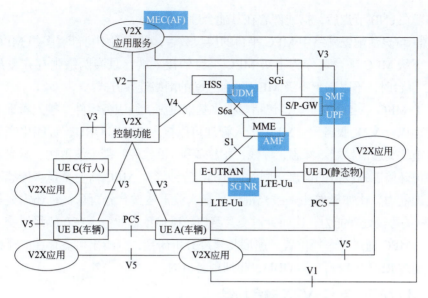

图 5-5 基于 MEC 的 C-V2X 整体架构

### （2）面向 LTE-V2X 的 MEC 业务架构

面向 LTE-V2X 的 MEC 业务架构如图 5-6 所示，其架构具有如下特点。

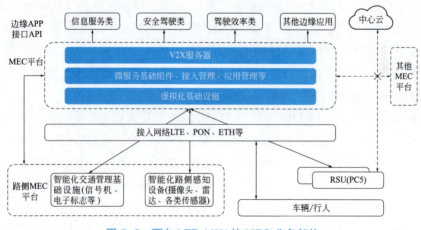

图 5-6 面向 LTE-V2X 的 MEC 业务架构

① 可采用多种 LTE-V2X 车载终端（OBU）、路侧单元（RSU）及摄像头、雷达等其他路侧智能化设备接入网络或 MEC 平台，即各类型终端可以选择通过 Uu 或 PC5 接口接入 LTE-V2X 网络进而接入 MEC 平台，或通过其他合理的接入技术直接接入 MEC 平台。

② 可灵活部署 MEC 平台，即 MEC 平台可选择部署在路侧单元（RSU）后，

或部署在 eNB 节点后，抑或部署在其他合理的位置。

③ 可灵活配置网络中 MEC 平台的层级数目，即网络中可部署多级 MEC 平台，下级 MEC 平台可作为上级 MEC 平台的接入端，且当网络中存在多层级 MEC 平台时，不限制上下级 MEC 平台之间的网络连接方式。

④ MEC 平台分为三层，包括虚拟化基础设施、微服务组件、接入管理、应用管理以及 V2X 服务器。MEC 接入管理可以接入 RSU、OBU、智能化交通控制设施（交通信号灯、标志、标线、护栏等）、摄像头、毫米波雷达、激光雷达等各类环境感知设备的信息，同时向上连接云平台。MEC 需要具备多传感器融合处理能力，比如摄像头 + 激光雷达 + 毫米波雷达融合分析算法；还需要具备 ITS 相关协议处理能力，比如针对交叉路口防碰撞预警业务，在车辆经过交叉路口时，MEC 通过对车辆位置、速度及轨迹分析研判，分析出可能存在的碰撞风险，通过 RSU 传输到车辆 OBU，起到预警目的。

（3）MEC 与 C-V2X 融合场景

基于 MEC 的 C-V2X 业务场景主要包括信息服务类、安全驾驶类和驾驶效率类。

① 信息服务类。指利用 MEC 快速便捷地为车主提供所需要的数据信息。典型业务包括高精地图下载及实时更新、车辆远程诊断、影音娱乐等。此类业务通常对时延有一定容忍度，业务速率要求较高，例如 4K 高清视频需要至少 25Mbps 的速率。

② 安全驾驶类。指车辆通过 MEC 获取周围的机动车、非机动车辆、行人、路侧设备的信息，辅助驾驶员做出决策控制。典型的安全驾驶业务包括紧急刹车预警、交叉路口碰撞预警、行人碰撞预警、汇入主路辅助等。通常需要满足 20～100ms 的通信时延，通信可靠性 90% 以上。

③ 驾驶效率类。指 MEC 利用 LTE-V2X 技术及大数据分析技术优化交通设施管理，提高交通效率。典型业务包括交叉路口智能信号灯管控、灯控交叉口配时优化、优先车辆通行、车速引导等。时延要求一般也在 100ms 以内。

为了支撑这些 C-V2X 业务，MEC 平台除了基础能力外，还需要提供其他相应的能力。例如，V2X 相关应用的管理能力、V2X 用户的位置服务能力、V2X 业务分流及 QoS 服务能力、大数据存储和智能分析能力、V2X 用户身份识别和车辆管理能力，以及协同管理能力等。

依据是否需要路侧协同以及车辆协同，可以将 MEC 与 C-V2X 融合场景分为"单车与 MEC 交互""单车与 MEC 及路侧智能设施交互""多车与 MEC 协同交互""多车与 MEC 及路侧智能设施协同交互"四大类[4]。

无需路侧协同的 C-V2X 应用可以直接通过 MEC 平台为车辆或行人提供低

时延、高性能服务；当路侧部署了能接入 MEC 平台的路侧雷达、摄像头、智能红绿灯、智能化标志等智能设施时，相应地 C-V2X 应用可以借助路侧感知或采集的数据为车辆或行人提供更全面的信息服务。在没有车辆协同时，单个车辆可以直接从 MEC 平台上部署的相应 C-V2X 应用获取服务；在多个车辆同时接入 MEC 平台时，相应地 C-V2X 应用可以基于多个车辆的状态信息，提供智能协同的信息服务，如图 5-7 所示。

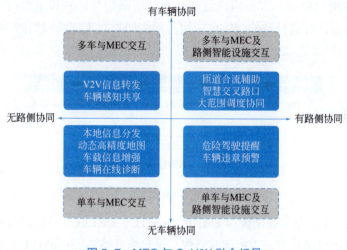

图 5-7　MEC 与 C-V2X 融合场景

## 5.3　5G车联网网络

5G 对网络进行了全面设计，可以对各类资源及 QoS 进行端到端管理。网络切片是 SDN/NFV 技术应用于 5G 网络的关键服务，一个网络切片将构成一个端到端的逻辑网络，涵盖所有网段，包括无线网络、有线网络、传输网、核心网、业务应用，按切片需求方的需求灵活地提供一种或多种网络服务，将所需的网络资源灵活动态地在全网中面向不同的需求进行分配及能力释放，并进一步动态优化网络连接，降低成本，提升效益。

网络切片不是一个单独的技术，它基于云计算、虚拟化、软件定义网络、分布式云架构等几大技术群实现，通过上层统一的编排让网络具备管理、协同能力，从而实现基于一个通用的物理网络基础架构平台，能够同时支持多个逻辑网络的功能。

网络切片的能力包括超高带宽、超低时延、海量连接、切片编排与自动部署、SLA 性能保障、切片能力开放、切片商城。其中超高带宽、超低时延、海量连接是 5G 提供的基础能力，在网络切片中也可以根据垂直行业需要进行定制化的设计；切片编排与自动部署、SLA 性能保障则是切片运维和运营需要的端到端核心能力，主要实现垂直行业应用的快速创新和上线，并保证 SLA 满足用户的要求；切片能力开放和切片商城则是 5G 网络切片的用户侧能力，主要提供网络切片的用户接口，方便用户订购、管理网络切片，并和垂直行业自身的系统和应用融合，打造行业的数字化应用。网络切片的工作流程如图 5-8 所示。

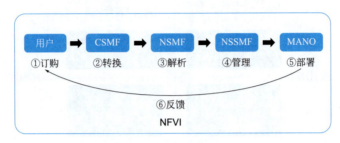

图 5-8　网络切片流程

5G 网络可以为车联网提供 eMBB、mMTC、URLLC 不同类型的网络切片。eMBB 切片可以承载车载 VR 实时通信、全景合成等业务；mMTC 切片可以承载汽车分时租赁等业务；URLLC 切片可以承载 AR 导航等业务。

# 5.4　5G车联网云平台

"云"强调管理的集中化、数据的资源化、系统的集成化。通过云化处理，能够充分减轻路段管理者对于设备维护的负担，使数据规模化和资源化，在此基础上，进一步开展基于大数据的分析和决策支持。

统一的云平台是未来车联网的重要组成部分。云平台作为连接网络与应用服务的桥梁，首先应支持共性平台建设，具有一定的通用性、灵活性、安全性以及稳定性；其次需要保证各类用户的体验，具有网络开放能力，实现网络间的互联互通，支持泛在接入，通过模块化实现云平台的灵活弹性，保证用户永远在线，并对客户做出实时响应；最后，要实现多场景支撑功能，例如主动安全、路径规划、共享数据以及协同感知等[5]。

传统的车联网 TSP 平台、车联网应用服务平台主要为车辆提供导航、娱乐、资讯、安防、车辆养护等服务，已经不能满足下一代车联网 V2X 业务高并发、低时延的基础需求，车联网云平台作为车联网 V2X 业务的基础能力平台，旨在为 V2X 业务及上层应用提供数据高并发接入、融合分析、高精度定位、网络能力开放、边缘计算、业务连续性保障等基础能力，以满足车联网辅助驾驶、自动驾驶的业务需求[10]。

未来多源异构交通信息涌现使全息交通信息感知成为可能。海量的车辆信息、交通环境、交通状况等数据信息的整合应用将产生巨大的商业价值。车联网云平台，能提供车辆数据接入、存储、分析与可视化展现，保障车辆安全，提供地图服务、AI 等服务。同时利用云平台大数据分析，可对路况信息、事故信息、拥堵信息、车流信息等进行实时分析预判，并通过车路协同系统发布。

### 5.4.1　5G车联网云平台架构[6]

5G 车联网云边协同，可部署三级计算体系，其云平台架构如图 5-9 所示。云中心平台主要支撑全网业务，并提供全局管理功能，包括全网业务运营管理、全局交通环境感知及优化、多级计算能力调度、应用多级动态部署、跨区域业务及数据管理等功能。V2X 区域中心平台主要支撑省/市区域范围内业务，包括区域业务运营管理、区域交通环境感知及优化、区域数据分析/开放/应用托管、边缘协同计算调度、V2X 边缘节点管理等功能，可服务对时延要求较高的业务场景。V2X 边缘节点主要支撑边缘范围内高实时、高带宽的 V2X 业务，包括边缘范围内边缘数据融合感知、动态全景感知图构建等功能，可服务于高级辅助驾驶和自动驾驶等应用。

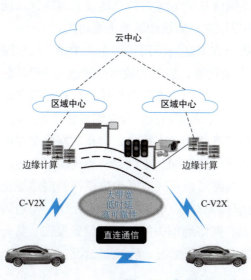

图 5-9　车联网云平台架构

## 5.4.2 5G车联网云平台功能

车联网云平台提供网络协同融合感知、实时计算/分析、数据存储/开放、能力聚合/开放、资源调度、协同计算等多种基础功能，同时，云平台在参照多级架构进行部署时，各级平台功能可依据所提供的应用服务按需进行部署，如图5-10所示。

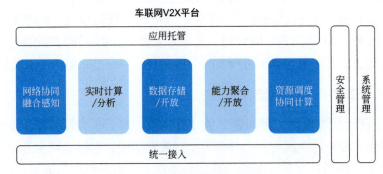

图 5-10 车联网云平台功能

① 统一接入。提供多种车联网终端的统一接入、鉴权、协议适配等功能。

② 网络协同融合感知。提供异构数据汇聚功能，包括车端、路侧设备、传感器以及政府或第三方交通信息平台的数据汇聚；建设数据分析基础服务平台，集成车联网基础智能算法、机器学习基础算法等，支撑融合分析能力，并提供第三方算法部署和大规模分布式计算的能力。

③ 实时计算/分析。提供车辆终端业务实时计算转发、离线计算能力，包括数据解析、实时计算、消息转发推送、离线计算等主要功能。

④ 数据存储/开放。面向第三方车联网应用，如车企TSP（远程服务供应商）、图商平台、车联网应用服务公司等，提供大数据开放能力，具体包括数据的实时查询、历史查询、数据订阅与推送、流量监控等功能；提供高实时、高并发数据存储能力，可提供数据脱敏、数据清洗、存储组建管理等主要功能。

⑤ 能力聚合/开放。提供高精度终端接入能力，为车联网终端提供高精度定位服务，具体包括支持终端实时位置查询、定位、轨迹跟踪等功能，并可通过与图商高精度地图服务对接，为终端或第三方平台提供高精度地址反解析等功能。同时提供运营商网络基础能力开放功能，具体包括UE掉线情况、UE是否可达、UE的PDN连接状态、网络通信失败情况、位置报告、某一地理区域内在线的UE个数、接入网的资源使用情况、吞吐量情况、QoS管理相关的信息等。

⑥ 资源调度协同计算。提供 V2X 平台各层级间协同管理、数据交互等能力，提供数据同步、协同计算、应用分级部署等功能。

⑦ 应用托管。提供 V2X 应用基础运行环境，具备应用注册/发布/注销、应用部署（自有/第三方）、资源隔离等功能。

⑧ 安全管理。提供 V2X 平台安全管控能力，具体包括漏洞扫描、流量监控、进程监控、安全设置等。

⑨ 系统管理。主要包括终端管理、应用管理、外部平台管理、VCF（可视化组件框架）功能、区域/边缘资源管理、用户管理（账户、角色、权限），以及资源监控、异常预警、系统升级等功能。

车联网 V2X 业务数据具有高并发的特点，依据现有可参考的国际和国内标准，以基础的 5 大类信息（BSM、SPAT、MAP、RSI、RSM）进行估算，根据平台服务范围进行分析，终端接入云平台的并发量预计如下。

① 区县范围。V2X 平台需提供支持每秒百万条数据并发接入的能力。

② 城市范围。V2X 平台需提供支持每秒千万条数据并发接入的能力。

③ 省/全国范围。V2X 平台需提供支持每秒上亿条数据并发接入的能力。

同时，V2X 业务具有高实时的特点，根据标准要求，V2X 在不同业务场景下的计算时延如下：辅助驾驶要求 V2X 平台计算时延不超过 50ms；自动驾驶要求 V2X 平台计算时延不超过 20ms。

### 5.4.3　5G车联网云控平台

云控平台是通过"人车路网云一体化"，为智能驾驶提供协同感知、协同决策、协同控制服务的基础性平台。云控平台采用自主可控、安全可靠的云控基础软件系统，建设逻辑统一、物理分散的云计算中心，标准统一、开放共享的基础数据中心，实现人、车辆、基础设施、交通环境等领域的基础数据整合应用，为智能汽车的研发制造、安全运行、交通管理、应用服务等提供支撑。

5G 车联网云构建的一体化开放数据公共服务平台和云控平台，如图 5-11 所示，可为车载终端、一体化路侧智能设施、第三方车联网应用平台提供高并发接入、实时计算、应用托管、数据开放、决策控制等能力。海量微观数据和宏观数据，如微观的个人驾驶行为数据，宏观的交通数据等，将接入到云平台。车联网数据经过清洗、脱敏、建模、分析以及可视化后，一方面可用于提供一体化开放数据公共服务，衍生出大量面向主机厂、一级供应商、运营商、行业客户、政府管理者、普通消费者的增值服务；另外一方面可用于提供云控服务，实现智能决策和实时调控。

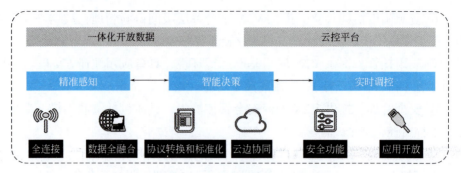

图 5-11 一体化开放数据和云控平台

## 5.5　5G车联网安全

智能网联汽车面临诸多的信息安全威胁，包括外部威胁，如车联网移动终端远程控制 APP 防护、充电桩操作系统防护和电量数据采集数据加密传输、智能车钥匙防止破解开锁、OBD 接口 CAN 报文防护等；终端威胁，如 T-BOX 威胁、IVI 威胁、终端升级 OTA（空中下载技术）威胁、车载 OS 威胁、接入风险、传感器风险、车内网络传输风险、车载终端架构的安全威胁等；网络威胁，如认证风险（没有验证发送者的身份信息、伪造身份、动态劫持等）、传输风险（车辆信息没有加密或强度不够、密钥信息暴露、所有车型使用相同的对称密钥等）、协议风险（一种协议伪装成另一种协议等）；云端威胁，如数据隐私性、数据完整性、数据可恢复性等。

### 5.5.1　车联网安全需求

车联网主要从网络通信、业务应用、车载终端和路侧设备三个方面保障 LTE-V2X 系统安全需求[7]。

**（1）网络通信安全需求**

LTE-V2X 网络通信安全包含蜂窝通信接口通信安全和直连通信接口通信安全，在系统设计时应满足如下安全需求。

蜂窝通信接入过程中，终端与服务网络之间应支持双向认证，确认对方身份的合法性。蜂窝通信过程中，终端与服务网络应对 LTE 网络信令支持加密、完整性以及抗重放保护，对用户数据支持加密保护，确保传输过程中信息不被窃听、伪造、篡改、重放。

直连通信过程中，系统应支持对消息来源的认证，保证消息的合法性；支持对消息的完整性及抗重放保护，确保消息在传输时不被伪造、篡改、重放；应根据需要支持对消息的机密性保护，确保消息在传输时不被窃听，防止用户敏感信息泄露。直连通信过程中，系统应支持对真实身份标志及位置信息的隐藏，防止用户隐私泄露。

### （2）业务应用安全需求

基于云平台的业务应用与移动互联网"云、管、端"的业务交互模式相同，故其安全需求与现有网络业务应用层安全需求基本一致，需确保业务接入者及服务者身份的真实性、业务内容访问的合法性、数据存储及传输的机密性及完整性，平台操作维护管理的有效性，并做好日志审计确保可追溯性。

基于直连通信的业务应用具有新的特点，需要满足传输带宽、处理实时性等各方面要求，由此要求安全附加信息尽量精简，运算处理时间尽量压缩，以满足车联网业务快速响应的特点。在业务消息的传输过程中，系统还应支持数据源的认证，保证数据源头的合法性，防止假冒终端或伪造的数据信息；支持对消息的完整性及抗重放保护，防止消息被篡改、重放；根据需要可支持消息的机密性，保证消息在传输时不被窃听，防止用户私密信息泄露；同时支持对终端真实身份标志及位置信息的隐藏，防止用户隐私泄露。

### （3）车载终端和路侧设备安全需求

车载终端和 UE 型 RSU 具有很多共同的安全需求，其内容涉及硬件设计、系统权限管理、运行环境安全、资源安全管理等方面，主要安全需求如下。

① 应注意有线和无线接口的安全防护。车载终端和 UE 型路侧设备应具有完备的接入用户权限管理体系，对登录用户做可信验证并且合理分配用户权限，根据不同用户权限进行不同操作处理。另外，关键芯片的型号及具体管脚功能、敏感数据的通信线路应尽量隐蔽。

② 应具备对敏感数据的存储和运算进行隔离的能力。

③ 应支持系统启动验证功能，固件升级验证功能，程序更新和完整性验证功能以及环境自检功能，确保基础运行环境的安全。

④ 应支持访问控制和权限管理功能，确保系统接口、应用程序、数据不被越权访问和调用。

⑤ 应具有安全信息采集能力和基于云端的安全管理能力。设备可通过安全信息采集与分析发现漏洞与潜在威胁，同时上报云端，由云端平台修补相应漏洞，并通知其他终端防止威胁扩散。

⑥ 应具有入侵检测和防御能力。设备可通过分析车内应用的特点制定检测和防御规则，检测和隔离恶意消息。对于可能的恶意消息，可进一步上报给云端平台进行分析和处理。

除了上述共同的安全需求外，UE 型 RSU 还应支持物理安全防护能力、防拆卸或拆卸报警能力、部署位置变动的报警能力等。eNB 型 RSU 形态与 eNB 类似，应参考现有 eNB 设备安全技术要求及安全防护要求进行安全保护。

### 5.5.2　直连通信场景下应用层安全机制[7]

为了实现 OBU、RSU 等 V2X 设备间的安全认证和安全通信，LTE-V2X 车联网系统使用基于公钥证书的 PKI 机制确保设备间的安全认证和安全通信，采用数字签名等技术手段实现 V2V/V2I/V2P 直连通信安全。密码算法应采用国家密码管理局批准的国密算法，数字证书应符合国家标准或者行业标准的技术要求。

为了能够对基于数字证书的应用层安全机制提供有效支撑，LTE-V2X 车联网系统需要建立一套完整的 CA 管理系统，实现证书颁发、证书撤销、终端安全信息收集、数据管理、异常分析等一系列与安全相关的功能，确保 V2X 业务的安全。"四跨"测试验证安全基础 PKI/CA 系统，包括伪造限速预警防御（在路边配置一个攻击 RSU，广播伪造限速信息 20km/h，演示车辆能够过滤不可信的 RSU 消息）、伪造红绿灯信息防御（在非交叉路口配置一个攻击 RSU，持续广播信号灯消息，演示车辆在通过该点位过程中，不触发任何红绿灯相关预警和提示）、伪造紧急车辆防御（在路侧放置一台不可信 OBU，未实现通信安全身份认证机制，持续对外广播伪造的紧急车辆消息，演示车辆路过时，不会触发前向碰撞预警）、伪造前向碰撞预警防御（在路侧放置一台不可信 OBU，未实现通信安全身份认证机制，持续对外广播伪造的前方车辆消息，演示车辆路过时，不会触发前向碰撞预警）。

引入满足 LTE-V2X 场景的消息认证专用安全芯片，存储个人身份证书和签名私钥，提供数字签名、签名验证和数据加解密等密钥服务。智能网联汽车在周边有 200 台其他智能网联汽车的极端情况下，实现 V2V 功能，每秒钟将接收 200×10=2000 条消息，因此安全芯片需要保障性能、算法功能、可靠性、安全性及应用能力。

## 5.6　5G车联网高精度定位[8]

定位技术是车联网的关键技术之一，是实现车辆安全通行的重要保障。在车联网应用中，不同的应用场景对定位的要求也不同。例如辅助驾驶对车的定位精度要求在米级，而自动驾驶业务对定位的精度要求为亚米级甚至厘米级。虽然不同应用对定位精度要求不同，但定位的连续性是车联网业务安全可靠的必要前提，考虑到环境（遮挡、光线、天气）、成本以及稳定性等因素，单纯采用某一种定位技术并不能满足车联网业务的定位需求。

根据场景以及定位性能的需求不同，车辆定位方案是多种多样的。在大多数的车联网应用场景中，通常需要通过多种技术的融合来实现精准定位，包括 GNSS（全球导航卫星系统）、无线电（蜂窝网、局域网等）、惯性测量单元（IMU）、传感器以及高精度地图。其中，GNSS 或其差分补偿 RTK（实时动态），是最基本的定位方法。考虑到 GNSS 技术在遮挡场景、隧道以及室内的不稳定性（或不可用），其应用场景受限于室外环境。基于传感器的定位是车辆定位的另一种常见方法，然而高成本和对环境的敏感性也限制了其应用前景。通常，GNSS 或传感器等单一技术难以满足现实复杂环境中车辆高精度定位的要求，无法保证车联网定位的稳定性。因此会通过其他辅助方法如惯性导航、高精度地图等，以满足高精度定位需求。

## 5.6.1 车联网定位需求

车联网主要应用场景有交通安全业务、交通效率业务、信息服务业务三大类，各类中典型业务对定位的需求如表 5-1 所示。

表5-1　C-V2X主要应用场景及定位指标

| 应用场景 | 典型场景 | 通信方式 | 定位精度 /m |
|---|---|---|---|
| 交通安全 | 紧急制动预警 | V2V | ≤ 1.5 |
| | 交叉路口碰撞预警 | V2V | ≤ 5 |
| | 路面异常预警 | V2I | ≤ 5 |
| 交通效率 | 车速引导 | V2I | ≤ 5 |
| | 前方拥堵预警 | V2V, V2I | ≤ 5 |
| | 紧急车辆让行 | V2V | ≤ 5 |
| 信息服务 | 汽车近场支付 | V2I, V2V | ≤ 3 |
| | 动态地图下载 | V2N | ≤ 10 |
| | 泊车引导 | V2V, V2P, V2I | ≤ 2 |

同时，自动驾驶作为车联网的典型应用已经逐步渗透到人们的生活中，封闭或半封闭园区的无人摆渡、无人清扫、无人派送，以及矿区的无人采矿、无人运输等，已经成为无人驾驶的典型应用。高精度定位是实现无人驾驶或者远程驾驶的基本前提，因此自动驾驶对定位性能的要求也非常严苛，其中 L4/L5

级自动驾驶对于定位的需求如表 5-2 所示。

表5-2　L4/L5级自动驾驶汽车定位指标

| 项目 | 指标 | 理想值 |
| --- | --- | --- |
| 位置精确 | 误差均值 | <10cm |
| 位置鲁棒性 | 最大误差 | <30cm |
| 姿态精度 | 误差均值 | <0.5° |
| 姿态鲁棒性 | 最大误差 | <2.0° |
| 场景 | 覆盖场景 | 全天候 |

### 5.6.2　基于RTK差分系统的GNSS定位

全球导航卫星系统（Global Navigation Satellite System，GNSS）是能在地球表面或近地空间的任何地点为用户提供全天候的三维坐标、速度以及时间信息的空基无线电导航定位系统，包括美国的 GPS、俄罗斯的格洛纳斯卫星导航系统（GLONASS）、欧洲的伽利略系统（GALILEO）和中国的北斗系统（BDS）。

高精度 GNSS 增强技术通过地面差分基准参考站进行卫星观测，形成差分改正数据，再通过数据通信链路将差分改正数据播发到流动测量站，进而流动测量站根据收到的改正数进行定位。

### 5.6.3　传感器与高精地图匹配定位

视觉定位是通过摄像头或激光雷达等视觉传感器设备获取视觉图像，再提取图像序列中的一致性信息，根据一致性信息在图像序列中的位置变化估计车辆的位置。根据事先定位所采用的策略，视觉定位可分为基于路标库和图像匹配的全局定位、同时定位与地图构建的 SLAM（即时定位与地图构建）、基于局部运动估计的视觉里程计三种方法。

① 全局定位。全局定位需要预先采集场景图像，建立全局地图或路边数据库，当车辆需要定位时，将当期位置图像与路边数据库进行匹配，再估计当期图像与对应路边之间的相对位置，最终得到全局的定位信息。

② V-SLAM。同时定位与地图构建基于采集到的视觉信息，在车辆行驶的过程中对经过的区域进行地图构建和定位。

③ 视觉里程计。视觉里程计（VO）是以增量式地估计移动机器人的运动参数。视觉里程计关注如何计算图像序列中相邻图像间所反映出的机器人位姿变化，并将局部运动估计的结果累积到车辆轨迹中。

# 参 考 文 献

[1] 吴冬升. 智能网联车载终端渗透率提升之道 [J]. 通信世界 .2019: 30-33.

[2] IMT-2020（5G）推进组 . LTE-V2X OBU 白皮书 [R]. 2019.

[3] IMT-2020（5G）推进组 . LTE-V2X RSU 白皮书 [R]. 2019.

[4] IMT-2020（5G）推进组 . MEC 与 C-V2X 融合白皮书 [R]. 2019,1.

[5] 中国联通 . 中国联通车联网白皮书 [R]. 2017.

[6] 中国移动 . 中国移动车联网 V2X 平台白皮书 [R]. 2019.

[7] IMT-2020（5G）推进组 . LTE-V2X 安全技术 [R]. 2019.

[8] IMT-2020（5G）推进组 . 车辆高精度定位白皮书 [R]. 2019.

# 第 6 章

# 5G车联网典型业务及应用

未来 5G 车联网将提供组合的业务模式，即基于 5G Uu 信息娱乐服务类业务和全局交通效率类业务、基于 LTE-V2X 安全出行类业务和局部交通效率类业务、5G NR-V2X 自动驾驶类业务[1]。典型的应用场景主要包括城市内场景和城际场景，尤其是高速公路场景。

## 6.1 5G车联网典型业务场景

### 6.1.1 基于5G Uu信息娱乐服务类业务和全局交通效率类业务

当前阶段运营商建设的 5G 网络可以提供同比 4G 网络更大的传输带宽，因此汽车消费者在 5G 时代享受的信息娱乐类业务相比较于 2G/3G/4G 时代将更加丰富。

传统的信息娱乐服务类业务主要包括车载信息娱乐系统业务，OTA（空中下载技术）业务，支付类、保险类、融资租赁等金融类业务，车队管理、新能源车辆管理等行业应用业务。

其中车载信息娱乐系统（IVI）多功能集成具体体现在信息娱乐、导航定位、通信网络、消费安全等方面。信息娱乐主要包括收音机、音频播放、视频播放、电子相册等；导航定位主要包括同步精准定位、同步语音导航、地图精准导航等；通信网络主要包括 2G/3G/4G/5G、Wi-Fi、蓝牙等；消费安全主要包括监控防盗、呼叫服务、道路救援、远程诊断、辅助驾驶、行程安全等。

OTA 业务是远程无线升级技术，主要用于缺陷修复、新功能推送以及交互界面优化等。

金融类业务主要包括支付类、融资租赁、保险类（UBI）等。停车位、加油站、充电桩、4S 店、收费站、服务区、媒体下载等典型场合都涉及支付服务；融资租赁主要指以租代购的汽车融资租赁服务；而基于驾驶行为的 UBI（Usage-Based Insurance/User-Behavior Insurance）保险业务在欧美很普及。

车队管理业务可以实现车队的量化考核，通过驾驶评分、车辆健康评估、安全告警等实现安全用车，利用评估车辆和司机工作量等提升效率，使成本透明（里程油耗监测等）。新能源车辆管理可以实现车辆监控（整车监控、电池监控、电机监控），业务管理（车辆管理、电子围栏、远程升级），统计分析（在网统计、行程统计、驾驶行为分析、报警统计、故障统计、电池极差分析、充电统计、能耗分析）等。

5G 将丰富车联网信息娱乐类业务，为车联网引入如车载高清视频实时监控、AR 导航、车载 VR 视频通话、动态实时高精地图、车辆远程诊断等新的信息娱乐类业务。

① 车载高清视频实时监控。5G 车载高清视频实时监控可以实现全车多路全高清制式视频实时监控，图像清晰、流畅、无卡顿，解决 4G 网络造成的视频传输慢、画面模糊、多路视频无法同步调阅等难题。对于公交车辆，还可以将高清视频实时传输回云端后台，后台可利用高清视频数据实时智能分析驾驶员操作行为，及时有效地对驾驶员进行规范教育，从而降低安全风险。相关管理部门能及时进行运营调度及综合治安预判，创造一个全方位、高效、高质的管控平台。

② AR 导航。AR 导航对于消费者最大的变化就是"直观性"。从驾驶员视角看，导航信息与车道线进行融合。通过增强现实技术在真实的路况信息中，实时出现虚拟指向箭头来更直观地引导我们前进。AR 导航会先用摄像头把前方道路的真实场景实时捕捉下来，再结合当前的定位、地图信息以及场景进行融合计算，在人眼可见的真实道路上生成虚拟指引信息。

③ 车载 VR 视频通话。车载 VR 视频通话能让通话者之间进行"全息"通话，即让自己沉浸在对方的环境中。例如，让在车内打电话的人能听到对方海的声音并看到海滩场景，而在海滩上的人可以听到和看到车内和车外的各种情况。

④ 动态实时高精地图。不同于普通的导航电子地图面向驾驶员，提供驾驶员使用的地图数据，高精地图是面向机器的，是供自动驾驶汽车使用的地图数据。普通导航电子地图的绝对坐标精度在 10m 左右，无法应用在自动驾驶领域。而自动驾驶汽车需要精确的知道自己在路上的位置，往往车辆离马路边沿和紧邻车道几十厘米，所以高精地图的绝对精度一般都会在亚米级，而且横向的相对精度（比如车道和车道线的相对位置精度）还要更高。除此之外，高精地图还包括了道路坡度／超高／高程、车道停止线／等待线、路口红绿灯相位、道路附属设施标牌等各个方面的信息。自动驾驶时代所需要的高精地图数据可以划分为四类：永久静态数据（更新频率为 1 个月）、半永久静态数据（频率为 1h）、半动态数据（频率为 1min）、动态数据（频率为 1s）。与当前普及的电子导航地图 1～2 月更新一次的频率相比，高精度地图的更新频率之高、难度之大可想而知。车联网将为高精地图下载提供通道，尤其是 5G 和边缘计算相结合，将为高精地图的快速发布提供更好的通道。

MEC（移动边缘计算）可以存储动态高精度地图，并实时向车辆分发高精度地图信息，减少时延、降低对核心网传输带宽的压力。在应用中，车辆向 MEC 发送自身具体位置以及目标地理区域信息，部署在 MEC 的地图服务提取相应区域的高精度地图信息发送给车辆。当车辆传感器检测到现实路况与高精度地图存在偏差时，可将自身传感信息上传至 MEC 用于对地图进行更新，随后 MEC 的地图服务可选择将更新后的高精度地图回传至中心云平台。在此类场景中，MEC 提供存储高精度地图能力、用于动态地图更新的计算能力，同时提供与中心云的交互能力。在网络部署了 MEC 及相应的功能服务后，车辆可利用对应的通信模组使用此类应用服务，在车辆具备智能传感器时，可以通过上传自身传感信息对地图进行更新。

⑤ 车辆远程诊断。车辆远程诊断可支持自动驾驶在线诊断功能。当车辆处于自动驾驶状态时，可将其状态、决策等信息上传至 MEC，利用在线诊断功能对实时数据样本进行监控分析，用于试验、测试、评估或应对紧急情况处理。同时 MEC 可定期将样本及诊断结果汇总压缩后回传中心云平台。在此场景中，MEC 提供支持实时处理大量数据的计算能力、数据存储能力和低时延的通信能力，同时提供与中心云的交互能力。在网络部署了 MEC 及相应的功能服务后，车辆需将自身传感、决策、控制信息通过对应的通信模组上传至 MEC。

另外，基于 5G 蜂窝网络，可以拥有全面、全量、实时的多源大数据，从而助力实现全局交通优化。根据出行车辆的需求，基于地图信息、历史信息、车辆实时状态、驾驶人行为信息、交通基础设施信息、路网交通状态信息、综合感知信息等，可以预测交通运输系统状况，计算出行车辆行驶策略。通过全局智能算法对全城大规模信号灯实现精细化控制，为机动车、非机动车、行人各方动态分配交通道路资源，保证全局最优交通效率。并以数据流预测车流和人流，精准预知交通拥堵并防患于未然。通过 5G 网络为出行车辆提供准确、实时、高效的出行路径规划和行驶速度、行驶车道引导，并提供路况信息提醒等多元信息服务。

## 6.1.2 基于LTE-V2X安全出行类业务和局部交通效率类业务

基于 LTE-V2X 的安全出行类业务和局部交通效率类业务包括许多典型应用场景，例如安全类的车辆碰撞预警、弱势交通参与者碰撞预警、闯红灯预警、车辆汇入汇出等；效率类的高速公路专用道柔性管理、灯控交叉口配时优化、优先车辆通行、绿波车速引导、局部路段引导；以及电动汽车动态路径规划和充电路径规划等。

① 车辆碰撞预警。通过车和车之间通信，可以规避车辆碰撞风险，即车辆和另外一辆车存在碰撞风险时，车辆上能看到提示信息，这个信息既可以供驾驶员使用，也可以为自动驾驶的车载计算单元使用。在交叉路口处实现预警的方法是利用路侧智能传感器（如摄像头、雷达等）将路口处探测的信息发送至

MEC，同时相关车辆也可以将车辆状态信息发送至 MEC。MEC 通过信号处理、视频识别、信息综合等应用功能对交叉路口周边内的车辆、行人等位置、速度和方向角等进行分析和预测，并将分析结果实时发送至相关车辆，综合提升车辆通过交叉路口的安全性和舒适性。

② 弱势交通参与者碰撞预警。通过车和人或者车和路侧基础设施之间通信，可以实现弱势交通参与者碰撞预警。比如人行横道线上安装有行人探测传感器，当车辆靠近人行横道时，路侧基础设施向周边车辆发送行人信息，提示车辆减速及停车。这与通过雷达或者摄像头实现的自动紧急制动（AEB）功能类似。

③ 闯红灯预警。奥迪在拉斯维加斯等城市通过 C-V2X 共享城市交通信号灯信息，让用户在仪表盘上直接看到下一个信号灯距离自己有多远、处于哪种状态、状态会持续多长时间等。

④ 车辆汇入汇出。适用于高速公路、快速路等路段的开放道路入口汇入场景，在保证安全的前提下，通过选择合理的汇入时间、汇入位置和汇入速度，减少汇入车辆对主线车流的影响，提高高速公路及快速路的匝道处通行效率。在有路侧 RSU 的情况下，RSU 广播汇入指令，引导两侧车流通行，车辆接收到汇入指令后按指令要求通行；或者路侧单元广播路侧的感知信息，车辆接收到信息后，更新本地动态地图，自行决策进行汇入汇出。无路侧 RSU 的情况下，车辆可以通过车—车通信互相传递信息，由车载单元自行计算汇入策略并广播汇入指令[2]。在部署 MEC 的情况下，匝道合流汇入点可以通过路侧智能传感器（如摄像头、雷达等）对主路车辆和匝道车辆同时进行监测，并将监测信息实时传输到 MEC，同时相关车辆也可以将车辆状态信息发送至 MEC。MEC 通过信号处理、视频分析、信息综合、路况预测等应用功能对车、人、障碍物等的位置、速度、方向角等进行分析和预测，并将合流点动态环境分析结果实时发送相关车辆，提升车辆对于周边环境的感知能力，减少交通事故，提升交通效率。在此场景中，MEC 提供用于监测信息分析及环境动态预测的计算能力，以及低时延、大带宽的通信能力。

⑤ 高速公路专用道柔性管理。紧急车辆在高速公路设置的专用车道行驶时，通过 RSU 广播其状态及出清距离，社会车辆收到紧急车辆消息后，若判断自身位于紧急车辆的出清距离内，则离开专用道。通过对社会车辆的避让管理产生动态的专用道，以改善紧急车辆的行程时间[2]。

⑥ 灯控交叉口配时优化。在城市及郊区的灯控交叉口，根据实时变化的各方向交通需求，需对交叉口各相位配时参数进行动态优化，从而提高交叉口通行效率。例如在早晚高峰期间，进城车辆和出城车辆的流量是不同的，主干路

与次级路的流量也是不同的，通过动态配置信号灯参数的形式，不仅合理地疏导了当前路口的交通流量，更加有效地配合了整体路网流量的快速疏导方案。车辆上报信息以及路侧摄像头、毫米波、激光雷达等设施采集的信息中包含比较全面的交通流信息，基于上述信息，可以在 MEC 上对交叉口附近及相关路线或区域内的交通流进行综合分析，计算出优化的配时策略并下发给相关信号机，进而实现灯控交叉路口的配时优化，提升交通效率。

⑦ 优先车辆通行。在城市和高速交通中，如果出现紧急情况，需要进行交通管控，并进行管控效果评估。传统管控系统是放在云端，并且通过本地摄像头进行交通统计和管控效果识别，以上方式存在处理时延大，专用智能摄像头费用高等缺点。由于 MEC 具备本地化和低时延的处理特性，同时 MEC 平台上的应用可以进行视频识别与统计，可以通过边缘计算技术进行交通管控，相关区域车辆收到管控信息，并且利用边缘服务器分析管控效果，从而进一步发布管控信息，最终优先车辆可以顺利通行。

⑧ 绿波车速引导。路侧基础设施通过广播方式，告知车辆道路绿波建议的行驶速度。例如，车辆不一定要在市区时速越快越好，利用绿波车速引导，将车速控制在略低的适合速度，以一路畅通通过各个红绿灯路口，达到通行速度更快的目的。

⑨ 局部路段引导。在某一路段或某一特定场景为车辆提供精细化的速度和行驶车道引导。路侧 RSU 和 MEC 可以获得更细粒度、更实时的交通流数据，基于路侧 RSU 和 MEC 的局部路段引导服务可以做得更精准，比如车道级引导、基于红绿灯信息的车速引导等。

⑩ 电动汽车动态路径规划和充电路径规划。在电动汽车（EV）出行时，考虑电池电量、出发点和目的地位置、充电站（CS）信息、交通路况信息等，为电动汽车出行路线、充电行驶路线做出规划以及动态调整[2]。

### 6.1.3　5G NR-V2X自动驾驶类业务

基于 5G NR-V2X 可以实现自动驾驶类业务，例如车辆编队。由人工驾驶或者自动驾驶的头车带领，其后由若干自动驾驶车辆组成，呈一个队列的行驶形态前进，车队成员保持几米甚至几十厘米车距以及稳定的车速，在有序行驶的状态下巡航。编队中后车通过车—车实时连接，根据头车操作而变化驾驶策略，头车做出刹车指令后，通过 V2V 实现前后车之间瞬时反应，后车甚至可以在前车开始减速前就自动启动制动，从而实现后车跟随式自动驾驶。如果按照卡车 1m 车距的编队要求，在 80km/h 的速度情况下，车辆处理信息需要 10ms，制动感应需要

30ms，那么网络时延必须小于5ms，即（5ms+10ms+30ms）×80km/h=1m。

车辆编队系统需要实现车辆编队的过程管理和数据通信，包括创建车队、加入车队、编队巡航、离开车队、解散车队等状态的切换。编队行驶能减少运输企业对于司机的需求，降低人力成本以及降低驾驶员的劳动强度。另外，编队行驶中的后车可以减少风阻，降低车辆油耗。荷兰研究机构TNO研究报告指出，卡车编队行驶之后，后车大约可降低10%～15%的燃油消耗。在编队行驶状态下，后车能瞬间跟随头车指令，降低车辆安全事故。此外，编队行驶让卡车以较小的间隙距离行驶，可以释放更多车道给其他车辆通行，提高高速公路吞吐量，显著改善交通拥堵并提升运输效率，进一步缓解交通压力。

## 6.2 5G车联网典型应用场景

### 6.2.1 城市车联网应用场景

城市智能交通从早期的单一交通信息采集起步，逐步向全面的交通信息采集及交通指挥演进。通过LTE-V2X及5G-V2X技术，构建车路协同体系，车—车、车—路、车—人等各类预警通知信息会实时推送到车辆，使得驾驶更安全；结合车载感知和路侧感知，多传感器融合，应对恶劣天气、超视距情况，达到更加安全可靠的目的；通过对接交通指挥中心平台，可以采集更加全面的交通数据，进行实时动态的分析，使得驾驶更加高效。

城市道路交通是由点—线—面构成的，针对城市道路交通的特点，从单点开始打造车联网智慧路口一体化系统。"点"的典型场景包括交叉路口、环岛、立交桥梁、隧道、公交站场等；"线"的典型场景包括城市主干道等；"面"的典型场景包括封闭园区等。

（1）交叉路口

每年因交叉路口交通事故死亡的人数约占总交通事故死亡人数的20%，加快城市智能运输系统建设，加强智能交叉路口管理迫在眉睫。针对城市交叉路口的信号控制、行人避让及转向盲区等特点，通过车载设备与路侧设备相结合的方式，实现红绿灯信息下发、防碰撞预警及行人检测预警等应用。在城市交叉路口场景中通过自适应交通信号控制及信号信息下发，保护弱势交通出行者，突显人文关怀。

通过部署RSU、MEC、路侧智能设施、交通信号灯系统等各种设备，道路被赋予感知交叉路口范围内全部交通参与者信息的能力，这些信息通过 V2X 可实时共享给路口附近的全部车辆，最大限度消除路口安全隐患，提升路口通行效率。

高清摄像头、毫米波雷达和激光雷达等传感器检测各种交通参与者信息（如交叉路口行人状态、非机动车状态、道路状态、过往车辆状态、交通流量等），得到当前交叉路口的实时状态。这些状态包括行人碰撞风险、车辆碰撞风险、交通拥堵状况、道路危险（积水、结冰、坑洼路面）、交通信号灯状态等。其中高清摄像头能实时检测视角范围内的车辆与行人的位置和速度，统计路面实时交通流量；毫米波雷达可以获取车辆的种类、位置和速度，行人的位置和速度等信息；激光雷达可用于车辆拥堵排队状态、车辆位置与种类、错误行驶方向、能见度、人和动物等的检测。这些传感器获得的原始数据会交给 MEC 进行数据融合处理。

（2）环岛

针对城市环岛进出口复杂且存在行人通行等特点，通过车载设备、路侧设备相结合的方式，实现行人和非机动车检测、车辆汇入预警、环岛出入口提醒等应用。在城市环岛应用场景中可以通过边缘计算及行人检测，保护弱势交通出行者，突显人文关怀。

① 行人和非机动车检测预警。可在环岛部署行人和非机动车检测雷达、摄像机及 RSU 设备，当行驶车辆经过环岛时，RSU 对接行人和非机动车检测雷达及摄像机，实现行人和非机动车信息提示。

② 车辆汇入预警。在环岛入口及出口匝道部署交通检测摄像机以及 RSU 设备，当行驶车辆经过环岛时，RSU 对接 MEC 和 V2X 平台，实现车辆汇入预警信息提示。

③ 环岛出入口提醒。车辆出入环岛时，通过 RSU 设备与 OBU 设备通信，将出入口信息推送到车载信息屏。

（3）立交桥梁

针对城市立交匝道出入口进出及车辆定位等特点，通过车载设备、路侧设备相结合的方式，实现车辆汇入预警、匝道出入口提醒、匝道停车预警等应用。城市立交应用场景通过边缘计算及差分定位，解决立体式环境下的定位问题。

① 车辆汇入预警。在桥梁入口及出口匝道部署雷达、交通检测摄像机以及 RSU 设备。当行驶车辆经过立交桥时，RSU 对接 MEC 和 V2X 平台，实现车辆汇入告警信息提示。

② 匝道出入口提醒。车辆出入匝道时，通过 RSU 设备与 OBU 设备通信，

将出入口信息推送到车载信息屏。

③ 匝道停车预警。当匝道有停车时，通过雷达及摄像机检测停车信息，并将停车信息通过 RSU 设备推送到车载信息屏。

（4）隧道

隧道是公路的重要组成部分，通常隧道内亮度低、信息传输延迟，如发生事故很难及时通知外界驶入车辆，存在较大安全隐患。当前隧道监控手段主要为摄像头方式，但有近 10% 的事故误报率，主要原因是隧道内光线不强。通过激光雷达、高精地图、摄像头结合，可以实现对隧道车况实时监控，迅速探测到事故，通过 RSU 设备将异常数据发送给车路协同管理中心，由后台管理中心控制隧道出入口的 RSU 设备广播隧道内的异常信息，或通过隧道口电子显示屏、指示灯及车载信息屏等提醒将进入隧道的驾乘人员注意行车安全。

隧道内定位除了激光雷达外，还可以采用 RTK+IMU+UWB 融合定位方案，实现连续可靠的隧道内外高精度定位。

（5）公交站场

针对公交站场候车难等特点，通过车载设备、路侧设备结合的方式，实现人员检测、到站提醒、防碰撞预警等应用。

① 人员检测。通过雷达和摄像头检测乘客数量，在电子屏幕实时展示当前站台人数。通过平台联动，匹配公交站运力，自动调度发班。

② 到站提醒。公交站场检测到公交车信息，通过 RSU 进行播报。

③ 防碰撞预警。公交车到站时，有部分乘客走到公交车行车前，产生安全隐患，通过防碰撞预警可以有效避免碰撞事件的发生。

（6）城市主干道

针对城市主干道的交通诱导、绿波控制、修路及封路及限速等特点，实现交通诱导、绿波通行、限速提醒、事故提醒、高级车辆优先通行等应用。

① 交通诱导。当行驶车辆经过诱导路段时，RSU 对接交通诱导平台，实现车辆诱导信息下发。

② 绿波通行。当行驶车辆经过绿波路段时，RSU 对接信号平台，实现车辆绿波信息下发。

③ 限速提醒。当行驶车辆经过限速路段时，通过路侧 RSU 下发信息，实现限速信息提前获取。

④ 事故提醒。当行驶车辆经过施工路段或者事故路段时，通过路侧 RSU 下发信息，实现施工路段或者事故路段信息提前获取。

⑤ 高级车辆优先通行。当后方出现紧急车辆时，通过车—车通信，将后方紧急车辆信息传递给前方车辆，前方车辆让行。

**（7）封闭园区**

针对封闭园区出入口识别及停车位管理等特点，通过车载设备、路侧设备及车位检测器相结合的方式，实现停车位管理、交通诱导、出入口管理等应用。

① 停车位管理。车辆通过封闭园区部署的 RSU 对接园区停车管理平台，实时获取封闭园区停车位的信息并发送给车辆，提前获取停车信息。

② 交通诱导。在封闭园区，当车辆行驶时，通过 RSU 对接交通诱导平台，实现车辆诱导信息下发。

③ 出入口管理。在封闭园区，当行驶车辆进出时，通过 RSU 对接管理平台，实现车辆出入管理。

## 6.2.2 高速公路车联网应用场景[3]

高速公路 5G 智能网联典型方案包括面向 C/B 端（企业用户/个人用户）和面向 G 端（面向政府用户）的不同类型场景。

面向 C/B 端，针对智能网联汽车（前装及后装网联车辆）和普通车辆（手机 APP），可以提供主动安全类、提升效率类场景方案。主动安全类场景具体包括前方隧道提醒、隧道内情况提醒、车道汇合碰撞预警、道路施工区域提醒、紧急停车带位置提醒、危险品运输车辆提醒、特殊车辆提醒、异常天气提醒、限速提醒、车辆超速提醒、道路危险状况提示、变道预警、前向碰撞预警、拥堵提醒、团雾检测、道路结冰检测与预警、落石/抛洒物检测与预警、行人与动物闯入检测、能见度检测与预警、动态可行驶区域检测、护栏间距提醒、异常故障车辆预警、司机状态评测与预警、超视距视频感知、紧急制动预警、违章车辆预警、可变限速控制、动态诱导及绕行、临时路肩使用等。提升效率类场景具体包括货车编队行驶、施工路段交通组织、匝道智能管控、应急车道临时借用、连续式港湾停车带等。

面向 G 端，场景包括应急救援、服务区信息服务、区间测速、视频监控、嫌疑车辆追踪、违章车辆上报、交通事件上报等。

高速公路 5G 智能网联部署方案重点考虑高速公路拐弯变道、高架桥、隧道、收费站、服务区等重点区域。其中直道采用毫米波雷达，匝道或隧道口采用激光雷达。RSU 在道路两侧交错分布，雷达、摄像头等设备成对分布。原有交通设施如龙门架、灯杆、测速杆等位置可利旧。

通过 5G 智能网联设备，可以实现超视距感知能力，提高自动驾驶安全性。

在高速场景中因车速较快，车辆所需的安全距离较远，而车载端传感器极限感知能力只有 100～200m，在某些车辆或场景中，无法满足安全要求。此时，沿线部署的 5G 智能网联设备可通过其超视距感知能力，有效地增强自动驾驶安全性。超视距感知能力包括以下三个方面。

① 超视距障碍物检测。视距范围以外的道路上存在障碍物时，5G 智能网联设备能够在驾驶员视距范围之外提前感知到结果并广播给接近该位置的车辆，提醒其提前决策。

② 超视距可行驶区域检测。为应对道路施工、路面坑洼、交通事故等特殊事件的发生，道路的可行驶区域也将实时发生变化。此时，若依照车内保存的历史地图进行自动驾驶，容易发生交通事故。5G 智能网联设备提前感知这个区域并广播给接近的自动驾驶车辆，提醒其提前变道。

③ 超视距视频感知。5G 智能网联设备将采集的路侧视频数据通过 V2I 传给自动驾驶车辆的感知层进行决策分析，从而将自动驾驶车辆感知能力拓展到 1km 左右，极大地提升了高速自动驾驶的安全性。

高速公路 5G 智能网联典型应用除了物流车编队行驶外，也可用于治理拥堵应用。高速公路拥堵是高速公路面临的艰巨挑战之一。高速公路拥堵通常包括常态拥堵和突发拥堵两类。常态拥堵例如高峰时段大车流拥堵、高速出入口拥堵、节假日拥堵、服务区拥堵等；突发拥堵例如交通事故、施工占道、路面异物、天气环境、慢速车辆导致拥堵发生。利用 5G 智能网联手段治理拥堵需要经过拥堵监测、拥堵研判、拥堵消除等阶段。其中拥堵监测手段主要通过"雷达＋视频融合"方式，并通过 MEC 设备在前端处理和判断。拥堵监测内容包括车辆监测、异常事件监测、道路状况监测和天气状况监测，其中车辆监测包括车速、车辆类型、车道密度、车流量、排队长度等；异常事件监测包括交通事故、施工占道、非法停车等；道路状况监测包括路面异物、路面积水、路面破损等；天气状况监测包括雪天、雨天、雾天等。拥堵研判主要基于交通态势进行分析研判，包括车流分析、路径对比、预测预警、分析统计等。拥堵消除手段主要包括车路（I2V）协同手段、车—车（V2V）协同手段、动态诱导与提醒、拥堵处置等。车路（I2V）协同手段通过路侧智能化设施向车辆提示前方实时路况、车速建议、交通事故提醒、道路施工提醒、路面异物提醒、匝道合流等；车—车（V2V）协同手段提供前车碰撞提醒、车道会合碰撞预警、盲区提醒等；动态诱导与提醒包括导航 APP、交通信息屏、诱导屏等；拥堵处置手段包括自动喊话（违规停车、事故处理后尽快离开）、无人机、交警现场处理等。

# 参 考 文 献

[1] 吴冬升. 5G 车联网业务演进之路的探索与展望 [J]. 通信世界 ,2020:15-18.
[2] IMT-2020（5G）推进组. C-V2X 业务演进白皮书 [R]. 2019,11.
[3] 吴冬升 , 王传奇 , 金伟 , 等 . 高速公路 5G 智能网联技术、方案和应用 [J]. 电信科学 , 2020: 46-52.

# 第7章

# 5G车联网产业发展挑战及展望

车联网产业受政策、资金和技术三重因素叠加驱动，尤其是 5G 商用时代来临，给车联网产业爆发提供了良好契机。在看到巨大机遇的同时，也应该理性看待 5G 车联网产业发展所面临的巨大挑战和压力，其中包括商业模式不清晰、政策法规待健全、技术工程不完善等各方面。只有突破阻碍 5G 车联网产业发展的商业边界、管理边界和技术边界，才有可能真正拥抱万亿市场空间的车联网产业。

## 7.1 突破车联网商业边界

### 7.1.1 车联网商业模式面临的挑战

车联网商业模式涉及使用方、投资方、建设方、设备方和运营方。其中使用方主要包括车主、车企 / 一级供应商（传统车企、新进入者、自动驾驶初创公司等）、运营商、行业客户（出租车公司、保险公司、公交公司等）、政府部门（交管 / 交委）等。车联网建设方将按需采购设备商的产品和解决方案，建设 V2X 通信覆盖，包括路侧基础设施部署和车载终端部署。车联网专业运营公司将向各类使用方提供道路测试环境、V2X 通信和信息服务等，如图 7-1 所示。

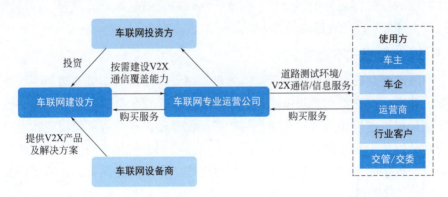

图 7-1　车联网商业模式

车联网商业模式目前仍然处于探索阶段，尚需进行有效验证，主要存在用户需求不强烈、投资规模巨大、运营模式不清晰三大挑战。

**（1）用户需求不强烈**

从车联网为车主提供的业务看，一开始车联网主要提供信息服务类业务，比如定位管理、面向 B 端的车队管理等。当前以出行需求为主，为消费者解决安全问题和效率问题。未来，车联网将赋能自动驾驶，实现协同自动驾驶和单车自动驾驶。

现在基于 V2X 的主要业务场景也是面向交通安全类和交通效率类的。而恰恰是这些交通安全类和交通效率类业务，用户实际反应并不强烈，刚性需求不明，用户为这些服务的买单意愿更低。

### （2）投资规模巨大

车联网实现的是车路协同，需要两个"率"的支撑，一个是路侧基础设施部署的覆盖率，一个是车载终端部署的渗透率。

路侧基础设施的部署涉及 RSU、路侧智能设施（包括摄像头、毫米波雷达、少量激光雷达、环境感知设备以及智能信号灯、智能化标志等）、MEC、蜂窝基站（LTE 或者 5G 基站）等。除了蜂窝基站明确由运营商投资部署外，其他设备的投资主体不明确。

同时，路侧基础设施的投资规模巨大。截至 2018 年，中国高速公路里程 14.26 万千米，国道里程 36.30 万千米，省道里程 37.22 万千米，农村公路里程 403.97 万千米，城市道路超过 40 万千米，城市路口 50 多万个。以每千米智能化改造费用 100 万保守测算，仅高速公路智能化改造投入即高达 1400 多亿元。

如果需要覆盖全国高速公路和城市道路，基础建设投资预计在 3000 亿以上。如此巨额的投资存在回报不确定、需承担法律安全责任风险等问题。最终由谁来投资，是考验产业发展的关键因素之一。

### （3）运营模式不清晰

中国道路基础设施建设和运营主体具有多元特点。一般城市道路的智能化基础设施由公安交警负责建设和运营；国省干线、农村公路的智能化基础设施由交通局负责建设和运营；高速公路的智能化基础设施由省交投集团和地市交投公司分别负责建设和运营，涉及高速交通违法的智能化基础设施由高速交警或委托交投集团采购。业主多元化，直接造成了车联网路侧基础设施建设和运营主体碎片化特点。

车联网存在几种不同类型的运营主体，包括政府独资或合资的企业，高速公路服务商，通信运营商或者铁塔公司等，不同的运营主体均有各自的优劣势。政府独资或者联合投资的企业，可以更好地协调相关政府部门进行路侧基础设施建设，并实现数据开放，但是企业本身往往没有车联网网络建设和运维经验；高速公路服务商，可以快速落实高速公路的路侧基础设施建设，并实现数据开放，但是同样一般不具备车联网网络建设和运维经验；通信运营商或者铁塔公司有网络建设、运维和工程经验，但是需要去协调相关政府部门进行路侧基础设施建设和数据开放。

这几类运营主体，都面临运营模式不清晰的挑战，即如何从使用方实现商业变现。可能存在的解决方式包括，运营主体向交管和交委提供相关的大数据分析服务，收取相关费用。以公安交警为例，其主要工作是保障交通安全和提升通行效率，因此对能够减少交通事故、提升交通运行效率的车联网，是有需求的，可以针对车联网提升城市道路交通通行效率进行服务收费。

除此之外，运营主体还可以向车主收取智能网联接入服务费，向车企收取智能网联接入服务费，向行业客户收取智能网联接入服务费和大数据分析服务费等。

但是我们应该认识到，政府购买车联网服务的模式需要深入探索。面向车主、车企和行业客户等的接入服务和大数据分析服务，也需要进一步研究。短周期看，车联网运营主体还需要依赖政府购买服务，才能获得发展空间。

## 7.1.2　车联网商业模式探索路径

为了积极应对车联网商业模式上存在的挑战，需要政府和产业界共同探索，寻找新的解决路径。其中可能存在的路径包括继续挖掘和深化信息服务类业务、特定商用场景先行先试、探索数据开放和运营。

### （1）继续挖掘和深化信息服务类业务

随着 5G 时代到来，车联网能提供的信息服务类型将更加丰富，如车载 VR 视频通话、车载 VR 游戏、车载 AR 实景导航、车载高精地图实时下载等业务。车载信息娱乐系统（IVI）作为车载信息服务的主要入口，也将被 5G 车联网赋能，由视频、导航等单一功能向处理信息更加复杂、功能更加强大的智能系统演进。为娱乐和信息买单是用户天性，用户越愿意使用，为之买单的意愿才会越强烈。

同时，还可以拓宽车联网信息服务的范围，既可以为车主提供娱乐资讯相关信息服务，也可以为车企/一级供应商提供用于产品优化的相关信息服务，还可以为各类行业客户提供用于行业应用的信息服务。这样可以扩大车联网信息服务的收益范畴，从车主、车企/一级供应商、行业客户等多方受益。

### （2）特定商用场景先行先试

要实现普遍意义的自动驾驶，将是长周期过程，可能需要二十年，甚至三十年的发展历程。但是短周期看，针对特定商用场景的自动驾驶，将很快出现。比如出租车自动驾驶、公交车自动驾驶、物流车自动驾驶、特定封闭园区和社区自动驾驶、矿卡自动驾驶、港口车辆自动驾驶等。从商业逻辑上看，车联网面临和自动驾驶同样的发展路径。也就是车联网首先解决和部署的，将是特定商用场景先行先试，如图 7-2 所示。

① 在特定区域部署车联网路侧基础设施，在特定出租车辆上部署车联网车载终端，实现在这些区域的自动驾驶出租车（Robo-Taxi）业务。

② 在城市公交车专用道和公交站场部署车联网路侧基础设施，在公交车上部署车联网车载终端，可以实现公交车信息服务、交通安全、交通效率、自动驾驶等各类业务应用。

③ 在某些高速公路路段部署车联网路侧基础设施，物流卡车上部署车联网车载终端，可以实现物流卡车在这些路段的车辆编队行驶或者单车自动驾驶。

④ 在特定封闭园区和社区部署车联网路侧基础设施，在专用末端物流车上部署车联网车载终端，实现园区和社区的低速自动驾驶物流配送业务。

⑤ 和干线物流、Robo-Taxi 等场景相比，矿山和港口道路相对更加封闭，场景相对简单、路线相对固定、不受公开道路交通法规限制。因此在矿山和港口部署车联网路侧基础设施，在相关车辆上部署车联网车载终端，可以实现矿山和港口车辆自动驾驶和远程驾驶等业务。

从路侧基础设施产品和方案角度看，需要重点关注高速公路方案、城市交叉路口方案和一体化智慧杆产品。

图 7-2　特定商用场景先行先试

（3）探索数据开放和运营

随着车联网路侧基础设施覆盖率和车载终端渗透率的提升，将产生大量车端和路侧数据。在理清数据所有权问题基础上，在新的智能交通环境下，建立面向智能网联汽车和智慧道路的一体化开放数据公共服务平台将成为大势所趋。最终的目标是让车端和路侧产生的海量数据能够产生价值，如图 7-3 所示。

一方面可以探索"数据+管理"模式，以交通信息共享服务为核心，连通道路基础设施，对交通环境信息做整合管控，建立统一信息交换标准，消除交通信息孤岛。比如可以通过海量车联网数据减少交通事故、提升交通运行效率。

另一方面可以探索"数据+金融"模式,即面向 C 端车主和 B 端行业客户拓展带有支付能力的服务,这时候买单的主体不仅仅是车主和行业客户,各类金融机构也可以共同参与。比如 2019 年下半年呈现爆发式增长的 ETC 业务,各大银行和微信、支付宝均在积极参与;基于 ADAS 安全驾驶辅助系统 +DMS 疲劳驾驶预警系统也获得了各保险机构的青睐。

第三,可以探索"数据+出行"模式,即车联网可以服务于智慧出行,助力实现 MaaS(出行即服务),包括完成出行计划、路线规划到预定购票和支付的所有事务,比如自动接驳业务、共享汽车业务等。

第四,可以探索"数据+能源"模式,打造涵盖充电服务、汽车服务、电网服务的智慧服务体系。例如车联网和新能源充电桩融合,通过"车—网"与"车—车"等多端信息交互,平台提供预约充电、定期充电、电子商务等服务。

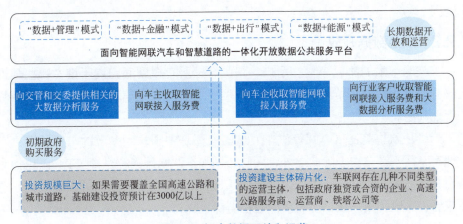

图 7-3 探索数据开放和运营

## 7.2 突破车联网管理边界

在政策法规方面,车联网有待从加强跨行业协同、规范数据开放、健全法律法规三个方面进一步健全和完善。

### 7.2.1 加强跨行业协同

车联网是汽车行业、交通行业、通信行业、互联网等行业的融合汇聚点,跨行业、跨领域属性突出,涉及多个主管部门,产业链复杂度高,产业整合和协同难度大。

中国国家层面于 2017 年由工信部、发改委、科技部、交通部、公安部等 20 个部门和单位组建了国家制造强国建设领导小组车联网产业发展专项委员会，负责组织制定车联网发展规划、政策和措施，协调解决车联网发展重大问题，督促检查相关工作落实情况，统筹推进产业发展。同时各个省市也在积极推进车联网产业融合发展。比如江苏省工信厅、发改委、科技厅、公安厅、财政厅、交通运输厅、市场监督管理局、通信管理局八部门联合印发《江苏省推进车联网（智能网联汽车）产业发展行动计划》，促进江苏省车联网产业健康发展。

总体来看，车联网产业发展需要相关部委强力统筹管理，从政策法规、标准制定、试点示范、商用落地等各个方面协同推进。其中城市车联网部署主要依靠工信、住建、公安和交通等部门，城际尤其是高速公路部署主要依靠交通等部门。

### 7.2.2 规范数据开放

车联网产生的海量车辆、用户、路侧数据所有权到底归属于谁？哪些数据能够开放使用？数据能够开放到什么程度？这些同样是车联网产业发展所面临的管理问题。

无论是欧、美、日、韩等汽车发达国家还是中国，大多数的车辆数据由车企拥有，而不是车主。除此之外，保险公司和车联网服务提供商（TSP）也拥有各自相关的数据。同时，公安和交通部门也各自掌握了大量相关车辆数据。总体来看，车辆和用户数据所有权问题值得深入探讨。

同样的情况也存在于路侧。车联网应用场景中，最典型的就是信号灯信息在车联网业务中的应用，这就需要交管部门开放信号灯数据信息。将信号灯数据开放给车联网，可以更加有效地保障交通安全和提升通行效率；但同时车联网助力的自动驾驶又会给交通带来新的安全风险。正反两方面因素，让交管部门对信号灯数据开放心存疑虑。

除此之外，为了满足车联网业务要求，还需要考虑数据开放到什么程度。比如，信号灯数据信息如果是从公安边界网络下发到车联网 RSU，再广播到相关车辆，虽然能够实现信号灯数据在车辆上的显示，但是存在十几秒的时延，无法真正满足闯红灯预警等 5G 车联网业务应用。最佳方式是每个路口的信号灯数据能直接推送到 RSU，再广播到相关车辆。这就存在信号灯数据开放到什么程度的问题。

### 7.2.3 健全法律法规

目前车联网相关交通事故分析和判定机制还未形成，存在纠纷隐患，需要法律法规界定和道德伦理约束。另外，中国目前发放的车联网和自动驾驶测试牌照，是不允许载客和出租运营的，不是真正的营运牌照。因此大量自动驾驶和车联网公司在做商业应用部署的时候，或选择在美国等国家部署，或必须在中国选择特定不受公开道路交通法规限制的场景来部署。

因此，中国亟待健全车联网和自动驾驶相关法律法规，以公开道路交通法规来予以保障。

## 7.3 突破车联网技术边界

在车联网技术工程方面，有待从兼容多版本并存、完善信息安全体系、统一工程建设规范三个方面进行推进和完善。

### 7.3.1 兼容多版本并存

目前的车联网 C-V2X 标准是基于 R14 和 R15 的 LTE-V2X（含 LTE-eV2X）版本，基于 R16 的 5G NR-V2X 标准还在制定中。目前测试验证均是基于 LTE-V2X 以及 5G 蜂窝网络 Uu 通信来完成的，而基于 5G NR-V2X 的 PC5 点对点通信方式，还处于未进行技术验证的阶段。LTE-V2X 产品已具备预商用条件，考虑车辆生命周期较长，LTE-V2X 部署上车后将长期存在。而 5G NR-V2X 随着完成标准，接着推出芯片，进而推出模组和终端产品，也将进入技术验证阶段。

这样按照 C-V2X 路线，车联网车载终端和路侧基础设施将存在 LTE-V2X（含 LTE-eV2X）和 5G NR-V2X 版本并存情况。类似于现在 4G 网络和 5G 网络长期共存情况。目前，5G NR-V2X 版本已经在考虑前向兼容 LTE-V2X，确保前期投入有效。

当然这种情况，的确将导致车联网网络复杂度提升，增加车联网网络部署和运维的难度，造成资金投入压力增大。

除此之外，相对于欧美日韩，我国车联网直连通信的工作频段目前仅分配了 20M 带宽（5905～5925MHz），还不足以支撑未来 5G NR-V2X 相关业务。

### 7.3.2　完善信息安全体系

车联网在赋能汽车的同时，也将汽车的控制系统暴露在网络环境当中，容易遭受外界的恶意攻击，带来了新的安全问题。同时海量数据的收集和使用也会引发信息安全和用户信任问题。

因此需要形成 LTE-V2X 业务整体信息安全方案框架，及安全基础设施建设部署策略，推动并支撑 LTE-V2X 业务整体信息安全保障机制落地。建立国家级的 V2X 通信认证鉴权体系，确保在 LTE-V2X 信息交互时，进行完备的消息合法性/完整性验证。同时尽快开展智能网联敏感数据、重要数据界定，加强数据安全和用户个人信息保护管理制度建设。

### 7.3.3　统一工程建设规范

车联网车载终端形态复杂，涉及前装和后装大量产品形态。比如由于车型差异，造成天线高度不同，会造成通信性能差异。车联网路侧基础设施同样复杂，涉及 RSU、路侧智能设施（包括摄像头、毫米波雷达、少量激光雷达、环境感知设备以及智能信号灯、智能化标志等）、MEC、蜂窝基站（LTE 或者 5G 基站）等多类型产品形态。

针对不同场景，例如城际高速公路、城市交叉路口、环岛、隧道、立交桥、主干道、公交站场等各种场景下的路侧基础设施部署原则存在明显差异，还未形成相关设施工程建设和改造的标准流程和规范。比如城市道路行驶中遇到树叶遮挡、车辆拥挤等环境，天线通信距离会大幅缩减，RSU 等设备该如何部署没有定义。

另外一方面，智能网联汽车具有从 L0 到 L5 的分级标准，但是道路方面还没有正式实施的统一智能道路分级标准。加上国内道路类型繁多、交通标线不清、交通标志和交通设施复杂多样、事故安全标志识别困难、车速区间波动范围大、复杂的混合交通等各种情况，也给智能网联工程建设带来极大挑战。

## 7.4　5G车联网产业发展展望

2020 年 2 月，国家发改委等 11 个国家部委联合出台《智能汽车创新发展战略》，2020 年 3 月，工信部发布《关于推动 5G 加快发展的通知》。从这两份文件中可以展望中国 5G 车联网发展方向，未来智能网联汽车将成为汽车产业应对严峻挑战的突破口之一，汽车电子产业发展获得智能、网联、安全新契机，5G

和智能汽车两个万亿产业将协同高速发展，智慧城市和智能交通是车联网产业发展的两大新引擎，车路协同核心之一的智慧道路将呈现爆发式建设，汽车产业新商业模式和数据开放模式成为重要方向。

## 7.4.1 智能网联汽车——汽车产业应对挑战的突破口之一

受疫情影响叠加经济下行周期影响，中国汽车产业面临严峻挑战。除了新能源汽车成为中国汽车产业实现弯道超车的重大机遇外，智能网联汽车赋予中国汽车产业另外一个机遇，有可能让中国汽车产业实现变道超车。传统汽车必将演进为智能汽车，搭载先进传感器等装置，运用人工智能等新技术，具有自动驾驶功能，逐步成为智能移动空间和应用终端的新一代汽车。

汽车将实现三大转变：从机械产品向电子信息智能产品转变，从单纯交通运输工具向人类第三空间转变，从单一汽车产业向多产业（汽车产业、电子产业、互联网产业、信息通信产业、交通产业等）融合转变。

尤其是在多产业融合方面，将通过中国在互联网、信息通信（5G、北斗卫星导航定位）等领域积累的优势，以及交通强国国家战略指引下的交通产业大发展契机，推动中国汽车产业进一步发展，成为汽车产业应对严峻挑战的突破口之一。

① 鼓励整车企业逐步成为智能汽车产品提供商。
② 鼓励零部件企业逐步成为智能汽车关键系统集成供应商。
③ 鼓励人工智能、互联网等企业发展成为自动驾驶系统解决方案领军企业。
④ 鼓励信息通信等企业发展成为智能汽车数据服务商和无线通信网络运营商。
⑤ 鼓励交通基础设施等相关企业发展成为智慧城市交通系统方案供应商。

## 7.4.2 汽车电子产业发展获得新契机

汽车电子技术是用来改善和提高汽车性能最有效的技术手段，可以分为电子控制系统（Electronic Control Systems）和车载电子装置（Electronic Devices）两大类，其中电子控制系统主要包括动力控制系统、底盘与安全控制、车身电子等。汽车电子产品所占汽车制造成本的比例平均将达到30%甚至50%以上。

未来智能化、网联化、安全化不仅作用在车载电子装置上，用于提高汽车附加值，也将作用在电子控制系统上，直接影响汽车的整车性能、安全性和舒适性。汽车电子产业在5G车联网应用的背景下，将面临以下新的契机。

① 突破关键基础技术。开展复杂系统体系架构、复杂环境感知、智能决策控制、人机交互及人机共驾、车路交互、网络安全等基础前瞻技术研发，重点

突破新型电子电气架构、多元传感信息融合感知、新型智能终端、智能计算平台、车用无线通信网络、高精度时空基准服务和智能汽车基础地图、云控基础平台等共性交叉技术。

② 增强产业核心竞争力。推进车载高精度传感器、车规级芯片、智能操作系统、车载智能终端、智能计算平台等产品研发与产业化，建设智能汽车关键零部件产业集群。加快智能化系统推广应用，培育具有国际竞争力的智能汽车品牌。

③ 推动新技术转化应用。开展军民联合攻关，加快北斗卫星导航定位系统、高分辨率对地观测系统在智能汽车相关领域的应用，促进车辆电子控制、高性能芯片、激光/毫米波雷达、微机电系统、惯性导航系统等自主知识产权军用技术的转化应用，加强自动驾驶系统、云控基础平台等在国防军工领域的开放应用。

④ 提升网络安全防护能力。搭建多层纵深防御、软硬件结合的安全防护体系，加强车载芯片、操作系统、应用软件等安全可靠性设计，开展车载信息系统、服务平台及关键电子零部件安全监测，强化远程软件更新、监控服务等安全管理。实施统一身份权限认证管理。建立北斗系统抗干扰和防欺骗安全防护体系。按照国家网络安全等级保护相关标准规范，建设智能汽车网络安全态势感知平台，提升应急处置能力。

### 7.4.3　5G和智能汽车协同高速发展

5G产业发展面临诸多挑战，例如投资规模巨大（基站数目、基站功耗、基站价格）、供应链全球化依赖、商业模式不清晰等。5G潜在的商业模式包括基于流量和基于信息服务两大类。基于流量的模式中，5G时代数据量井喷的原因一方面来源于大视频将迅猛发展，4K、8K、VR/AR/MR、全息等各种技术应用会加快普及；另一方面，产生数据的将不仅仅只是人类，而是更多物体会被5G网络连接，普适性数字化将诞生。但仅依赖数据量爆发式增长带来的流量模式，已经不足以支撑5G快速发展，需要积极探索基于信息服务的商业模式。因此基于网络切片，和各个行业应用深度结合，是5G创新商业模式的必由之路。显而易见，5G产业发展需要有车联网这样的典型行业应用。

另一方面，中国汽车产业发展面临挑战，传统汽车演进为智能汽车，其中必不可少将运用到5G技术、人工智能技术等。未来汽车上所有零部件信息都将数字化，并通过5G网络进行传输，每辆汽车每秒钟将产生Gbit以上的数据量，成为智能移动空间和应用终端的新一代智能汽车。

5G和智能汽车两大产业发展，都对对方有着明确需求。两大产业协同发展，一方面可以加快两大产业自身的良性健康发展，另外一方面作为两大产业交集的 5G 车联网必然是重中之重。

### 7.4.4　车联网产业发展的两大新引擎——智慧城市和智能交通

加速自动驾驶时代到来是车联网产业发展的重要目标之一，5G 和 LTE-V2X 作为智慧城市、智能交通建设的重要通信标准和协议，意味着智慧城市和智能交通同样是车联网产业发展的两大引擎。

住建部等国家部委着力推进的智慧城市建设，是一项复杂的系统工程，涉及城市中民生、管理、产业等方方面面。5G 和车联网 LTE-V2X 纳入智慧城市范畴中，将从民生（共享出行、自动接驳）、管理（交通安全和效率提升）、产业（出行产业、汽车产业）等多维度赋予智慧城市新的含义，也给智慧城市建设带来了新的动能。5G 和车联网 LTE-V2X 作为智能交通范畴，成为交通建设的基础设施之一，是 5G 车联网未来能够蓬勃发展的核心推动力之一。

### 7.4.5　智慧道路将呈现爆发式建设

智能汽车产业发展不仅仅是汽车及汽车电子技术的发展，更依托于"人－车－路－云"系统协同发展，尤其是智慧道路建设，将呈现爆发式增长。随着智能汽车的发展，特定区域智能汽车测试运行及示范应用陆续展开，以验证车辆环境感知准确率、场景定位精度、决策控制合理性、系统容错及故障处理能力，智能汽车基础地图服务能力，"人－车－路－云"系统协同性等。

在智慧化道路基础设施建设方面，制定智能交通发展规划，建设智慧道路及新一代国家交通控制网。分阶段、分区域推进道路基础设施的信息化、智能化和标准化建设。结合 5G 商用部署，推动 5G 和车联网协同建设。统一通信接口和协议，推动道路基础设施、智能汽车、运营服务、交通安全管理系统、交通管理指挥系统等信息互联互通，具体将从以下方面开展建设。

① 广泛覆盖的车用无线通信网络。开展车用无线通信专用频谱使用许可研究，快速推进车用无线通信网络建设。统筹公众移动通信网部署，在重点地区、重点路段建立新一代车用无线通信网络，提供超低时延、超高可靠、超大带宽的无线通信和边缘计算服务。在桥梁、隧道、停车场等交通设施部署窄带物联网，建立信息数据库和多维监控设施。

② 建设覆盖全国的车用高精度时空基准服务能力。充分利用已有北斗卫星导航定位基准站网，推动全国统一的高精度时空基准服务能力建设。加强导航系统和通信系统融合，建设多源导航平台。推动北斗通信服务和移动通信双网

互通，建立车用应急系统。完善辅助北斗系统，提供快速辅助定位服务。

③ 建设覆盖全国路网的道路交通地理信息系统。开放标准统一的智能汽车基础地图，建立完善包含路网信息的地理信息系统，提供实时动态数据服务。制作并优化智能汽车基础地图信息库模型与结构。推动建立智能汽车基础地图数据和卫星遥感影像数据共享机制。构建道路交通地理信息系统快速动态更新和在线服务体系。

④ 建设国家智能汽车大数据云控基础平台。充分利用现有设施和数据资源，统筹建设智能汽车大数据云控基础平台。重点开发建设逻辑协同、物理分散的云计算中心，标准统一、开放共享的基础数据中心，风险可控、安全可靠的云控基础软件，逐步实现车辆、基础设施、交通环境等领域的基础数据融合应用。

### 7.4.6 汽车产业新商业模式和数据开放模式成为重要方向

汽车产业发展需要创新的商业模式和数据开放模式。尤其是和金融保险、出行服务、能源等行业的深度融合，以及解决好汽车产业涉及的数据所有权、使用权、经营权问题，将有可能探索出崭新的市场空间。

① 创新产业发展形态。积极培育道路智能设施、高精度时空基准服务和智能汽车基础地图、车联网、网络安全、智能出行等新业态。加强智能汽车复杂使用场景的大数据应用，重点在数据增值、出行服务、金融保险等领域，培育新商业模式。优先在封闭区域探索开展智能汽车出行服务。

② 加强数据安全监督管理。建立覆盖智能汽车数据全生命周期的安全管理机制，明确相关主体的数据安全保护责任和具体要求。实行重要数据分类分级管理，确保用户信息、车辆信息、测绘地理信息等数据安全可控。完善数据安全管理制度，加强监督检查，开展数据风险、数据出境安全等评估。

# 附录　中英文对照表

| 缩略语 | 英文全称 | 中文全称 |
|---|---|---|
| 5G | 5th-Generation | 第五代移动通信技术 |
| 5GAA | 5G Automotive Association | 5G汽车联盟 |
| ADC | Analog-to-Digital Converter | 模拟/数字转换器 |
| AAU | Active Antenna Unit | 有源天线单元 |
| ADAS | Advanced Driving Assistance System | 先进驾驶辅助系统 |
| AI | Artificial Intelligence | 人工智能 |
| AMF | Access and Mobility Management Function | 接入和移动管理功能 |
| API | Application Programming Interface | 应用程序接口 |
| AR | Augmented Reality | 增强现实 |
| ARPU | Average Revenue Per User | 每用户平均收入 |
| ASIL | Automotive Safety Integration Level | 汽车安全完整性等级 |
| BBU | Building Base Band Unite | 室内基带处理单元 |
| BIM | Building Information Modeling | 建筑信息模型 |
| BSM | Basic Safety Message | 车辆安全消息 |
| BSW | Blind Spot Warning | 盲区预警 |
| CAN | Controller Area Network | 控制器局域网络 |
| CAPEX | Capital Expenditure | 资本性支出 |
| CAV | Connected Autonomous Vehicle | 网联自动驾驶 |
| C-ITS | Cooperative-Intelligent Transport System | 合作式智能交通系统 |
| C-RAN | Centralized RAN | 集中化无线接入网 |
| C-V2X | Cellular-V2X | 以蜂窝通信技术为基础的车联网 |
| D2D | Device-to-Device | 终端直通 |
| DAC | Digital to Analog Converter | 数模转换器 |
| DSRC | Dedicated Short Range Communication | 专用短程通信 |
| ECU | Electronic Control Unit | 电子控制单元 |
| eMBB | Enhanced Mobile Broadband | 增强移动宽带 |
| EMB | Electro-Mechanical Brake | 电子机械制动系统 |
| ESC | Electronic Stability Controller | 电子稳定控制系统 |

续表

| 缩略语 | 英文全称 | 中文全称 |
| --- | --- | --- |
| ESP | Electronic Stability Program | 车身电子稳定系统 |
| ETC | Electronic Toll Collection | 电子不停车收费系统 |
| E-UTRAN | Evolved UMTS Terrestrial Radio Access Network | 3G 的无线接入网 |
| FCW | Forward Collision Warning | 前向碰撞预警 |
| FPGA | Field Programmable Gate Array | 现场可编程门阵列 |
| GIS | Geographic Information System | 地理信息系统 |
| GNSS | Global Navigation Satellite System | 全球导航卫星系统 |
| GSM | Global System for Mobile Communications | 全球移动通信系统 |
| HARQ | Hybrid Automatic Repeat Request | 混合自动重传请求 |
| HMI | Human Machine Interface | 人机界面 |
| IoT | Internet of Things | 物联网 |
| IoV | Internet of Vehicles | 车联网 |
| ISAD | Infrastructure Support Levels for Automated Driving | 自动驾驶的基础设施支持级别 |
| ITS | Intelligent Traffic/Transportation System | 智能交通／运输系统 |
| IVHS | Intelligent Vehicle Highway System | 智能车辆道路系统 |
| LDPC | Low Density Parity Check Code | 低密度奇偶校验码 |
| LNA | Low Noise Amplifier | 低噪声放大器 |
| LTE | Long Term Evolution | 长期演进（4G 技术） |
| MaaS | Mobility as a Service | 出行即服务 |
| MAC | Media Access Control | 媒体访问控制 |
| MDT | Minimization Drive Test | 最小化路测 |
| MEC | Multi-Access/Mobile Edge Computing | 多接入边缘计算／移动边缘计算 |
| MIMO | Multi Input Multi Output | 多进多出（无线通信技术） |
| MME | Mobility Management Entity | 移动管理节点 |
| mMTC | Massive Machine Type of Communication | 海量机器类通信（大规模物联网） |
| MR | Mixed Reality | 混合现实 |
| NFV | Network Functions Virtualization | 网络功能虚拟化 |
| NR | New Radio | 新空口 |
| NSA | Non-Stand Alone | 非独立组网 |
| NVH | Noise Vibration Harshness | 噪声、振动与声振粗糙度 |
| OBD | On Board Diagnostics | 车载自动诊断系统 |

续表

| 缩略语 | 英文全称 | 中文全称 |
|---|---|---|
| OBU | On Board Unit | 车载单元 |
| OPEX | Operating Expense | 管理支出，运营成本 |
| OTA | Over-the-Air | 空中下载技术 |
| PA | Power Amplifier | 功率放大器 |
| PAPR | Peak to Average Power Ratio | 峰值平均功率比 |
| PDN | Public Data Network | 公用数据网 |
| P-GW | PDN GateWay | PDN 网关 |
| PKI | Public Key Infrastructure | 公钥基础设施 |
| PLC | Programmable Logic Controller | 可编程逻辑控制器 |
| QoS | Quality of Service | 服务质量 |
| RAM | Random Access Memory | 随机存取存储器 |
| RSI | Road Side Information | 路侧单元消息 |
| RSM | Road Side Message | 路侧安全消息 |
| RSU | Road Side Unit | 路侧单元 |
| RTK | Real-Time Kinematic | 实时动态（载波相位差分技术） |
| SA | Stand Alone | 独立组网 |
| SAE | Society of Automotive Engineers | 国际自动机工程师学会 |
| SBA | Service Based Architecture | 服务化架构 |
| SCSI | Small Computer System Interface | 小型计算机系统接口 |
| SDN | Software Defined Network | 软件定义网络 |
| SLA | Service-Level Agreement | 服务等级协议 |
| SMF | Session Management Function | 会话管理功能 |
| SON | Self-Organizing Network | 自组织网络 |
| SPAT | Signal Phase and Timing Message | 信号灯消息 |
| TOPS | Tera Operations Per Second | 一万亿次（$10^{12}$）操作每秒 |
| TSN | Time Sensitive Networking | 时间敏感网络 |
| TSP | Telematics Service Provider | 汽车远程服务提供商 |
| UDN | Ultra-Dense Network | 超密集组网 |
| UE | User Equipment | 用户（终端）设备 |
| UMTS | Universal Mobile Telecommunications System | 通用移动通信系统 |
| UPF | User Plane Function | 用户面功能 |

续表

| 缩略语 | 英文全称 | 中文全称 |
| --- | --- | --- |
| URLLC | Ultra-Reliable and Low Latency Communications | 超高可靠与低时延通信 |
| UWB | Ultra Wide Band | 超宽带（技术） |
| V2C | Vehicle to Cloud | 车-云端通信 |
| V2I | Vehicle to Infrastructure | 车-路边基础设施通信 |
| V2N | Vehicle to Network | 车-网络通信 |
| V2P | Vehicle to Pedestrians | 车-行人通信 |
| V2V | Vehicle to Vehicle | 车-车通信 |
| V2X | Vehicle to Everything | 车联网 |
| VCF | Visual Component Framework | 可视化组件框架 |
| VPN | Virtual Private Network | 虚拟专用网络 |
| VR | Virtual Reality | 虚拟现实 |
| VRU | Vulnerable Road User | 弱势道路使用者 |